山岭隧道性能化抗震设计理论与方法

林 志 闫 磊 陈 相 著

科 学 出 版 社
北 京

内 容 简 介

本书系统介绍了作者十余年来在隧道工程抗震减震领域的相关研究成果。全书共 8 章，主要内容包括国内外隧道抗震设计理论研究现状、公路隧道震害调查分类与影响分析、隧道结构主流的抗震计算分析方法、隧道结构动力响应与破坏机理、基于性能的隧道抗震设防标准、隧道衬砌结构抗震性能水平与指标、典型隧道结构抗震计算算例，以及隧道结构抗断设计方法及应用等。上述主要成果已纳入作者主编的《公路隧道抗震设计规范》(JTG 2232—2019)(我国第一本有关公路隧道抗震设计的规范)。

本书可供从事隧道与地下工程结构抗震领域相关工作的工程技术人员和科技人员参考，也可供土木工程专业高年级本科生和研究生阅读参考。

图书在版编目（CIP）数据

山岭隧道性能化抗震设计理论与方法 / 林志，闫磊，陈相著. —北京：科学出版社，2022.3

ISBN 978-7-03-070853-3

Ⅰ. ①山…　Ⅱ. ①林…　②闫…　③陈…　Ⅲ. ①山岭隧道-隧道工程-防震设计-研究　Ⅳ. ①U459.4

中国版本图书馆 CIP 数据核字（2021）第 259124 号

责任编辑：朱小刚 / 责任校对：杨　赛
责任印制：罗　科 / 封面设计：义和文创

科学出版社 出版
北京东黄城根北街 16 号
邮政编码：100717
http://www.sciencep.com
四川煤田地质制图印刷厂 印刷
科学出版社发行　各地新华书店经销
*
2022 年 3 月第　一　版　开本：720 × 1000　B5
2022 年 3 月第一次印刷　印张：15 1/2
字数：300 000

定价：148.00 元

（如有印装质量问题，我社负责调换）

前　言

我国是世界上地震灾害最严重的国家之一。同时，我国是一个多山地国家，山地面积占国土面积的 2/3。随着我国西部大开发的深入以及交通强国战略的实施，公路、铁路隧道建设规模不断扩大，隧道长度目前已超过 3.0 万公里，每年建成的公路隧道超过 3000 座。然而，1995 年日本兵库地震、1999 年我国台湾集集地震、2004 年日本新湾岛地震和 2008 年我国 5 · 12 汶川地震，均有大量山岭隧道遭遇严重损坏。由此可见，山岭隧道震害严重，隧道抗震设防和设计问题突出。目前，山岭公路和铁路隧道抗震设计规范还停留在一阶段弹性设计阶段，地震响应分析方法还是传统惯性力法，该方法是 20 世纪 50 年代建立的；而近期抗震研究大多是计算分析隧道结构在设定地震动下的动力响应规律，至于该结构是否已被破坏则不得而知，即缺乏对山岭隧道抗震性能评价方法的研究。

为此，作者针对我国西部山区高烈度地震、复杂环境下公路隧道抗震设计难题与我国公路隧道抗震设计理论发展滞后的现状，开展了山岭隧道性能化抗震设计理论与方法以及高烈度区域隧道抗震设计理论与措施研究。参考国内外建筑抗震设计方法和日本隧道抗震设计方法，尝试建立基于性能的隧道结构抗震设计方法，即“3 级设防水准，3 级性能水平”的结构承载力设计和位移/变形抗震设计方法。目前这套方法已经纳入交通运输部行业标准《公路隧道抗震设计规范》(JTG 2232—2019)。

本书成果研究期间获得了国家自然科学基金面上项目(51078324)、交通部西部交通建设科技项目(200731874004)、交通运输部公路工程行业标准制修订项目(TG-201217)、重庆市杰出青年科学基金项目(cstc2014jcyjjq30001)的支持。在此，特别感谢国家自然科学基金委员会、交通运输部、重庆市科学技术局等单位的大力支持。

本书主要内容由林志教授、闫磊副教授、陈相博士等完成。全书形成了较为完善的山岭隧道性能化抗震设计理论与方法，具有广阔的应用价值和前景。行业内知名专家认为成果总体处于国际领先水平，在山岭隧道性能化抗震设计与近断层错动带抗震技术方面具有极强的创新性和适用性，其中性能化抗震设计理论与方法填补了国内空白，研究成果具有广阔的推广应用前景。

感谢招商局重庆交通科研设计院有限公司蒋树屏研究员、唐光武研究员，西南交通大学何川教授、耿萍教授，四川省公路规划勘察设计研究院有限公司李玉文教授级高级工程师等在相关研究中所提的宝贵意见。

由于作者水平有限，书中难免存在不足之处，希望读者批评指正。

目　　录

第1章 绪 论

1.1 引 言

近些年，地球已进入地震活跃期。自 2008 年 5 月 12 日发生汶川大地震以来，全世界各地陆续发生多起特大地震。例如，2010 年 1 月 4 日在所罗门群岛发生 7.2 级地震，2010 年 1 月 13 日在海地发生 7.3 级地震，2010 年 2 月 27 日在智利发生 8.8 级地震，2010 年 3 月 6 日在苏门答腊发生 7.1 级地震，2010 年 4 月 14 日在我国青海省玉树藏族自治州玉树县发生 7.1 级地震，2011 年 3 月 11 日在日本东北部海域发生 9.0 级地震，2013 年 4 月 20 日在我国四川省雅安市芦山县发生 7.0 级地震，2014 年 2 月 12 日在我国新疆维吾尔自治区于田县发生 7.3 级地震，2015 年 4 月 25 日在尼泊尔加德满都发生 8.1 级地震，2016 年 10 月 17 日在我国青海省玉树藏族自治州杂多县发生 6.2 级地震，2017 年 8 月 8 日在我国四川省阿坝州九寨沟县发生 7.0 级地震，2018 年 2 月 6 日在我国台湾省花莲县发生 6.5 级地震。

我国处于世界两大地震带即环太平洋地震带与欧亚地震带之间，是一个强震多发国家。我国的地震特点是发生频率高、强度大、分布范围广、伤亡大、震灾严重。据不完全统计，1995～2018 年我国发生的 6 级及以上的地震如表 1.1 所示。

表 1.1 1995～2018 年我国发生的 6 级及以上地震简况表

序号	时间	地点	地震级
1	1995.01.10	北部湾	6.2
2	1995.07.10	云南孟连	6.2
3	1995.07.12	云南孟连	7.2
4	1995.10.24	云南武定	6.5
5	1995.12.18	青海玛多	6.2
6	1996.02.05	云南丽江	6.0
7	1996.03.13	新疆阿勒泰	6.1
8	1996.03.19	新疆伽师	6.9
9	1996.05.03	内蒙古包头	6.4
10	1996.07.06	西藏谢通门	6.0

续表

序号	时间	地点	地震级
11	1996.11.01	喀喇昆仑山	7.1
12	1997.01.21	新疆伽师	6.4
13	1997.04.01	新疆伽师	6.6
14	1997.04.16	新疆伽师	6.3
15	1997.11.08	西藏玛尼	7.5
16	1998.01.10	河北张北	6.2
17	1998.03.19	新疆伽师	6.0
18	1998.03.19	新疆和田	6.2
19	1998.07.20	西藏谢通门	6.1
20	1998.08.02	新疆伽师	6.0
21	1998.08.02	西藏谢通门	6.0
22	1998.08.27	新疆伽师	6.6
23	1998.09.04	西藏定日	6.2
24	1998.11.19	云南宁蒗	6.2
25	1999.04.08	吉林珲春	7.0
26	2000.01.15	云南姚安	6.5
27	2000.09.12	青海兴海	6.6
28	2001.02.23	四川雅江	6.0
29	2001.03.05	西藏玛尼	6.4
30	2001.10.27	云南永胜	6.0
31	2001.11.14	新疆青海交界	8.1
32	2002.06.29	吉林汪清	7.2
33	2003.02.24	新疆伽师	6.8
34	2003.04.17	青海德令哈	6.6
35	2003.07.07	西藏青海交界	6.1
36	2003.07.21	云南大姚	6.2
37	2003.09.27	中俄蒙交界	7.9
38	2003.10.01	中俄蒙交界	7.3
39	2003.10.25	甘肃民乐、山丹间	6.1

续表

序号	时间	地点	地震级
40	2003.10.16	云南大姚	6.1
41	2003.12.01	中哈交界	6.1
42	2004.03.07	西藏安多、那曲间	6.6
43	2004.03.28	西藏班戈县、青海间	6.3
44	2004.05.19	台湾以东沿海	6.7
45	2004.07.12	西藏仲巴	6.7
46	2004.10.15	台湾宜南以东	6.3
47	2004.10.18	台湾以东海中	6.5
48	2005.02.15	新疆乌什	6.2
49	2005.03.06	台湾宜南	6.3
50	2005.10.15	台湾东北海域	6.3
51	2006.04.01	台湾台东	6.5
52	2007.05.05	西藏日土、改则交界地区	6.1
53	2008.01.09	西藏改则	6.9
54	2008.05.12	四川汶川	8.0
55	2009.07.09	云南姚安	6.0
56	2010.04.26	台湾东南	6.7
57	2010.04.14	青海玉树	7.1
58	2013.04.20	四川芦山	7.0
59	2014.02.12	新疆于田	7.3
60	2014.08.03	云南鲁甸	6.5
61	2014.11.22	四川康定	6.3
62	2015.07.03	新疆皮山	6.5
63	2016.10.17	青海玉树	6.2
64	2016.12.08	新疆呼图壁	6.2
65	2017.08.08	四川九寨沟	7.0
66	2017.11.18	西藏米林	6.1
67	2018.02.06	台湾花莲	6.5

由表 1.1 可以看出，1995 年以来，我国大约平均每 3 年发生至少两次 7 级以上地震。经过统计，在这些破坏性的地震中，发生在山区的地震占到半数以上，

且以汶川地震灾害表现最为严重。

一般认为，与地表结构和城市地铁相比，山岭隧道由于埋深较大，地震动放大效应没有或很小，因此山岭隧道具有较好的抗震性能。然而，1995 年日本发生的兵库地震(M7.2)中，极震区内约有 30 座山岭隧道遭受破坏，其中 10 座隧道需要震后修复。1999 年我国台湾集集地震造成 54 座山岭隧道受损，严重和中等破坏隧道占比均为 25%。在 5 · 12 汶川地震中，交通基础设施遭受严重破坏，多座山岭隧道受损。都汶高速公路沿线的龙溪隧道受损最为严重，素混凝土衬砌出现开裂、剥落以及大面积垮塌等破坏(大面积垮塌近 200m)；钢筋混凝土衬砌出现了混凝土保护层剥落、钢筋屈曲外露等破坏。隧道破坏多发生于洞口浅埋段、洞身软弱围岩、岩性过渡地段及断层破碎带等不良地质体段和施工过程中曾出现坍方的地段，特别是发震断层附近的龙溪、紫坪铺、龙洞子、烧火坪隧道，破坏十分严重，无法正常通行，整条道路不仅会因此陷入瘫痪，其后期维修性及加固后的耐久性均较差，所造成的经济损失巨大。因此，开展山岭隧道抗震减震研究具有重要意义。

目前，虽然人们对山岭隧道的抗震或减震做了一些研究，但我国关于隧道的抗震设计依然采用的是传统的惯性力法。一般公路隧道的抗震设计及抗震措施均按《公路工程抗震规范》(JTG B02—2013)进行，即隧道的地震作用按照静力法计算，地震荷载只与结构的重力和土的重力组合。显然这种做法会使人们想到通过增大衬砌结构的刚度来抵抗地震力，而这一思路是否合理还值得商讨。因此，开展山岭隧道地震灾变机理和性能化理论研究具有重要的实际意义与理论价值。

1.2 国内外研究现状

世界上最早出现的结构抗震设计规范为 1920 年日本《市街地建筑物法》和 1927 年美国的《美国统一建筑规范》[1]。结构抗震设计方法经历了基于承载力的静力法和反应谱法、延性设计法、能力设计法、基于能量和损伤的设计法，以及正在发展的基于性能的抗震设计(performance-based seismic design)法几个阶段[2]。抗震设计理念也从最早的"一水准设防、一阶段设计"发展到"两/三水准设防，两/三阶段设计"，再发展到基于性能的抗震设计。近二十年来，建筑结构基于性能的抗震设计方法正在不断发展和完善，部分成果已纳入规范。

1.2.1 结构性能化抗震理论

地面结构的相关研究一直走在前列，地下结构相关研究也仅在近二十年开始起步[3]。美国、日本学者提出了基于性能的抗震设计思想[3-9]。由于用力(承载力)作为单独的指标难以全面描述结构的非弹性性能和破损状态，而用能量和损伤指标又难以实际应用，因此目前性能化抗震设计方法的研究主要用位移指标对结构抗震性能进行控制，称为基于位移的抗震设计(displacement-based seismic design)方法。无论是基于性能还是基于位移，抗震设计的难点仍然是结构进入非弹性阶段后性态的分析。在基于位移的抗震设计方法研究中，能力谱法由 Freeman 于 1975 年提出，后来研究人员对能力谱曲线和需求谱曲线的确定方法做了进一步的改进，使得该方法成为各国推进基于位移的抗震设计方法的一种主要方法[10]。随着结构地震响应数值模拟技术的发展和计算机软、硬件水平的提高，基于逐步增量动力分析(incremental dynamic analysis)的倒塌易损性分析方法(能力谱法的一种)[11]已用于结构抗地震倒塌能力的定量评价。美国联邦应急管理局的 FEMA P695 报告中采用基于逐步增量动力分析的倒塌易损性分析方法，以结构在最大考虑地震(maximum consideration of earthquake)作用下的倒塌率为目标，对 FEMA 445 中定义的建筑结构抗震性能系数进行了验证和调整[3]。

在国内，谢礼立、吕西林等[12,13]将基于性能的抗震设计思想引入建筑抗震设计当中，建立了能力谱与抗震能力指数的关系，采用定量指标评定建筑物在不同地震作用下的相对抗震能力，并获得了定性的性能描述。叶列平等[14]应用基于逐步增量动力分析的倒塌易损性分析方法，定量评估了地面单自由度结构体系的抗地震倒塌能力，提出了结构抗地震倒塌能力谱的概念，并开发了 THUFIBER 系列程序，可以实现复杂钢筋混凝土结构在地震作用下倒塌全过程的模拟。

1.2.2 城市大型地下结构抗震理论

20 世纪 50 年代以前，建筑抗震研究主要基于大森房吉提出的静力理论，对于地下结构并无特殊方法。60 年代初，福季耶娃针对地下结构提出了基于弹性力学理论的拟静力方法。60 年代末，美国学者对地下结构抗震设计理念进行研究，指出地下结构的抗震性能主要体现在适应变形的延性上。70 年代，日本学者提出了一系列简化实用方法，如反应位移法和反应加速度法，使地下结构抗震设计在工程应用中得到了很大的发展[15,16]。80 年代，美国学者 Schukla 采用拟静力方法来考虑土体与地下结构的相互作用，并建立了相应的数学模型；St. John 基于波动理论，推导了地震波斜入射时隧道变形的计算方法。此后国内外学者又进行了系统的研究，提出了多种不同的地下结构抗震设计理论和实用分析方法[17,18]。

针对轨道交通地下车站和区间隧道，国内外学者开展了系统研究，初步建立了城市地下矩形框架结构抗震设计理论。具体而言，可以总结为以下几项成果：

(1) 完善和发展了能够模拟复杂地下结构的时域整体分析方法，如构建数值模型的动力人工边界方法、一致地震动和非一致地震动输入方法、岩土体与结构及其界面的非线性本构模型、大变形灾变模拟分析的高效算法。

(2) 城市地铁车站地震破坏机理与抗震性能化设计和评价方法。通过原型观测、模型试验和数值分析，再现了典型地铁车站地震灾变全过程；揭示了浅埋地铁车站结构地震破坏机理和失效模式；确定了典型车站框架结构最不利构件，并由此提出了车站结构的地震性能指标体系，建立了抗震性能化设计和评价方法；在此基础上，针对其破坏机理，提出了多种减震措施。

(3) 城市地铁车站模型试验技术及试验成果。以地铁隧道和地下车站结构为研究背景，进行了可液化地基和软土地基中地铁地下车站与隧道结构振动台模型试验，揭示了可液化地基、软土地基地下结构的地震损伤发展过程与破坏机理，发现了近、远场强地震作用下地铁区地下车站结构地震反应的空间效应、变形与破坏模式。在振动台模型箱、新型数据采集手段、土体和结构相似材料等试验技术方面取得了进步。此外，模型试验也部分验证了大量数值模型的适用性。

(4) 简化的地下结构抗震分析实用方法。由于土-结构时域整体分析方法在分析模型、人工边界和波动输入等问题的处理较为复杂，对操作者的知识水平要求高，且计算工作量较大、耗时多，难以在一般的工程设计中大规模推广。所以国内外推出了多种简化的拟静力地震响应分析方法，包括地下结构的 Pushover 分析法、横向/纵向整体反应位移法、惯性力+反应位移法等。

由于地铁车站等矩形结构与地面框架结构在结构形式上类同，相关抗震设计研究成果都借鉴了建筑结构抗震设计方法，部分成果已纳入《城市轨道交通结构抗震设计规范》(GB 50909—2014)，建立了“三水平设防，两阶段设计”的抗震性能化设计方法。

1.2.3 隧道衬砌结构抗震理论

1995 年日本阪神地震极大地推动了日本在隧道抗震领域的研究，其隧道抗震设计已经引入了“基于性能的抗震设计思想”，建立了 5 级结构性能水平，采用基于承载力和变形(位移)的抗震设计方法，实施“两水准设防、两阶段设计”。日本抗震规范给出了明挖矩形隧道结构的性能与构件的损伤标准之间的关系。小泉淳[8]应用性能化抗震设计建立了盾构隧道的抗震能力曲线，获得了多级性能水平下的隧道性能控制指标。

何川等[19]参考日本盾构隧道抗震设计方法，对盾构隧道抗震计算方法进行了大量研究，在具体工程中应用了性能化抗震理论，研究隧道的动力响应特性，并对传统拟静力法上覆土柱计算高度进行了研究。刘晶波等[20]开展了拟静力法的创新研究，其中借鉴地上结构抗震分析 Pushover 方法，提出了一种适用于地下结构抗震分析的 Pushover 方法，可以获得地下结构完整的能力曲线，用于评价结构的抗震能力和评估更大地震作用下地下结构的抗震性能。董正方等[21]分别通过动力增量法和地下结构 Pushover 方法计算圆形盾构隧道地震响应，分析其变形特征，分别建立了以直径变形率和倾斜度为整体变形性能指标的结构抗震能力曲线，并划分了性能水平，给出了每级性能水平对应的指标限值。

相比而言，我国山岭隧道基于性能的抗震研究较为落后，相关规范一直沿用传统惯性力方法。汶川地震后公路、铁路等相关部门都开展了大量隧道工程抗震专项研究，在震害形成机理、隧道结构地震响应、抗震措施设计以及震害加固等方面取得了不少成果，但在隧道结构破坏模式及其灾变机理和性能化抗震理论方面的研究则很少。盛谦等[22]将增量动力分析法引入大型地下洞室群地震动力稳定性评价，形成大型地下洞室群的性能化地震动力稳定性评价方法，以及相应的 2 级地震动水平和 2 级抗震性能水平，但其并没有给出明确的抗震性能指标及其量化限值。

1.2.4　隧道与地下结构抗震研究方法

目前开展地下结构抗震研究的方法主要有原型观测、模型试验和理论分析[23,24]三种。众多研究表明，采用单一手段还无法全面了解地下结构地震反应的特点及其灾变机理，一般是通过原型观测和模型试验对地下结构地震反应现象、破坏状态等进行调查，总结其受力机制和反应规律；然后采用理论分析和数值模拟方法，建立合理的数值模型和分析方法；再结合其受力机制和反应规律对数值模型和分析方法加以验证；最后采用合理分析理论和方法研究不同形式地下结构的抗震性能，并建立地下结构抗震设防标准[25]。

1. 原型观测

原型观测是通过隧道及地下结构在震后的变形破坏特征和实测的动力特性了解其他地震响应特点。地震时原位现场资料的采集是隧道及地下结构抗震研究的重要手段之一。它主要包括震害调查和地震观测两大类。

1) 震害调查

震害调查是在地震结束后进行的，受观测时间、手段和条件的限制。但震害是最真实的“原型试验”结果，一直受到人们的重视。通过观测到的一手资料，并以此为基础建立数据库，研究隧道及地下结构震害的影响因素，如震级、震中距、埋深、地质条件等与隧道破坏程度之间的关系。

2) 地震观测

震害调查无法了解地震时隧道及地下结构的动力响应过程，为了对其进行有目的、多角度的研究，有时还要借助现场的地震量测数据。日本滨田和横山等曾在岩手县一座铁路隧道中进行了多次地震观测(包括 1978 年宫城县地震，5.8 级)，取得了围岩加速度和衬砌应变记录。

2. 模型试验

随着隧道及地下结构抗震稳定性问题日益受到关注，围岩-结构相互作用的研究不断深入，已经建立了地下结构地震响应的计算方法。但是不同研究者采用不同的简化方法，建立了不同的计算方法，取得的结果也各不相同，为了验证理论模型的合理性和分析围岩-结构动力相互作用的机制，模型试验已经成为一种不可或缺的试验技术。

模型试验一般通过激震试验来研究隧道及地下结构的响应特性。它可以分为人工震源试验和振动台试验。由于前者较难反映结构的非线性及地基断裂等因素对隧道结构地震反应的影响，故用得不多。而振动台试验可以较好地处理这方面的问题，因此被广泛采用。通过试验，可以很好地掌握隧道结构在地震作用下的动力反应以及振动性态。

3. 理论分析

1) 静力法或拟静力法

采用静力法或拟静力法进行抗震分析时，通常将地下结构的地震变形分解为以下三种基本类型：

(1) 轴向压缩或拉伸变形，如图 1.1(a)所示。

(2) 轴向弯曲变形，如图 1.1(b)所示，包括水平面内弯曲变形和竖直面内弯曲变形，这类变形主要是由地震剪切波沿轴向的分量引起的。

(3) 横断面剪切变形，如图 1.1(c)所示，这类变形主要是由竖向传播的 S 波引起的，抗震设计时通常简化为二维平面应变问题。

一般来说，静力法或拟静力法物理概念清晰，计算方法简单，计算工作量小，参数易于确定，而且工程经验丰富，易于被设计工程师接受，因此几乎所有的地下结构实用抗震分析方法均属于这一范畴，如地震系数法、反应位移法、应变传递法等。

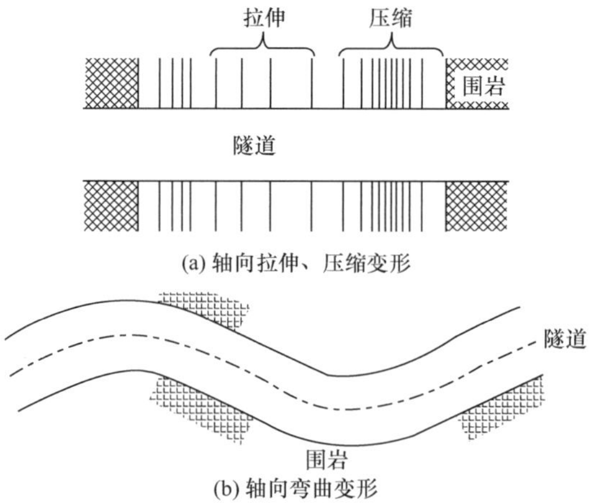

(a) 轴向拉伸、压缩变形

(b) 轴向弯曲变形

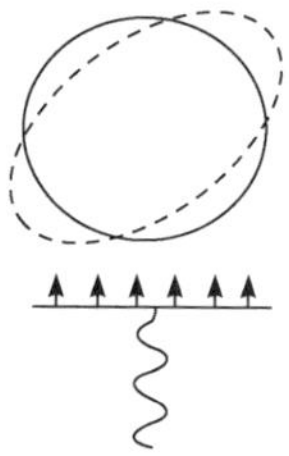

(c) 横断面剪切变形

图 1.1　隧道及地下结构的变形[1]

2) 围岩-结构动力相互作用法

如何考虑围岩-结构动力相互作用是地下结构抗震分析的关键，而这一问题是结构动力学和岩土动力学中最为复杂的课题，涉及结构、地基及远场地面运动等多种因素。目前求解围岩-结构动力相互作用问题的方法可以分为两类：解析法或半解析法、数值方法。前者一般建立在线弹性理论或黏弹性理论基础之上，通用性较差；后者则以有限元法为代表，原则上可以求解任意完备的边值问题，因而得到了广泛的研究和应用。实际上，强地震作用下地下结构与地基介质可能呈现明显的非线性、弹塑性状态，地下结构与地基之间的接触面还可能出现局部滑移、脱离等非连续变形现象。在这些情况下，解析法和半解析法的应用受到限制，只有采用数值方法，才能够真实全面地模拟地震作用下地下结构-地基系统的动力相互作用特性。另外，数值方法还可以对地下结构进行某些特殊情况或特殊部位的抗震分析，而拟静力方法对此无能为力。

运用有限元法分析结构-地基动力相互作用问题时，需要在宏理想化和微理想化两个方面进行考虑。宏理想化是指有限元模型整体轮廓的设计，包括整体尺寸、边界条件、输入地震动等，其中最重要的部分是分析中模型边界的确定，即人工边界的设置，原则上这是一个低频问题。微理想化是指设计有限单元的过程，需要考虑结构材料非线性、土动力非线性、结构-地基动态接触非线性等因素。

1.2.5　隧道结构抗震减震措施研究

我国现行的铁路和公路规范[26,27]，对强震区的浅埋隧道基本上都是采用衬砌加厚或全断面加筋补强的措施，似乎认为，刚度越大，抗震效果越好。但工程实践表明[28]，这一设计思想并不合理，因为衬砌结构达到一定刚度后，刚度越大，出现震害的概率越大。

减轻隧道的地震灾害主要有两种途径，即改变结构本身性能和设置减震装置。改变结构本身性能即通过改变隧道结构本身的刚度、质量、阻尼、强度，如调整隧道地下结构的刚度，使之易于追随地层的变形，从而减小地下结构的响应。设置减震装置是指通过在隧道中设置特殊构造来降低地震时的结构内力，一般主要是在隧道结构与地层之间、纵向衬砌与衬砌之间设置减震层或减震缝，使地层的变形难以传递到隧道结构，从而使结构的地震响应减弱。

1. 改变结构本身性能

改变结构本身性能主要是通过改变隧道衬砌的刚度、质量、强度、阻尼等动力特性来减轻其地震响应，该方法主要有以下几种可能的途径。

1) 减轻衬砌质量

采用轻骨料混凝土，减轻衬砌质量，从而减少结构的地震响应。轻骨料混凝土的强度一般较低，需在其中添加钢纤维等以提高强度，如陶粒混凝土、陶粒钢纤维混凝土就属于这种材料。

2) 增加衬砌材料强度和阻尼

主要通过如下几种方法增加衬砌材料强度和阻尼：

(1) 采用钢纤维混凝土，提高混凝土延性、抗折性、抗拉性和韧性，使衬砌结构在地震中大量吸能耗能，减轻地震响应，如钢纤维喷射混凝土、钢纤维模筑混凝土等。

(2) 采用聚合物混凝土，增加混凝土的柔韧性、弹性和阻尼，使地下结构吸收地震能量，减轻地震响应，如聚合物混凝土、聚合物钢纤维混凝土等。

(3) 在衬砌中添加大阻尼材料，使其成为大阻尼复合结构，也可以得到较好的减震效果。一般增加阻尼有两种方法，一种方法是在衬砌结构表面或内部增加阻尼，通过结构的拉伸或剪切来耗能减震；另一种方法是在结构接头部位设置减震装置，在地震中，这些减震装置耗能减震，从而避免结构进入非弹性状态或发生损坏。

3) 调整衬砌结构刚度

(1) 采用刚性结构。

采用刚性结构可以大大增加衬砌结构的刚度，使其成为“刚性结构”。由于衬砌结构的变形受围岩变形控制，而围岩主要受剪切变形作用，其变形规律是上部大、下部小。因此，当采用刚性结构时，必然使衬砌结构承受更大的荷载。同时，为了增加地下结构的刚性，必然要增加材料用量，工程费用也随之加大。可见，采用刚性结构并不经济，且破坏危险性也较大。然而，目前我国铁路、公路隧道的抗震设计主要还是通过提高衬砌刚度来实现,其设计思想的合理性还有待探讨。

(2) 采用柔性结构。

采用柔性结构可以大大减小地下结构的刚度，使其成为“柔性结构”。这样做能有效减少衬砌结构的加速度响应，减少地震荷载，但同时位移会加大，在静载或地震荷载作用下可能显得刚度不足，影响隧道正常使用。

目前，隧道设计中喷射混凝土衬砌、锚杆、钢纤维喷射混凝土支护等都属于该类结构。在这种支护作用下，结构和围岩的联系更加紧密，其变形将完全受控于围岩。在软弱围岩情况下，围岩地震变形较大，则该类支护结构与围岩间的动压力将会增大，支护结构本身的位移、加速度也将增大，此时结构的耐震性将受到威胁，因此这类结构也有待进一步研究。

(3) 采用延性结构。

适当控制衬砌结构的刚度，使结构某些构件在地震时进入非弹性状态，并且具有较大的延性以耗散地震能量，减轻地震响应，可以使地下结构“裂而不倒”。这种方法在很多情况下是很有效的。但也存在诸多局限，例如，接头进入非弹性状态，将使衬砌结构变形加大，使内部附属设施严重损坏；另外，若遭遇超过设计烈度的地震，接头构件会发生非弹性变形甚至损坏，震后修复非常困难。

有关隧道及地下结构减震，一直都有“刚”、“柔”之争。一般柔性结构和延性结构的抗震性能要优于刚性结构，但柔性结构和延性结构产生的位移都较大，限制了这两种结构在工程中的使用。

2. 设置减震装置

设置减震装置属于隔震技术的范畴。隔震技术是近年来发展起来的一种新技术，并且在地面结构抗震工程中取得了显著效果。它采用的是一种特殊的措施来隔离地震对上部结构的影响，地震能量直接由基础的隔震支座和耗能装置吸收，使建筑物在地震时只产生很小的振动。地下结构由于周边被岩土体所包围，其受力状态不同于地面结构，变形要受到岩土体约束。它本身不仅是结构物的振源，而且是结构物的附加荷载。因此，地下结构的减震方法不同于地面结构。

减震模式的基本构思：在衬砌的外周边和围岩之间设置减震装置，使原有衬砌-围岩系统变为衬砌-减震层-围岩系统，其目的是通过减震层将衬砌与围岩介质隔开，从而减小和改变地震对结构的作用强度和方式，以便减小结构振动。减震层不但要能隔断周围地层对衬砌的约束力，而且能吸收衬砌与地层之间反复循环的动应变或相对动位移。此外，减震层应具有充足的弹性，保证在一次地震塑性化后，下一次地震时能再发挥作用。

常用的减震装置主要包括减震器、板式减震层、压注式减震层等。减震器一般由提供刚度的弹簧和提供阻尼的橡胶材料组成，主要有承压式减震器、承剪式减震器之分。对于板式减震层，其是将减震材料制成板材，以便于现场施工。压注式减震层是新近开发出来的减震材料，包括沥青系、氨基甲酸乙酯系、橡胶系、硅树脂系等。这些材料平时是液状，与硬化添加剂一起压注到围岩与衬砌之间的间隙内，硬化后就形成减震层，这种减震材料具有较高的剪切变形性能，耐久性和施工性好，不易产生有害物质。

总体来看，可将山岭隧道可能的减震技术或方法进行分类，详见表 1.2。

表 1.2　山岭隧道减震方法分类

途径	减震方法	具体措施
通过改变地下结构性能进行减震	减小质量	采用轻骨料混凝土
	增加强度	采用钢纤维混凝土
	增加阻尼	采用聚合物混凝土； 粘贴大阻尼材料，使其成为复合结构
	调整刚度	增加厚度或采用钢筋混凝土； 锚喷网支护或钢纤维混凝土
不改变地下结构性能进行减震	设置减震装置	在衬砌与围岩间设置减震器 在衬砌与围岩间设置板式减震层 在衬砌与围岩间压注减震材料 在衬砌纵向接头部位设置减震层

到目前为止，有关隧道及地下结构的减震技术研究还不充分，距离实际应用尚有较大的差距，有待学者进一步深入研究。

参 考 文 献

[1] 谢礼立. 抗震性态设计和基于性态的抗震设防[J]. 工程建设标准化, 2004, (5): 9-15.

[2] 叶列平, 经杰. 论结构抗震设计方法[C]. 第六届全国地震工程会议, 2002: 419-429.

[3] Guo X K, Li G Q, Liu Y S, et al. FEMA P695—Quantification of building seismic performance factors[J]. Progress in Steel Building Structures, 2013, (2): 57-64.

[4] Pitilakis K, Tsinidis G. Performance and Seismic Design of Underground Structures[M]. Berlin: Springer, 2013.

[5] Kimura S, Kitani T, Koizumi A. Development of performance-based tunnel evaluation methodology and performance evaluation of existing railway tunnels[J]. Journal of Transportation Technologies, 2012, 2(2): 113-128.

[6] Hushmand A, Dashti S, Davis C, et al. Seismic performance of underground reservoir structures: Insight from centrifuge modeling on the influence of structure stiffness[J]. Journal of Geotechnical and Geoenvironmental Engineering, 2016, 142(7): 04016020.

[7] Taniguchi S, Igarashi A, Kida H. 漸増動的解析(IDA)に基づく長大橋の耐震性能評価[J]. Journal of Japan Society of Civil Engineers Ser A1, 2014, 70(4): 323-333.

[8] 小泉淳. 盾构隧道的抗震研究及算例[M]. 张稳军, 袁大军, 译. 北京: 中国建筑工业出版社, 2009.

[9] Fajfar P. A nonlinear analysis method for performance-based seismic design[J]. Earthquake Spectra, 2000, 16(3): 573-592.

[10] Lee T H, Park D, Nguyen D D, et al. Damage analysis of cut-and-cover tunnel structures under

seismic loading[J]. Bulletin of Earthquake Engineering, 2016, 14(2): 413-431.

[11] Shao J H, Tang B J. Seismic performance evaluation of steel frame-steel plate shear wall using pushover and IDA[J]. Applied Mechanics & Materials, 2014, 578-579: 354-358.

[12] Lin S B, Xie L L. A study of seismic capacity of buildings based on capacity spectrum-case studies on seismic capacity analysis of two RC frame structures in the Wenchuan earthquake[J]. China Civil Engineering Journal, 2012, 45(5): 31-40.

[13] Lv X L, Zhang H M. Comments on "General rule for performance-based seismic design of buildings"[J]. Earthquake Engineering and Engineering Vibration, 2005, 25(4): 180-186.

[14] Shi W, Ye L P. Study of collapse resistant capacity spectrum[J]. Journal of Building Structures, 2012, 33(10): 1-7.

[15] 胡聿贤. 地震工程学[M]. 北京: 地震出版社, 2006.

[16] 川岛一彦. 地下构筑物の耐震设计[M]. 东京: 鹿岛出版会, 1994.

[17] 刘祥庆. 地铁地下结构地震反应分析方法与试验研究[D]. 北京: 清华大学, 2008.

[18] Uenish K, Sakurai S. Characteristic of the vertical seismic waves associated with the 1995 Hyogo-ken Nanbu(Kobe), Japan earthquake estimated from the failure of the Dakai underground station[J]. Earthquake Engineering and Structural Dynamics, 2000, 29(6): 813-821.

[19] 钱七虎, 何川, 晏启祥. 隧道工程动力响应特性与汶川地震隧道震害分析及启示[C]. 汶川大地震工程震害调查分析与研究, 2009: 608-618.

[20] 刘晶波, 李彬. 地铁地下结构抗震分析及设计中的几个关键问题[J]. 土木工程学报, 2006, 39(6): 106-110.

[21] 董正方, 王君杰, 姚毅超, 等. 城市轨道交通地下结构抗震性能指标体系研究[J]. 地震工程与工程振动, 2014, (S1): 699-705.

[22] 崔臻, 盛谦, 冷先伦, 等. 基于增量动力分析的大型地下洞室群性能化地震动力稳定性评估[J]. 岩石力学与工程学报, 2012, 31(4): 703-712.

[23] 赵冬冬. 城市地铁地下结构地震反应的试验研究与数值模拟[D]. 北京: 清华大学, 2013.

[24] Amorosi A, Boldini D, Falcone G. Numerical prediction of tunnel performance during centrifuge dynamic tests[J]. Acta Geotechnica, 2014, 9(4): 581-596.

[25] 张建民. 高烈度地震环境下北京地铁地下结构抗震设计与对策研究[D]. 北京: 清华大学, 2004.

[26] 施仲衡. 地下铁道设计与施工[M]. 西安: 陕西科学技术出版社, 1997.

[27] Hashash Y M A, Hook J J, Schmidt B, et al. Seismic design and analysis of underground structures[J]. Tunnelling & Underground Space Technology Incorporating Trenchless Technology Research, 2001, 16(4): 247-293.

[28] 中华人民共和国建设部. 铁路工程抗震设计规范[S]. GB 50111—2006. 北京: 中国计划出版社, 2006.

第 2 章　公路隧道震害调查分析

2.1　隧道震害调查及分类

隧道作为生命线工程的主体结构之一，强震条件下，震害突出已成为不争的事实。1906 年美国旧金山 8.3 级地震，严重破坏了位于断裂带上的两座隧道；1923 年日本关东 7.9 级大地震，共有 82 座隧道遭到损害；1952 年美国南加利福尼亚州 7.6 级地震，穿越地震断裂带的四座铁路隧道全部发生了严重破坏；1971 年美国圣佛南都 6.4 级地震，导致附近 5 座隧道巨大破坏；1995 年日本兵库县南部 7.2 级地震，100 多座隧道遭受不同程度的震害，其中 10%的隧道遭受了显著的破坏[1]。1999 年中国台湾南投县集集镇 7.3 级地震发生后，对 57 座隧道进行的系统调查发现，其中 49 座隧道的衬砌发生不同程度的破坏，台湾中部距离发震断层 25km 范围内的 44 座受损隧道中，严重受损者约 11 座，占 25%，中等受损者约 9 座，占 20%[2-4]。2008 年 5 月 12 日发生汶川大地震，受损隧道达 110 座。李天斌[5]和王铮铮等[6]分别对汶川地震重灾区都汶公路的 11 座和 18 座隧道进行了现场震害调研，结果表明，都汶公路的大部分隧道都经历了不同程度的严重震害，其中 5%的隧道属于轻度震害，22%的隧道属于中度震害，73%的隧道为严重震害。

2.1.1　典型隧道震害及警示

2008 年 5 月 12 日发生的汶川地震造成位于震中附近的都江堰至汶川公路多座隧道受损，其中龙溪隧道和龙洞子隧道严重受损，破坏形式多样，具有重要的研究价值和警示意义。

1. 龙溪隧道

龙溪隧道属于高速路隧道，连接都江堰和汶川两地，在地震时尚未贯通，全长 3691m。

地震发生后，在都江堰端洞口削竹式洞门完好，路基隆起，边仰坡局部有轻微裂缝，截水沟开裂。在汶川端洞口仰坡开裂，框架锚杆护坡结构的框架局部破坏，喷射混凝土开裂、脱落。高陡边坡顶部巨石坠落于洞口，且还有危岩存在。

隧道内部，洞身进口端靠近洞口段 5 处坍方封洞，多处二次衬砌混凝土坍落，出口端出现环向剪张破碎带。隧道二次衬砌纵横向、斜向和环向裂缝发育，施工缝普遍张开、错台，二次衬砌钢筋剪切扭曲，初支钢架溃屈、混凝土开裂并脱落。仰拱和底板多处隆起并发生纵向和横向张裂，最大隆起高度 1.2m。

龙溪隧道部分破坏情况如图 2.1 所示。

(a) 出口端高陡边坡崩落

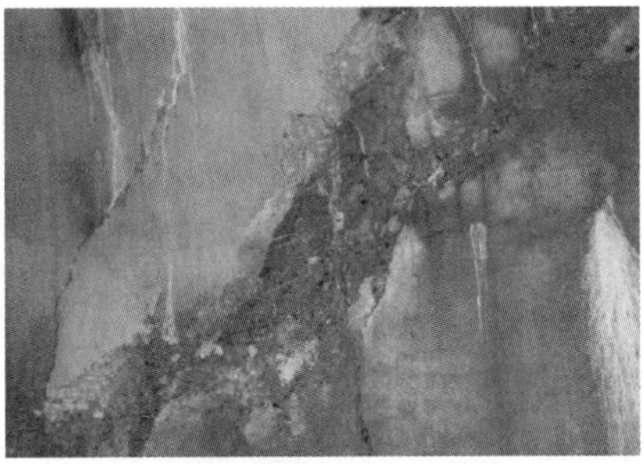

(b) 出口端右洞斜向破裂带

(c) 进口端底板地基强烈隆起

图 2.1　龙溪隧道破坏组图

2. 龙洞子隧道

龙洞子隧道属于高速路隧道，连接都江堰和汶川两地，在地震时已贯通，全长 1070m。

地震发生后，龙洞子隧道整体严重损坏，都江堰端洞口边、仰坡植被防护完好，洞口有大块落石。汶川端洞口高陡边坡产生滑塌和崩塌，使防护结构全部损坏。右洞洞门被崩滑体掩埋，左洞洞门端墙开裂，伸缩缝裂开约 20mm，帽石及翼墙局部被落石砸坏。

隧道洞身左、右洞各有两处衬砌混凝土局部垮塌和路面隆起，每处纵向长 20～35m，衬砌多处被震裂，以横向、斜向和环向裂缝为主，缝宽 10～20mm 施工缝基本开裂，裂缝宽 5～15mm，部分有错台，路面多处开裂、错台，边沟损坏。龙洞子隧道破坏部分情况如图 2.2 所示。

图 2.2　龙洞子隧道破坏组图

2.1.2　隧道震害分类

通过大量震害实地调查、力学理论分析、数值模型试验和文献查阅，分析归纳可知，隧道地震动力响应主要有以下三种变形模式：沿横断面方向产生的水平挤压变形、沿着隧道纵断方向的拉压变形、沿着隧道纵轴法线方向的弯曲变形。国内学者通过对汶川地震隧道震害调查，最终将隧道震害类型分为四大段[3] (图 2.3)：

(1) 洞口部位以及洞门的破坏；

(2) 浅埋地段二次衬砌的破坏；

(3) 产生于地质状况不良区间的二次衬砌的破坏；

(4) 断层穿过而造成的隧道剪切破坏。

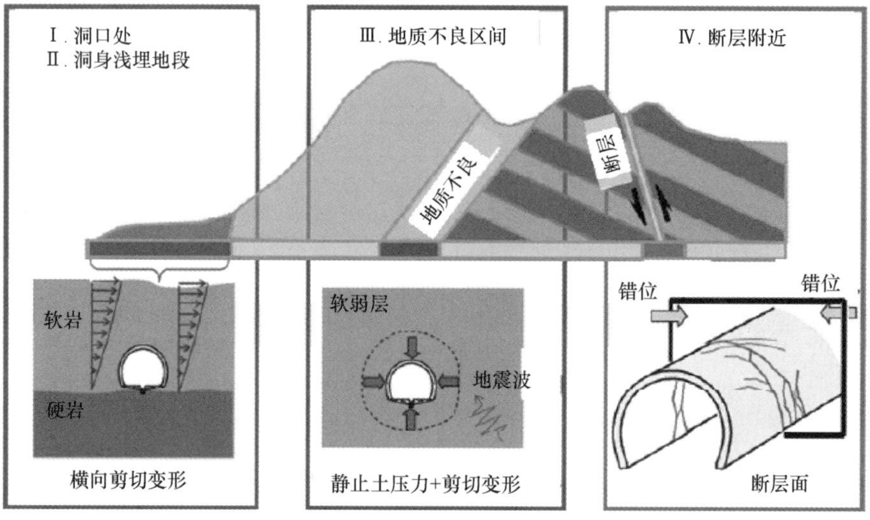

图 2.3　隧道震害类型

1. 洞口破坏

隧道洞口是隧道露出地面的部分，通常这里的地质条件较差且覆盖层较薄。通过对隧道地下结构的地震调查及对相关震害资料分析发现[6,7]，隧道洞口是容易发生震害的部位。这类震害多发生在全强风化的坚硬岩体构成的高陡斜坡隧道洞口，在洞口边坡未做防护、防护范围不足或防护力度偏弱的洞口发生频率高，其破坏主要有边坡垮塌、落石、明洞裂缝等破坏现象，如图 2.4 所示。若洞口边坡为较为破碎、强风化的花岗岩或灰岩，则容易发生洞口掩埋、洞门毁坏等破坏现象。若洞口边坡的岩石较硬、较完整并且存在裂隙，则洞口容易发生落石等破坏现象。

(a) 桃关隧道圆弧形端墙开裂与松脱

(b) 落石滚落在洞口，砸坏端墙

(c) 出口边仰坡支护破损

图 2.4　隧道洞口破坏

从隧道力学的观点来看，由于隧道轴向强度高，隧道受到限制难以变形，远离洞口的隧道洞身的应力状态及变形条件与平面应变的机制相似。而洞口及洞门在轴向有自由端，地震波能量释放时可比较自由地震动、变形，与平面应力的状态相似。另外，动力作用使边坡的水平加速度、竖直加速度均增大，在地下水位以下的土层更由于超孔隙水压的激增而导致土体剪切强度降低以及侧向土压力提高，从而使边坡安全性降低。

从地震波传播理论来看，洞口震害主要是由地震产生的竖向作用力造成的。首先到达的地震纵波产生强大的竖向作用力使山体开裂松动，诱发洞口或边坡震害。当地震横波到达后，开裂松动的山体在水平地震力下产生崩塌、滑坡。

2. 隧道衬砌开裂及错位

隧道衬砌开裂及错位是隧道震害最常见的现象之一(图 2.5)，这种类型的衬砌破坏可进一步分为纵向破裂(图 2.5(a))、横向破裂(图 2.5(b))、斜向破裂(图 2.5(c))以及横向或斜向破裂贯通形成的环向破裂(图 2.5(d))[8]。

(a) 纵向破裂　(b) 横向破裂　(c) 斜向破裂　(d) 环向破裂

图 2.5　隧道开裂及错位破坏组图

在实际工程中，隧道的混凝土衬砌大部分都会发生不同程度的开裂，其主要发生在有断层的地方，地盘的上下或左右移动会引起隧道衬砌的错动。衬砌的开裂一般以横向、斜向和环向破裂为主，纵向破裂较少。横向和环向破裂包括施工缝张裂与错台、二次衬砌混凝土中的裂缝等，此种裂缝最宽可达 20cm。斜向破裂主要发育在拱腰和边墙的素混凝土或者钢筋混凝土中，以剪切和剪张裂缝为主。

隧道产生横向裂缝的主要原因是地震纵波和横波会引起隧道的轴向变形和弯

曲变形。当地震波垂直于隧道传播时，横波将引起轴向拉伸，纵波将引起隧道水平弯曲；当地震波平行于隧道传播时，纵波和横波的作用正好相反；当地震波与隧道传播方向斜交时，纵波、横波都将引起拉伸和弯曲。

衬砌环向裂缝主要由隧道轴向变形产生，当地震纵波平行于隧道轴向或横波垂直于隧道轴向时，在衬砌中产生压缩和拉伸交替作用，导致衬砌出现压应变和拉应变，从而使隧道产生横向裂缝，横向裂缝发展贯通后便成为环向裂缝。

平行于隧道轴线的轴向裂缝危害性最大，经过发展可引起边墙断裂、隧道掉拱甚至隧道塌方。轴向裂缝主要位于隧道的拱肩、拱脚。产生这些裂缝的主要原因可能是沿横向和垂直方向传播的横波致使衬砌于 45°方向(拱肩)产生轴向裂缝，还有沿横向 45°方向的横波或垂直方向传播的纵波，也能导致隧道衬砌在 0°、90°方向产生轴向裂缝。

衬砌斜向裂缝主要由隧道的竖向弯曲造成，平行于隧道轴线的地震横波引起隧道衬砌的竖向弯曲，从而形成衬砌弯曲裂缝，并沿主应力迹线发展形成斜裂缝。

3. 衬砌及围岩坍塌破坏

衬砌及围岩坍塌是隧道地震中最严重的震害之一(图 2.6)，大致分为衬砌与围岩同时坍塌引起的坍方和二次衬砌坍落两种形式，其主要发生在距离震中较近的软弱围岩隧道中。

其中，衬砌与围岩同时坍塌引起的坍方往往导致隧道封洞(图 2.6(a))，2008 年汶川大地震中的龙溪隧道发生的就是此类破坏，隧道进口端左右洞在相同的位置，炭质泥岩、泥岩为主的围岩发生塌方封洞，左右洞洞口地段共有 5 处地震坍方。另有二衬坍落，主要发生在拱腰以上部位(图 2.6(b)和(c))支护结构为素混凝土，混凝土断裂面有张性和剪性两种。

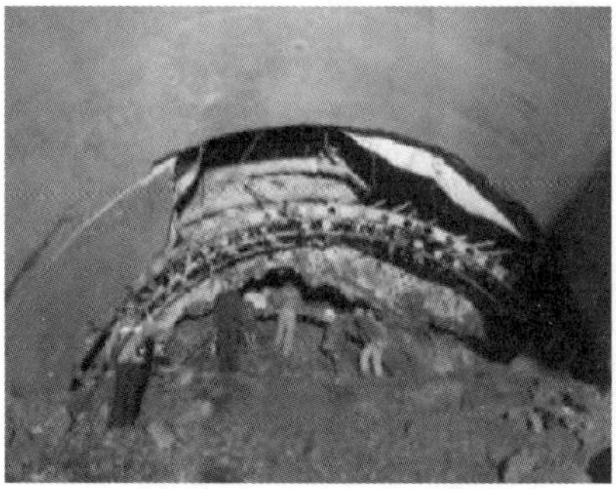

(a) 二次衬砌、初支、围岩坍塌封洞

(b) 拱顶二次衬砌垮塌

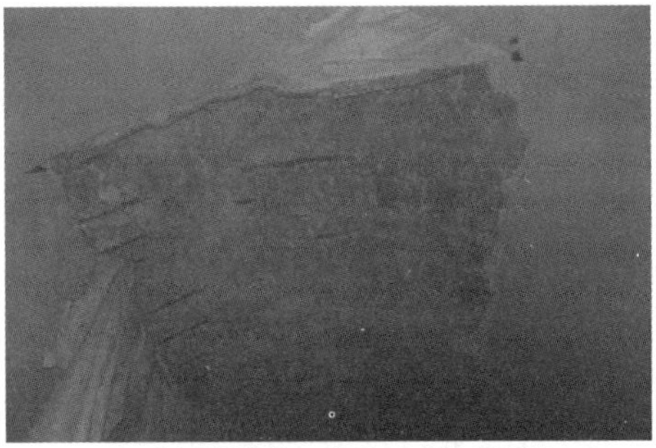

(c) 龙溪隧道进口拱顶二次衬砌坍落

图 2.6　衬砌及围岩坍塌破坏

4. 底板开裂及隆起

底板开裂及隆起也是较为常见的变形破裂迹象，底板开裂及隆起的表现形式主要有横向开裂、纵向排水沟轻度隆起-张裂、仰拱强烈隆起-张裂、底板地基隆起等，龙溪隧道的最大隆起高度达到 1.2m，如图 2.7 所示。

(a) 龙洞子隧道

(b) 龙溪隧道进口端仰拱张裂隆起

(c) 草坡隧道

图 2.7　底板开裂及隆起组图

2.2　隧道震害影响规律

相关的震害调查资料与研究表明，隧道震害的影响因素有很多。本节着重探讨地震烈度、震中距、隧道埋深、隧道断面形式、衬砌状况、围岩地质条件等因素对隧道震害的影响规律。

2.2.1　地震烈度

地震烈度是指地震对地面和房屋等建筑物的破坏程度的量度，地震震级是表示地震释放能量大小的量度，震级越大，释放的能量越大。其中按照地震时人的感觉，地震所造成自然环境的变化和建筑物的破坏程度，将其区分为无感地震、微感地震、有感地震、破坏地震、毁坏地震与毁灭地震六个大类。

针对隧道，地震烈度即表示地震对隧道和围岩的破坏程度的一种度量，是影响隧道震害严重程度的重要因素之一。掌握和研究地震烈度在我国的分布占比情况，可为隧道设计与震害防治等提供帮助，地震烈度全国面积占比如表 2.1 所示。

表 2.1　地震烈度全国面积占比表

地震烈度	占全国总面积的比例/%
≤5	40.0
6	27.5
7	21.5
8	7.4
9	2.4
10	0.9
11	0.3

一般情况下，地震烈度的大小与震级呈正比例关系，震级越大，地震烈度就越大。同一次地震，不同地区烈度可能是不同的。

2008 年的汶川地震中，相关资料显示，国道省道干线及典型县乡道路公路隧道，共计 18 条线路 56 座隧道，不同地震烈度区隧道数量及比例如表 2.2 所示。

表 2.2　地震烈度区隧道数量及比例

地震烈度	隧道数量	所占比例/%	平均破坏程度
6	16	28.57	轻微破坏
7	10	17.86	轻微破坏
8	10	17.86	中等破坏
9	4	7.14	中等破坏
10	6	10.71	严重破坏
11	10	17.86	严重破坏

已有资料表明，在其他条件相差不大的情况下，地震烈度越大，隧道的地震震害就越严重。

2.2.2　震中距

观察点到震中的地球球面距离称为这一点的震中距，震中距是评价隧道抗震性能的重要因素之一。

相关的震害调查资料表明，通常情况下离震中越近的隧道的震害破坏越大，距离越远的隧道震害破坏越小。以 2008 年发生的汶川地震为例，如四川省的都映高速公路，其震中距小于 60km 的隧道发生了较严重的损害，离震中映秀距离仅 14.2km 的龙溪隧道和离震中仅 12.4km 的烧火坪隧道震害破坏非常严重。汶川地震隧道震中距与震害程度的关系如表 2.3 所示。

表 2.3　汶川地震隧道震中距与震害程度的关系

序号	类别	隧道名称	震中距/km	破坏程度
1	高速公路隧道	紫坪铺隧道	19.3	严重破坏
2	高速公路隧道	龙洞子隧道	15.8	严重破坏
3	高速公路隧道	龙溪隧道	14.2	严重破坏
4	连接线隧道	烧火坪隧道	12.4	严重破坏
5	二级公路隧道	毛家湾隧道	20.5	轻微破坏
6	二级公路隧道	彻底关隧道	24.9	中等破坏
7	二级公路隧道	福堂隧道	26.1	中等破坏
8	二级公路隧道	桃关隧道	28.4	中等破坏
9	二级公路隧道	草坡隧道	30.6	轻微破坏

2.2.3 隧道埋深

隧道埋深是指隧道开挖断面的顶部至自然地面的垂直距离。隧道埋深是影响隧道地震震害的重要因素之一。隧道埋深的深度与隧道地震震害严重程度密切相关，一般情况下，隧道埋深越深，隧道受到的破坏程度越小。

早在 1991 年，就有学者[9]对隧道震害与隧道埋深展开调查统计(表 2.4)，其发现，当隧道埋深小于 50m 时，往往发生较大破坏的情况；当隧道埋深大于 50m 时，破坏程度明显减小；而当隧道埋深大于 300m 时，隧道基本没有严重的破坏。

表 2.4　隧道破坏程度与隧道埋深的关系

埋深/m	未破坏	轻微破坏	中等破坏	严重破坏	破坏数	严重破坏率/%
<50	24	14	9	10	57	18
50～100	12	2	1	3	18	17
100～200	6	3	0	1	10	10
200～300	13	3	2	1	19	5
300～500	4	4	3	0	11	0
500～1000	2	9	1	0	12	0
1000～1500	4	0	1	0	5	0
未知	33	47	6	7	93	8
总计	98	82	23	22	192	

2.2.4 隧道断面形式

隧道的断面形式主要分为三种，即矩形、马蹄形和圆形。杨军[10]开展了断面形式对浅埋隧道抗震性能影响的研究，其结合黄草坪一号隧道和广州地铁一号线烈士陵园至东山口区间隧道，分别从水平、垂直和斜向上 45°三个方向施加加速度荷载进行二维动力有限元分析，比较了矩形、马蹄形和圆形三种断面形式隧道的抗震性能，具体研究结论见表 2.5。

表 2.5　在三种不同方向加速度作用下断面形式抗震性能对比

断面形式	弯曲应力、弯矩、极值最大应力和最小应力	抗震性能
矩形	最大	差
马蹄形	中等	良
圆形	最小	优

隧道结构断面形式对震害也有一定的影响，通常在隧道断面形状发生明显变化的部位容易发生破坏。例如，汶川地震中，龙洞子隧道在普通断面与加宽断面

交接处发生的顶部局部衬砌开裂、掉块，这就是结构断面的急剧变化导致断面变化处产生了不同的地震动力响应。

2.2.5 衬砌状况

Dowding 等[11]在调查铁路隧道和水工隧道震害后认为，衬砌厚度较大的隧道震害比例较高，衬砌厚 40cm 的隧道震害比例为 82%，衬砌厚 30cm 的隧道震害比例为 38%，衬砌厚 20cm 的隧道震害比例为 16%。这表明，只靠增强衬砌刚度所取得的抗震效果有限，衬砌刚度越大，它承受的外力及变形越大，有时反而易产生破坏。

在结构刚度发生突变的位置比较容易发生震害。例如，在 1985 年墨西哥地震中，隧道与斜井交接部被剪坏，这是因为结构断面突变导致结构刚度变化，从而使隧道结构遭受破坏。所以，隧道与竖井的交接部、隧道断面突变处、隧道洞口、隧道交叉部位、隧道加宽避车带等都是抗震的不利部位[12]。

2.2.6 围岩地质条件

地震波传播和衰减特性受围岩性质控制，从而隧道地震响应也受围岩的影响。隧道地质条件决定围岩对隧道作用力的大小和方向，而这些作用力的大小和方向决定隧道的破坏形式。如表 2.6 所示，根据 149 座隧道震害资料[13]，围岩为松散堆积物中的隧道共有 14 座，约 79%的隧道遭受了不同程度的震害，约 21%发生了严重震害；围岩沉积岩的隧道有 40 座，其中有 73%发生了震害，10%出现了严重震害；火成岩、变质岩等硬岩中的隧道破坏概率则较小。

表 2.6　围岩类型与破坏程度的关系

岩石类别	未破坏	轻微破坏	中等破坏	严重破坏	破坏总计	破坏率%
松散堆积物	3	4	4	3	14	79
沉积岩	11	19	6	4	40	73
火成岩	21	5	3	7	36	42
变质岩	8	0	0	1	9	11
未知岩石	35	9	5	1	50	30
总计	78	37	18	16	149	—

隧道洞口震害受洞口边坡地质条件影响很大，由于洞口边坡地质差，地震发生时高陡边坡发生崩塌、坠落，导致都汉公路上的多座隧道洞口被掩埋、洞门结构被破坏。

隧道洞身震害通常发生在围岩质量较差和地质条件突变的位置。破碎且较软围岩的力学性能差，对衬砌结构的约束也弱，所以在这种围岩中的隧道容易受到震害。例如，龙溪隧道处地震烈度大，但其洞口为较完整的花岗岩，其震害的程度反而比以软岩为主远离震中的隧道要轻。隧道的地震动力响应与地层条件变化、围岩质量突变等条件有很大关系，在这些位置容易产生应力集中，隧道结构容易遭受破坏。相反，岩体坚硬且较为完整均匀的围岩，即使地震烈度较大，隧道结构通常也会比较安全。例如，都汉公路的隧道大部分建在较完整的花岗岩中，除位于震中区域的烧火坪隧道，其余隧道均为轻微或中等震害。

总体来看，在质地较为松软、地层约束能力较弱的地下隧道，结构发生破坏的概率比在质地致密、约束能力强的围岩要高得多。地质条件差或地层条件有较大变化的区域往往容易遭受震害。

参 考 文 献

[1] 胡鸿运. 顺层岩体中隧道地震响应特征的波动分析方法研究[D]. 成都: 西南交通大学, 2018.

[2] 王文礼, 苏灼谨, 林峻弘, 等. 台湾集集大地震山岳隧道受损情形之探讨[J]. 现代隧道技术, 2001, 38(2): 52-60.

[3] 于媛媛. 山岭隧道衬砌结构震害机理研究[D]. 哈尔滨: 中国地震局工程力学研究所, 2013.

[4] Wang W L, Wang T T, Su J J, et al. Assessment of damage in mountain tunnels due to the Taiwan Chi-Chi earthquake[J]. Tunnelling and Underground Space Technology, 2001, 16(3): 133-150.

[5] 李天斌. 汶川特大地震中山岭隧道变形破坏特征及影响因素分析[J]. 工程地质学报, 2008, 16(6): 742-750.

[6] Wang Z Z, Gao B, Jiang Y J, et al. Investigation and assessment on mountain tunnels and geotechnical damage after the Wenchuan earthquake[J]. Science in China Series E: Technological Sciences, 2009, 52(2): 546-558.

[7] 黄胜. 高烈度地震下隧道破坏机制及抗震研究[D]. 武汉: 中国科学院研究生院(武汉岩土力学研究所), 2010.

[8] 汤建良. 高烈度地震区公路隧道抗震设防及减震措施的研究[D]. 重庆: 重庆交通大学, 2009.

[9] 许强, 黄润秋. “5 · 12”汶川大地震诱发大型崩滑灾害动力特征初探[J]. 工程地质学报, 2008, 16(6): 721-729.

[10] 杨军. 截面形式对浅埋隧道抗震性能的影响[D]. 成都: 西南交通大学, 2004.

[11] Dowding C H, Rozen A. Damage to rock tunnels from earthquake shaking[J]. Journal of the Geotechnical Engineering Devision, 1978, 104(2): 175-191.

[12] 周恒松. 雅泸高速公路隧道抗减震模型试验[D]. 成都: 西南交通大学, 2008.

[13] 张伟. 大直径盾构隧道结构地震响应及减震措施研究[D]. 武汉: 中国科学院研究生院(武汉岩土力学研究所), 2009.

第 3 章　隧道结构抗震分析方法

长期以来，人们关于抗震理论的研究主要集中在地面建筑物的研究上，而对地下结构抗震性能的研究较少[1]。直到 1995 年日本发生阪神地震后，地下结构物的抗震研究才引起了各国学者的广泛重视。

阪神发生地震后，位于日本神户市兵库区的大开车站受到严重破坏，该车站采用闭合框架结构形式，设计前期并未考虑地震作用，仅按照常规的静力计算方法进行设计与配筋[2,3]。然而，地震发生时，在框架上尤其是柱子上产生的力远超过柱子断面的设计承载力，因而造成了 30 多根柱子的断面发生混凝土压碎、纵向受力钢筋外露以及部分箍筋受到破坏。柱子的破坏使得车站顶板部分塌落，墙体出现大量裂缝[4-6]，这是世界上地下结构在地震中首次产生较大程度震害的工程实例。这次工程灾害的出现除使得位于该车站上方的日本 28 号国道的路面下陷，还造成重大财产损失。这次工程灾害的严重性及其典型性引起了各国学者的广泛关注，并对其展开了相关的研究。

此后，以美国、日本为代表的各个国家在地下抗震方面以地震原型观测、振动台试验及理论分析为手段开展了积极的研究，并提出了一系列地下结构抗震分析与计算方法[7-14]。相比较而言，我国地下工程建设起步较晚，在这方面的研究较为落后[15-18]。我国于 2019 年颁布了《公路隧道抗震设计规范》(JTG 2232—2019)，给出了隧道结构的地震分析方法有静力法、反应位移法、时程分析法等[19]。

3.1　静　力　法

3.1.1　修正静力法

采用修正静力法计算时，地震作用应包括衬砌自重地震惯性力、上覆土柱地震惯性力、地震侧向土压力增量三部分(图 3.1)。

衬砌自重的水平向和竖向地震作用分别按式(3-1)和式(3-2)计算：

$$E_{ih} = A_h m_{is} = C_i C_s A m_{is} \tag{3-1}$$

$$E_{iv} = K_v A_h m_{is} = K_v C_i C_s A m_{is} \tag{3-2}$$

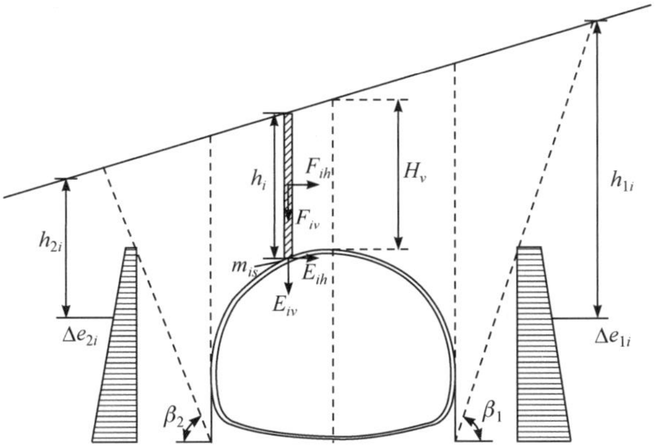

图 3.1　修正静力法计算简图

式中：

C_i——抗震重要性系数；

C_s——场地调整系数；

A——水平向基本地震动峰值加速度；

A_h——水平向设计地震动峰值加速度；

m_{is}——隧道衬砌计算点的质量(kg)；

K_v——竖向地震动峰值加速度与水平向峰值加速度的比值。

上覆土柱地震惯性力计算中假定其作用于土柱单元质心(图 3.1)，其值应按式(3-3)～式(3-5)计算，计算结构内力时，可采用力的平移定理，将该地震惯性力简化为作用于衬砌上半部的各节点力和节点弯矩。

上覆土柱水平向地震作用力为

$$F_{ih} = A_h Q_i / g \tag{3-3}$$

上覆土柱竖向地震作用力为

$$F_{iv} = K_v A_h Q_i / g \tag{3-4}$$

上覆土柱垂直土压力为

$$Q_i = \frac{\gamma}{2}[2h_i B_i(\lambda_1 h_i + \lambda_2 h_i)\tan\theta_0] \tag{3-5}$$

式中：

g——重力加速度(其值一般取 9.8m/s^2)；

γ——围岩容重(kN/m^3)；

h_i——上覆土柱的高度(m)；

B_i——上覆土柱宽度(m)；

θ_0——土柱两侧摩擦角(°)；

λ_1、λ_2——内、外侧地震时的侧压力系数，此处内、外侧针对偏压隧道，内侧为靠山一侧，当地表水平时，两侧均取 λ_1。

内、外侧地震时的侧压力系数按式(3-6)～式(3-13)计算：

$$\lambda_1 = \frac{(\tan\beta_1 - \tan\varphi_1)(1-\tan\theta_1\tan\theta)}{(\tan\beta_1 - \tan\alpha)[1+\tan\beta_1(\tan\varphi_1 - \tan\theta_1) + \tan\varphi_1\tan\theta_1]} \tag{3-6}$$

$$\lambda_2 = \frac{(\tan\beta_2 - \tan\varphi_2)(1+\tan\theta_2\tan\theta)}{(\tan\beta_2 + \tan\alpha)[1+\tan\beta_2(\tan\varphi_2 - \tan\theta_2) + \tan\varphi_2\tan\theta_2]} \tag{3-7}$$

$$\tan\beta_1 = \tan\varphi_1 + \sqrt{\frac{(\tan^2\varphi_1 + 1)(\tan\varphi_1 - \tan\alpha)}{\tan\varphi_1 - \tan\theta_1}} \tag{3-8}$$

$$\tan\beta_2 = \tan\varphi_2 + \sqrt{\frac{(\tan^2\varphi_2 + 1)(\tan\varphi_2 + \tan\alpha)}{\tan\varphi_2 - \tan\theta_2}} \tag{3-9}$$

$$\varphi_1 = \varphi_g - \theta \tag{3-10}$$

$$\varphi_2 = \varphi_g + \theta \tag{3-11}$$

$$\theta_1 = \theta_0 - \theta \tag{3-12}$$

$$\theta_2 = \theta_0 + \theta \tag{3-13}$$

其中：

φ_g——围岩计算摩擦角(°)；

θ——地震角(°)，按表 3.1 选取；

α——地面坡度角(°)，当地面为平坡时 $\alpha = 0$；

β_1、β_2——内、外侧产生最大推力时的破裂角(°)；

θ_1、θ_2——土柱摩擦角在地震作用下的修正值；

φ_1、φ_2——围岩摩擦角在地震作用下的修正值；

其余符号意义同前。

表 3.1　水平基本地震动峰值加速度与地震角对应关系表

设防烈度等级		VII	VIII		IX
抗震设防地震动峰值加速度分档/g		0.10、0.15	0.20	0.30	0.40
地震角 θ/(°)	水上	1.5	3.0	4.5	6.0
	水下	2.5	5.0	7.5	10.0

地震时侧向土压力增量应按式(3-14)和式(3-15)计算，并以反对称方式施加。

内侧土压力增量：

$$\Delta e_{1i} = C_i C_s \gamma h_{1i} (\lambda_1 \lambda) \tag{3-14}$$

外侧土压力增量：

$$\Delta e_{2i} = C_i C_s \gamma h_{2i} (\lambda_2 \lambda') \tag{3-15}$$

式中：

λ、λ'——内、外侧常时侧压力系数；

h_{1i}、h_{2i}——衬砌内、外侧任一点 i 至地表的距离(m)；

其余符号意义同前。

拱顶处上覆土柱等效计算高度(H_v)取值应按表 3.2 确定。

表 3.2　拱顶处上覆土柱等效计算高度(H_v)取值

围岩等级	双车道隧道	三车道隧道
I～II 级围岩	0.5B	0.5B
III 级围岩	1.3B	0.8B
IV 级围岩	2.0B	1.8B
V 级围岩	2.5B	2.0B

注：B 为隧道跨度(m)。

3.1.2　明洞及棚洞抗震计算

明洞及棚洞的抗震计算可采用静力法，地震作用包括衬砌自重地震惯性力、上覆回填土地震惯性力、回填土地震侧向土压力增量三部分(图 3.2)。

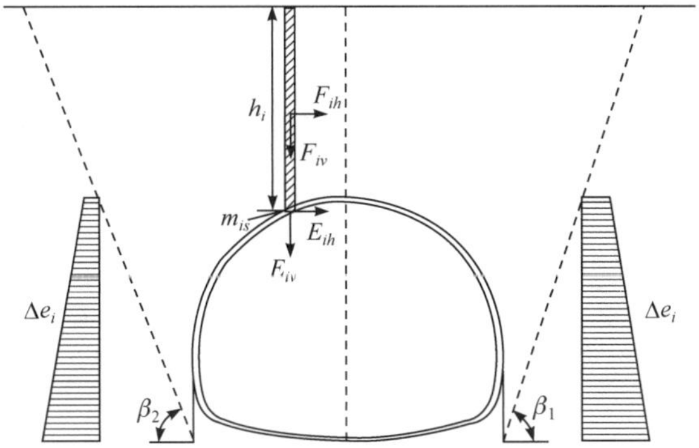

图 3.2　明洞及棚洞抗震计算简图

结构自重产生的惯性力 E_{ih} 和 E_{iv} 可按式(3-1)和(3-2)计算。

洞顶回填土体的地震作用按式(3-16)和式(3-17)计算。计算结构内力时，可采用力的平移定理，将回填土体的水平地震作用简化为作用于结构上半部的各节点力和节点弯矩。

洞顶回填土体水平向地震作用力为

$$F_{ih} = C_i C_s A h_i \gamma / g \tag{3-16}$$

洞顶回填土体竖向地震作用力为

$$F_{iv} = K_v C_i C_s A h_i \gamma / g \tag{3-17}$$

式中：

h_i——计算点回填土厚度(m)；

γ——回填土容重(kN/m^3)；

g——重力加速度(m/s^2)；

其余符号意义同前。

侧边回填土体产生的侧压力增量可按式(3-14)和式(3-15)计算。

3.1.3 端墙式洞门抗震计算

隧道洞门在地震作用下的结构内力可按静力法计算。计算时地震作用应考虑洞门墙和洞口挡土墙自重引起的惯性力及地震主(被)动土压力。

由洞门墙和洞口挡土墙自重引起的地震惯性力可按式(3-18)和式(3-19)计算。

洞门墙和洞口挡土墙自重引起的水平向地震载荷为

$$E_{ihw} = C_i C_s A \psi_{iw} m_{iw} \tag{3-18}$$

洞门墙和洞口挡土墙自重引起的竖向地震载荷为

$$E_{ivw} = K_v C_i C_s A \psi_{iw} m_{iw} \tag{3-19}$$

式中：

E_{ihw}——第 i 个断面以上墙身重心处的水平向地震荷载(kN)；

E_{ivw}——第 i 个断面以上墙身重心处的竖向地震荷载(kN)；

m_{iw}——第 i 个断面以上墙身质量(kg)；

ψ_{iw}——水平向地震荷载沿墙高的分布系数，可按表 3.3 的规定采用；

其余符号意义同前。

表 3.3 水平向地震荷载沿墙高的分布系数 ψ_{iw}

墙高 H	公路等级	
	高速公路，一、二级公路	三、四级公路
≤12m	1	1
>12m	$1+H_{iw}/H$	1

注：H 为墙底至墙顶面的高度；H_{iw} 为验算第 i 个断面以上墙身重心至墙底的高度，如图 3.3 所示。

作用在洞门墙和洞口挡土墙墙背的地震主动土压力可按式(3-20)～式(3-22)计算(参考图 3.4)：

$$E_{ea}=\left\{\frac{1}{2}\gamma H^2+qH\frac{\cos\alpha}{\cos(\alpha-\beta)}\right\}K_a-2cHK_{ca} \tag{3-20}$$

$$K_a=\frac{\cos(\varphi-\alpha-\theta)}{\cos\theta\cos^2\alpha\cos(\alpha+\beta+\theta)\left[1+\sqrt{\dfrac{\sin(\varphi+\delta)\sin(\varphi-\beta-\theta)}{\cos(\alpha-\beta)\cos(\alpha+\delta+\theta)}}\right]^2} \tag{3-21}$$

$$K_{ca}=\frac{1-\sin\varphi}{\cos\varphi} \tag{3-22}$$

式中：

γ——回填土容重(kN/m^3)；

H——洞门墙或洞口挡土墙高度(m)；

q——滑裂楔体上的均布荷载(kPa)；

α——洞门墙或洞口挡土墙背面与竖向的夹角(°)；

β——填土表面与水平面的夹角(°)；

c——填土的黏聚力系数；

K_a——地震主动土压力系数；

K_{ca}——土体黏聚力产生的主动土压力系数。

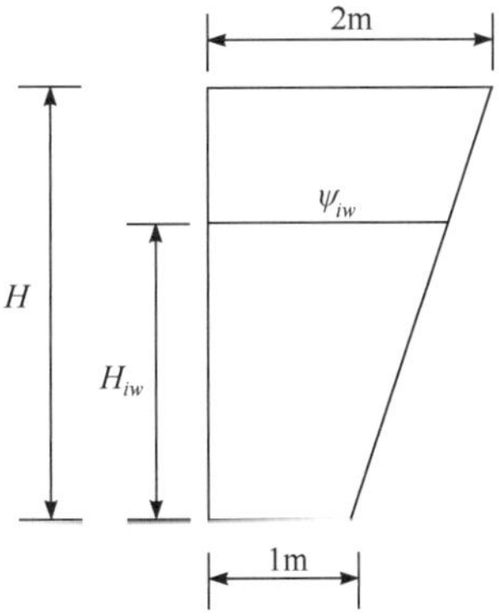

图 3.3　H、H_{iw} 示意图

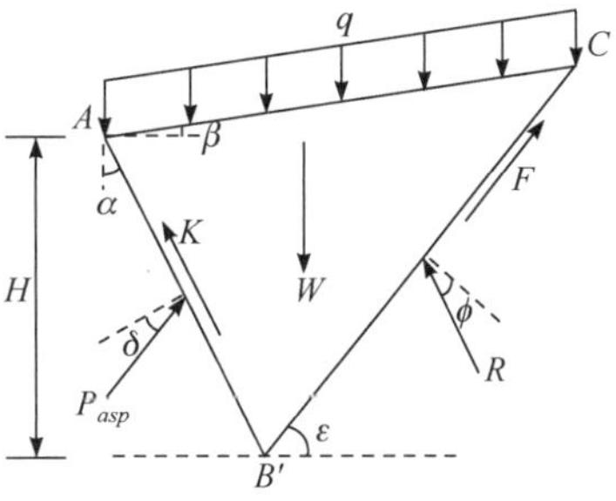

图 3.4　地震土压力计算示意图

图 3.4 中：

ϕ——填土的内摩擦角(°)；

δ——填土与洞门墙或洞口挡土墙背面的摩擦角(°)；

F——滑动面摩擦力；

W——滑动楔体自重；

P_{asp}——洞门墙作用反力；

ε——滑动面与水平向的夹角。

作用在洞门墙和洞口挡土墙墙背的地震被动土压力可按式(3-23)～式(3-25)计算：

$$E_{ep}=\left\{\frac{1}{2}\gamma H^2+qH\frac{\cos\alpha}{\cos(\alpha-\beta)}\right\}K_{psp}+2cHK_{cp} \tag{3-23}$$

$$K_{psp}=\frac{\cos^2(\varphi+\alpha-\theta)}{\cos\theta\cos^2\alpha\cos(\alpha-\delta+\theta)\left[1+\sqrt{\dfrac{\sin(\varphi+\delta)\sin(\varphi+\beta-\theta)}{\cos(\delta+\theta-\alpha)\cos(\alpha-\theta)}}\right]^2} \tag{3-24}$$

$$K_{cp}=\frac{\sin(\varphi-\theta)+\cos\theta}{\cos\theta\cos\varphi} \tag{3-25}$$

式中：

K_{psp}——地震被动土压力系数；

K_{cp}——土体黏聚力产生的被动土压力系数；

其余符号意义同前。

3.2 反应位移法

3.2.1 横向反应位移法

横向反应位移法中，衬砌结构宜采用梁单元模拟，衬砌与地层的相互作用宜采用压缩弹簧和剪切弹簧模拟(图 3.5)。

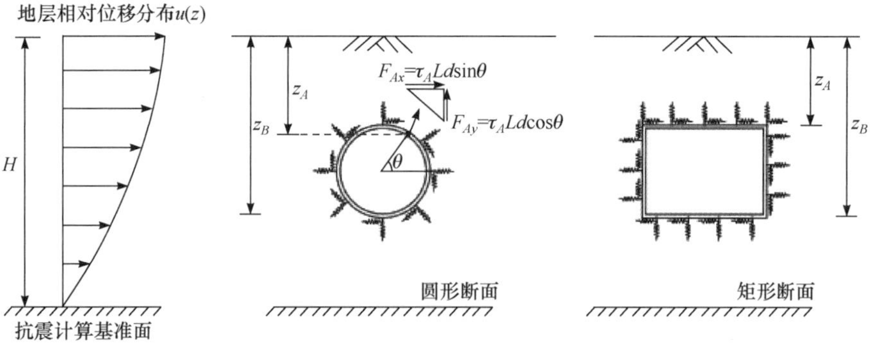

图 3.5　横向反应位移法计算示意图

横向反应位移法中结构所受地震作用应包括地层相对位移、结构惯性力和周围地层剪力。

地层相对位移可按式(3-26)计算：

$$u'(z)=u(z)-u(z_B) \tag{3-26}$$

$$u(z)=\frac{1}{2}u_{\max}\cos\left(\frac{\pi z}{2H}\right) \tag{3-27}$$

式中：

$u'(z)$——深度 z 处与结构底部的自由地层位移差(m)；

$u(z)$——深度 z 处自由地层与抗震基准面间的相对位移(m)，可根据工程场地的加速度时程计算获得自由地层的实际位移反应，当地层较均匀时，也可按简化公式(3-27)求出；

$u(z_B)$——结构底部深度 z_B 处自由地层与抗震基准面间的相对位移(m)，计算方法与 $u(z)$ 相同；

H——地表至抗震基准面的土层厚度(m)。

由地层剪应力导致的单元 A 处节点力可按式(3-28)和式(3-29)计算。

圆形断面周围地层剪力：

$$F_{Ax}=\tau_A Ld\sin\theta \tag{3-28}$$

$$F_{Ay}=\tau_A Ld\cos\theta \tag{3-29}$$

$$\tau_A=\frac{\pi G_D}{4H}u_{\max}\sin\left(\frac{\pi z_A}{2H}\right) \tag{3-30}$$

矩形断面侧壁剪应力：

$$\tau_A=(\tau_u+\tau_B)/2 \tag{3-31}$$

式中：

F_{Ax}、F_{Ay}——作用于 A 点的水平向、竖向节点力(kN)；

τ_A——点 A 处的剪应力(kPa)，宜根据工程场地的加速度时程计算获得，当地层近似水平成层时，也可按式(3-30)计算；

L——地层弹簧的影响长度，为相邻两单元长度各取一半之和(m)；

d——结构纵向的计算宽度，一般取单位长度(m)；

θ——点 A 的法向与水平向的夹角(°)(图 3.5)；

G_D——地层动剪切模量(kPa)；

z_A——作用点 A 的埋深(m)；

τ_u——矩形结构顶板剪应力(kPa)，计算方法与 τ_A 相同；

τ_B——矩形结构底板剪应力(kPa)，计算方法与 τ_A 相同；

其余符号意义同前。

地层弹簧刚度可按《城市轨道交通结构抗震设计规范》(GB 50909—2014)第 6.6.2 条计算。

3.2.2 纵向反应位移法

采用纵向反应位移法计算时，衬砌结构宜采用梁单元模拟，衬砌与地层相互作用可采用横向地层弹簧和轴向地层弹簧模拟，模型总长度不宜小于一个地震波的波长或取隧道全长(图 3.6)。

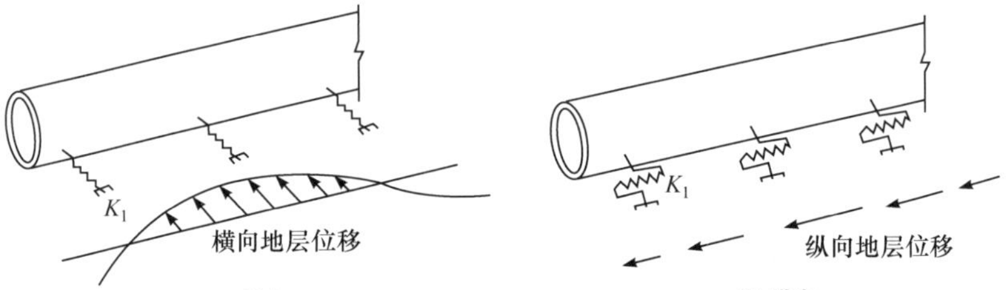

(a) 横向　　(b) 纵向

图 3.6　隧道纵向反应位移法计算示意图

当地层近似均匀时，可假定地层沿隧道轴线方向的纵向位移 u_A 及与隧道轴线垂直方向的横向位移 u_T 均按正弦规律分布(图 3.7)。地层纵向位移及横向位移可按式(3-32)和式(3-33)计算。

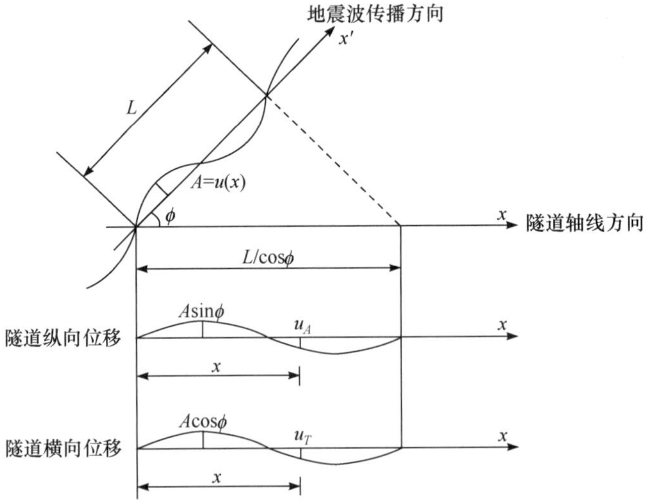

图 3.7　纵向反应位移法地层位移分解模型

地层纵向位移：

$$u_A(x,z)=u(z)\sin\phi\sin\left(\frac{2\pi\cos\phi}{L}\cdot x\right) \tag{3-32}$$

地层横向位移：

$$u_T(x,z)=u(z)\cos\phi\sin\left(\frac{2\pi\cos\phi}{L}\cdot x\right) \tag{3-33}$$

$$L=\frac{2L_1L_2}{L_1+L_2} \tag{3-34}$$

$$L_1=V_sT_S \tag{3-35}$$

$$L_2=V_0T_S \tag{3-36}$$

$$T_G=\frac{4H}{V_s} \tag{3-37}$$

式中：

$u_A(x,z)$——深度 z 处自由地层位移沿隧道纵向的分量(m)；

$u_T(x,z)$——深度 z 处自由地层位移沿隧道横向的分量(m)；

L——地层表观波长(m)；

L_1——表层地层的剪切波波长(m)；

L_2——计算基准面地层剪切波波长(m)；

V_s——表层地层的剪切波波速(m/s)；

V_0——计算基准面地层的剪切波波速(m/s)；

T_S——地层固有周期，计算时取 $1.25T_G$(s)；

ϕ——地震波的传播方向与盾构隧道轴线的夹角(°)(图 3.7)。

纵向反应位移法中，地层弹簧刚度可按《城市轨道交通结构抗震设计规范》(GB 50909—2014)第 6.8.3 条计算。

3.2.3　均匀地层中圆形盾构隧道反应位移法简化计算公式

均匀地层中圆形盾构隧道横断面地震内力可按式(3-38)～式(3-41)计算，横向地震内力正负号约定如图 3.8 所示。

$$M(\theta)=\frac{1.3\times3\pi E_sI_s}{2RH}U\sin\left(\frac{\pi H_c}{2H}\right)C\sin(2\theta) \tag{3-38}$$

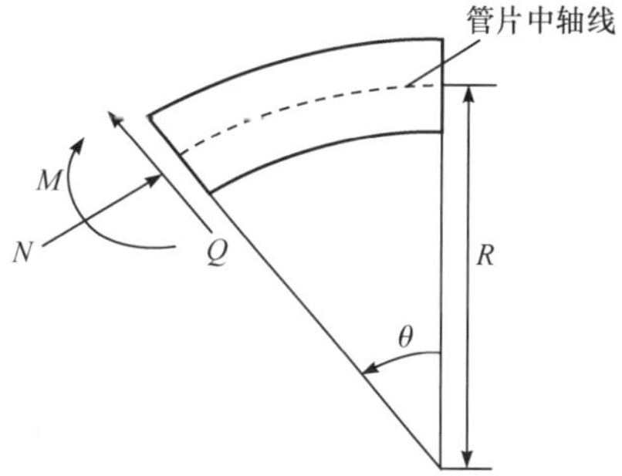

图 3.8　横向地震内力正负号约定(图示为正)

$$N(\theta)=-\frac{1.3\times 3\pi E_s I_s}{R^2 H}U\sin\left(\frac{\pi H_c}{2H}\right)\left(1+\frac{G_D R^3}{6E_s I_s}\right)C\sin(2\theta) \tag{3-39}$$

$$Q(\theta)=-\frac{1.3\times 3\pi E_s I_s}{R^2 H}U\sin\left(\frac{\pi H_c}{2H}\right)C\cos(2\theta) \tag{3-40}$$

$$C=\frac{4(1-\nu_D)G_D R^3}{(3-2\nu_D)G_D R^3+6(3-4\nu_D)E_s I_s} \tag{3-41}$$

式中：

U——地表最大相对位移(m)，可根据式(3-27)当 $z=0$ 时确定；

H_c——地表至隧道中心的距离(m)；

R——隧道横断面衬砌中轴线半径(m)；

E_s——衬砌弹性模量(kPa)；

I_s——衬砌断面惯性矩(m^4)，$I_s=bt^3/12$，其中 b 为管片幅宽，t 为管片厚度；

ν_D——地层的泊松比；

G_D——地层动剪切模量(kPa)。

均匀地层中圆形盾构隧道纵向地震内力可按如下公式计算。

当地震波的传播方向与隧道轴线夹角为45°时，隧道所受轴力最大，最大轴向拉力和轴向压力及相关系数可按式(3-42)～式(3-54)计算：

$$N_{T\max}=\beta_T\alpha_T\frac{2\pi U'_{hc}}{L'}(EA)_{\text{eq}}^T \tag{3-42}$$

$$N_{C\max}=\beta_C\alpha_C\frac{2\pi U'_{hc}}{L'}(EA)_{\text{eq}}^C \tag{3-43}$$

$$\beta_T=\frac{(EA)_{\text{eq}}^T}{(EA)_{\text{eq}}^C}\frac{\alpha_T}{\alpha_C}\left[1-\frac{\cos(2\pi\eta/L')}{\cosh(\lambda_T\eta)}\right] \tag{3-44}$$

$$\beta_C=1+\frac{\cos(2\pi\eta/L')}{\cosh\left[\lambda_C(L'/2-\eta)\right]} \tag{3-45}$$

$$\lambda_T=\sqrt{\frac{K_1}{(EA)_{\text{eq}}^T}} \tag{3-46}$$

$$\lambda_C=\sqrt{\frac{K_1}{(EA)_{\text{eq}}^C}} \tag{3-47}$$

$$\alpha_T = \frac{1}{1+\left(\dfrac{2\pi}{\lambda_T L'}\right)^2} \tag{3-48}$$

$$\alpha_C = \frac{1}{1+\left(\dfrac{2\pi}{\lambda_C L'}\right)^2} \tag{3-49}$$

$$\frac{2\pi}{\lambda_T L'}\alpha_T \tanh(\lambda_T \eta) + \frac{2\pi}{\lambda_C L'}\alpha_C \tanh\left[\lambda_C\left(\frac{L'}{2}-\eta\right)\right] = (\alpha_T-\alpha_C)\tan\left(2\pi\frac{\eta}{L'}\right) \tag{3-50}$$

$$(EA)_{\mathrm{eq}}^C = E_s A_s \tag{3-51}$$

$$(EA)_{\mathrm{eq}}^T = \frac{E_s A_s}{1+\dfrac{E_s A_s}{l_s K_J}} \tag{3-52}$$

$$L' = \sqrt{2}L \tag{3-53}$$

$$K_J = n\times k_j \tag{3-54}$$

式中：

β_T——拉伸轴力系数；

β_C——压缩轴力系数；

K_1——结构纵向单位长度内纵向地层弹簧刚度(kN/m)；

η——轴向拉伸或压缩范围(m)；

L'——与隧道纵轴呈 45°角入射时，地震波沿隧道轴线的波长(m)，$L'=\sqrt{2}L$，L 按式(3-34)计算；

U'_{hc}——与隧道纵轴呈 45°角入射时，隧道中心处地层的水平相对位移最大值在隧道轴向方向的分量(m)，即 $U'_{hc}=U_{hc}/\sqrt{2}$，即式(3-27)中 z 取隧道中心埋深 H_c 时的值；

E_s——衬砌弹性模量(kPa)；

A_s——隧道横断面面积(m^2)；

K_J——隧道横断面螺栓抗拉刚度(kN/m)；

k_j——单个螺栓的抗拉刚度(kN/m)；

n——横断面螺栓的个数；

$(EA)_{\mathrm{eq}}^C$——盾构隧道等效抗压刚度；

$(EA)_{\mathrm{eq}}^T$——盾构隧道等效抗拉刚度。

当地震波的传播方向与隧道轴向一致，即ϕ为 0°时，衬砌结构将产生最大弯矩，最大弯矩及相关系数可按式(3-55)～式(3-59)计算：

$$M_{\max}=\alpha_M\frac{4\pi^2U_{hc}}{L^2}(EI)_{\text{eq}} \tag{3-55}$$

$$\alpha_M=\frac{1}{1+\left(\dfrac{2\pi}{\lambda_M L}\right)^4} \tag{3-56}$$

$$\lambda_M=\sqrt[4]{\frac{K_t}{(EI)_{\text{eq}}}} \tag{3-57}$$

$$(EI)_{\text{eq}}=\frac{\cos^3\varphi}{\cos\varphi+(\pi/2+\varphi)\sin\varphi}E_sI_s \tag{3-58}$$

$$\varphi+\cot\varphi=\pi\left(0.5+\frac{K_J}{E_sA_s/l_s}\right) \tag{3-59}$$

式中：

α_M——弯矩系数；

K_t——结构纵向单位长度内横向地层弹簧刚度(kN/m)；

I_s——衬砌环断面惯性矩(m^4)，$I_s=\dfrac{\pi\left(D^4-d^4\right)}{64}$，其中 D 为隧道外径，d 为隧道内径。

$(EI)_{\text{eq}}$——盾构隧道等效抗弯刚度；

l_s——衬砌环宽度(m)；

其余符号意义同前。

3.2.4 广义反应位移法

当隧道结构处于非均匀地层中或具有工程场地加速度时程且计算精度要求较高时，采用广义反应位移法。

在隧道横断面方向采用广义反应位移法时，应先根据工程场地的加速度时程获取自由地层中隧道所在位置的实际位移及剪应力响应，再将各时刻结构所在位置的地层位移及剪应力作用于隧道，进行结构横向地震内力计算(图 3.9)。

在隧道纵向采用广义反应位移法时，应先根据工程场地的加速度时程获取自由地层中隧道轴线所在纵向位置-时间-地层位移三维时程响应(图 3.10)，再将隧道轴线所在位置处地层位移时程作用于纵向梁-弹簧模型中地层弹簧末端，开展结构纵向地震内力计算(图 3.11)。

图 3.9　广义反应位移法(横向)计算模型

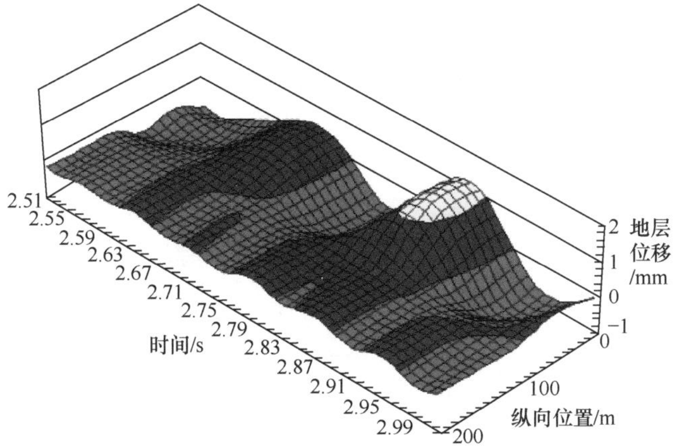

图 3.10　隧道轴线所在纵向位置-时间-地层位移三维时程响应

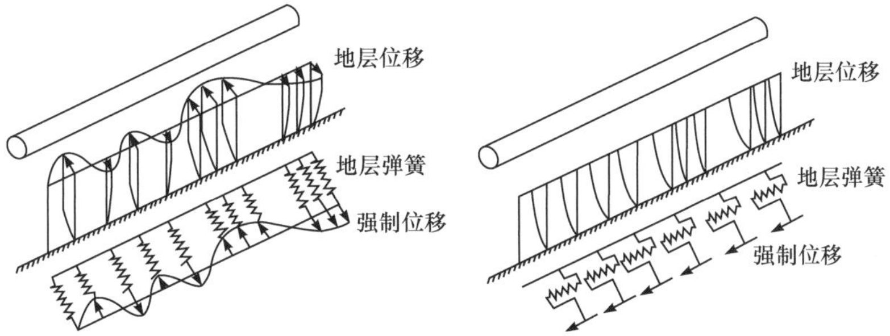

图 3.11　广义反应位移法(纵向)计算模型

3.3　时程分析法

时程分析法适用于各种地形地质条件、不同结构形式及不同施工方法的隧道抗震计算。采用时程分析法计算时，输入地震动宜取加速度时程，加速度时程选取可参考《公路隧道抗震设计规范》(JTG 2232—2019)。

当隧道沿纵向结构形式连续、规则、横断面构造不变，围岩或土层沿隧道纵向分布一致时，可只进行横断面方向抗震计算，计算可近似按平面应变问题处理；当结构形式变化较大，如隧道联络横通道与主隧道结合处，盾构隧道与竖井、通风井联结处等结构交叉部位，以及围岩或土层条件不均匀，地形与地质条件复杂时，应按空间问题进行三维建模求解。模型边界宜采用黏性人工边界或黏弹性人工边界。地层模型的选取范围应遵循以下原则：

(1) 水平向结构侧壁至边界的距离至少为 3 倍结构宽度(图 3.12～图 3.14)。

(2) 竖向顶面边界宜取至地表；当隧道埋深特别大时，结构顶部至地表面的距离取 3～5 倍结构竖向有效高度，并宜考虑初始地应力场的影响(图 3.12～图 3.14)。

(3) 当地下结构埋深较深，结构与基岩的距离小于 3 倍地下结构竖向有效高度时，计算模型底面边界宜取至基岩面(图 3.13)。

(4) 当地下结构埋深嵌入基岩时，计算模型底面边界需取至基岩面以下(图 3.14)。

地震波选取应满足如下规定：

(1) 选用的地震波数量一般不少于 3 条，可按工程场地类别和设计地震分组选

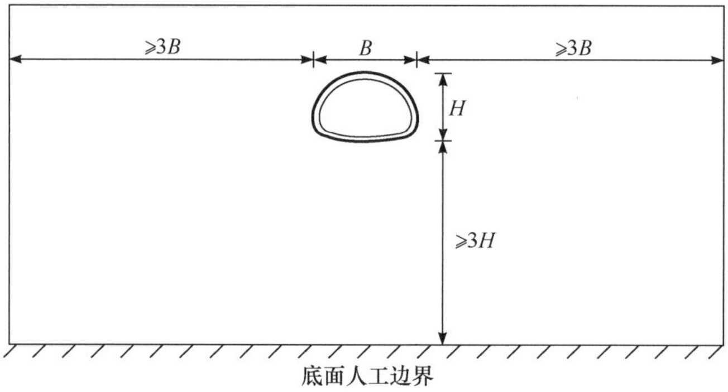

图 3.12　一般的人工边界条件

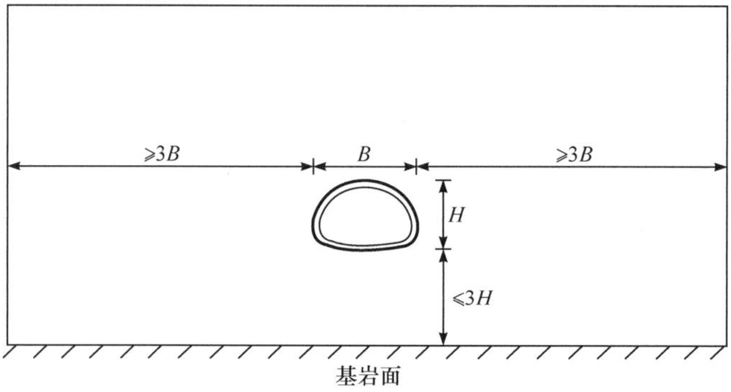

图 3.13　埋深较深时计算模型

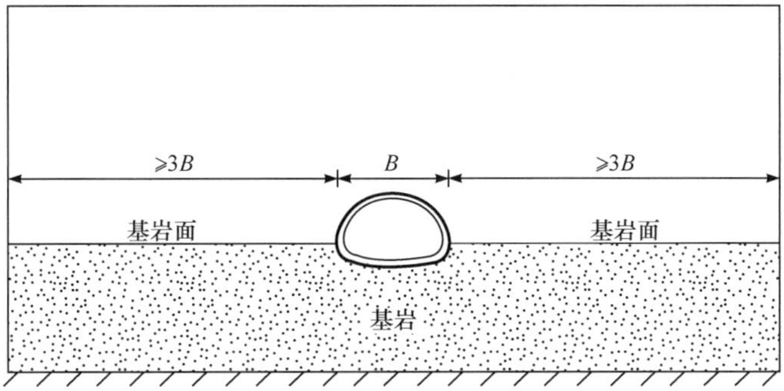

图 3.14　地下结构嵌入基岩时计算模型

用不少于两组的实际强震记录和一组由地震安全性评价提供的加速度时程曲线。

(2) 当地震波的样本数量少于 3 条时，应取计算结果包络值进行抗震设计。

(3) 当地震波的样本数量大于 7 条时，可取最大加速度平均值进行抗震设计。

(4) 合理确定地震动输入的持续时间。无论采用实际的强震记录还是人工合成的地震动时程，地震动加速度的持续时间可取结构基本自振周期的 5～10 倍。

3.4　隧道结构抗震静力弹塑性分析法

3.4.1　混凝土塑性损伤理论简介

常用的混凝土损伤塑性模型(CDP 模型)是 Lubliner、Lee 和 Fenves 等提出和完善的，可以用来模拟混凝土、砂浆等准脆性材料在重复荷载作用下结构的受力状况[20]。

1. 本构关系

该模型的变量控制参数为有效应力和硬化参数：

$$\bar{\sigma} = D_0^{\mathrm{el}} : (\varepsilon - \varepsilon^{\mathrm{pl}}) \in \left\{ \bar{\sigma} \middle| F(\bar{\sigma}, \tilde{\varepsilon}^{\mathrm{pl}}) \leqslant 0 \right\} \tag{3-60}$$

$$\dot{\tilde{\sigma}} = h(\tilde{\sigma}, \tilde{\varepsilon}^{\mathrm{pl}}) \cdot \dot{\varepsilon}^{\mathrm{pl}} \tag{3-61}$$

$$\dot{\varepsilon}^{\mathrm{pl}} = \dot{\lambda} \frac{\partial G(\bar{\sigma})}{\partial \sigma} \tag{3-62}$$

式中，$\dot{\lambda}$ 和 F 应满足 Kuhn-Tucker 条件：$\dot{\lambda} F \leqslant 0$，$\dot{\lambda} \geqslant 0$，$F \leqslant 0$。

2. 损伤和刚度退化[20,21]

如图 3.15 所示，当单轴受拉时，混凝土单轴受拉在应力达到失效应力之前是线弹性状态，并且刚度退化，造成应力软化。开裂应变为 $\tilde{\varepsilon}^{\mathrm{ck}}=\varepsilon_t-\varepsilon_{0t}^{\mathrm{el}}$，$\varepsilon_{0t}^{\mathrm{el}}=\sigma_t/E_0$，由式(3-60)可知：

$$\tilde{\varepsilon}_t^{\mathrm{pl}}=\tilde{\varepsilon}_t^{\mathrm{ck}}-\frac{d_t}{(1-d_t)}\frac{\sigma_t}{E_0} \tag{3-63}$$

单轴压缩时，在达到初始屈服应力 σ_{c0} 之前是线弹性阶段，之后是强化阶段，持续到极限应力 σ_{cu}，接着是软化阶段，如图 3.16 所示。通过非线性应变 $\varepsilon_c^{\mathrm{in}}$ 确定材料硬化参数，即 $\varepsilon_c^{\mathrm{in}}=\varepsilon_c-\varepsilon_{0c}^{\mathrm{el}}$，$\varepsilon=\sigma_c/E_0$。通过图 3.17 可得

$$\tilde{\varepsilon}_c^{\mathrm{pl}}=\tilde{\varepsilon}_c^{\mathrm{in}}-\frac{d_c}{(1-d_c)}\frac{\sigma_c}{E_0} \tag{3-64}$$

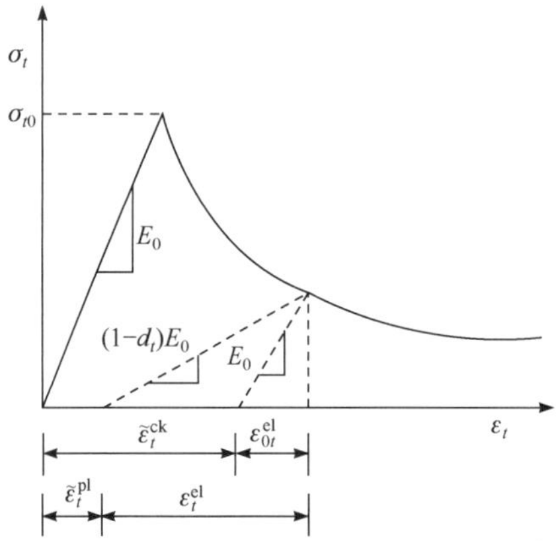

图 3.15　混凝土单轴受拉应力-应变曲线

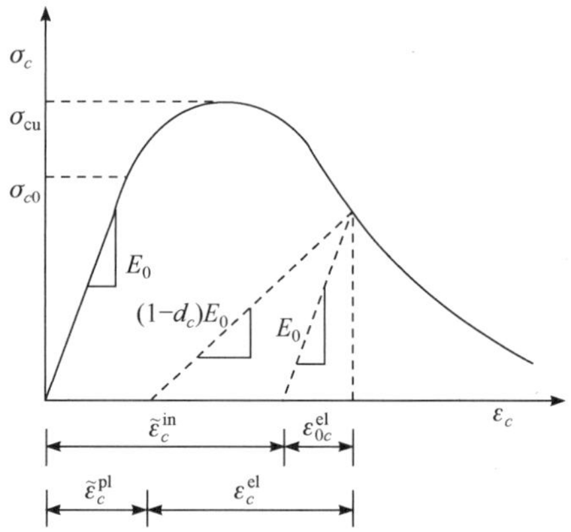

图 3.16　混凝土单轴压缩应力-应变曲线

因此，受拉、受压的应力-应变关系可分别表示为

$$\sigma_t=(1-d_t)E_0(\varepsilon_t-\varepsilon_t^{\mathrm{pl}}) \tag{3-65}$$

$$\sigma_c=(1-d_c)E_0(\varepsilon_c-\varepsilon_c^{\mathrm{pl}}) \tag{3-66}$$

循环加载，如图 3.17 所示，假定材料之前不产生受压损伤，即 $\varepsilon_c^{\mathrm{pl}}=0$，$d_c=0$，则有

$$(1-d)=(1-d_t s_c)=1-w_c(1-r^*)d_t$$

在混凝土单向受拉时，$r^*(\bar{\sigma})=H(\bar{\sigma})=1$，$d=d_t$，在混凝土单向受压时，$d=(1-w_c)d_t$，若 $w_c=1$，则 $d=0$，表示受压刚度完全恢复；若 $w_c=0$，则 $d=d_t$，表示受压刚度未恢复；当 $0\leqslant w_c\leqslant 1$ 时，仅有部分刚度恢复。

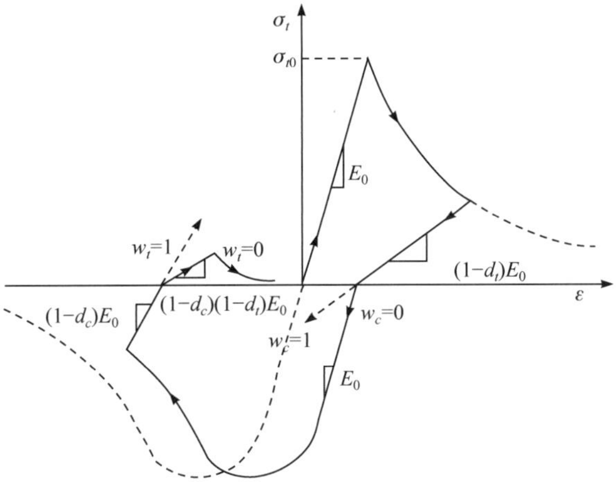

图 3.17　单轴循环荷载下应力-应变曲线

3. 损伤因子计算

根据等效原理和《混凝土结构设计规范》(GB 50010—2010)中的混凝土应力-应变关系，开发了塑性损伤模型程序 CreatMaterial 进行塑性本构参数计算[21-23]，程序截图如图 3.18 所示。

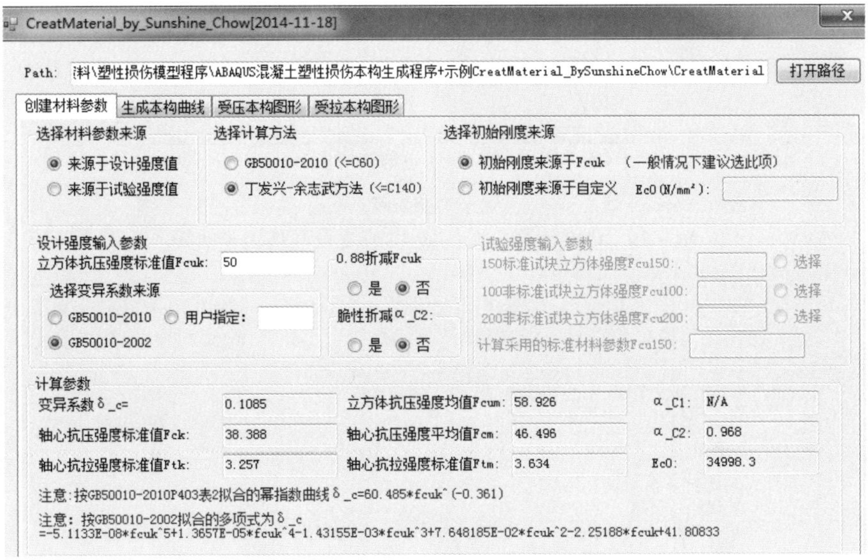

图 3.18　塑性损伤本构模型计算程序

例如，求解 C40 混凝土的塑性损伤本构模型，在程序中输入 C40，本次分析未考虑折减系数，单击确定后便可导出数据，对数据进行绘图处理，结果详见图 3.19 和图 3.20。

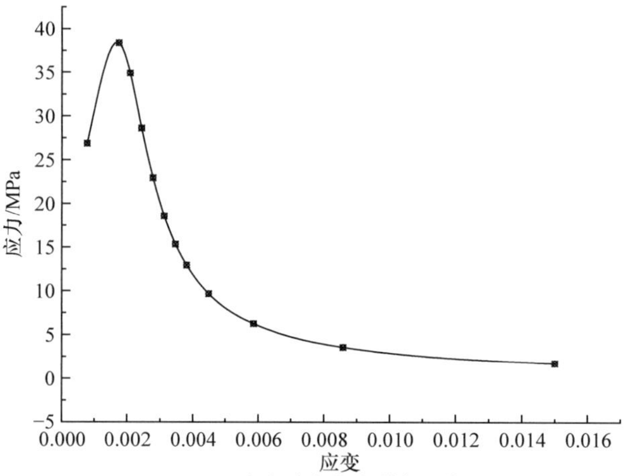

(a) 应力-应变曲线(单轴压缩)

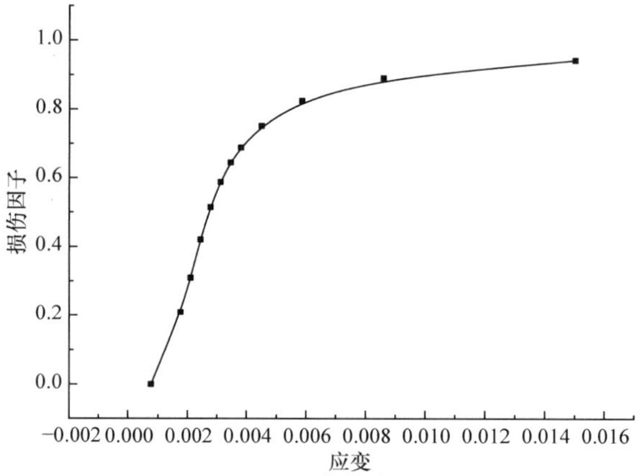

(b) 损伤因子

图 3.19　C40 混凝土受压应力-应变及损伤因子曲线

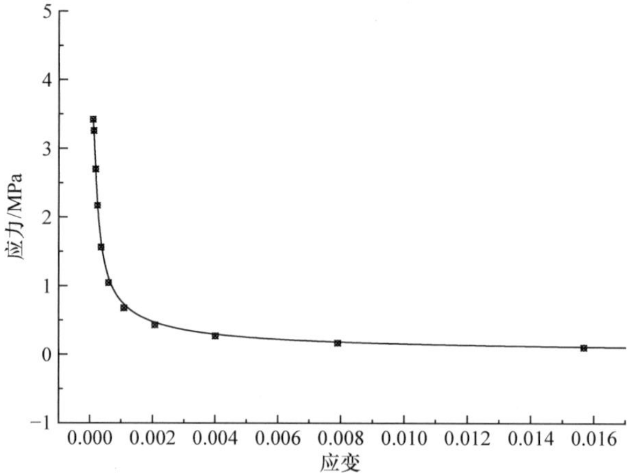

(a) 应力-应变曲线(单轴张拉)

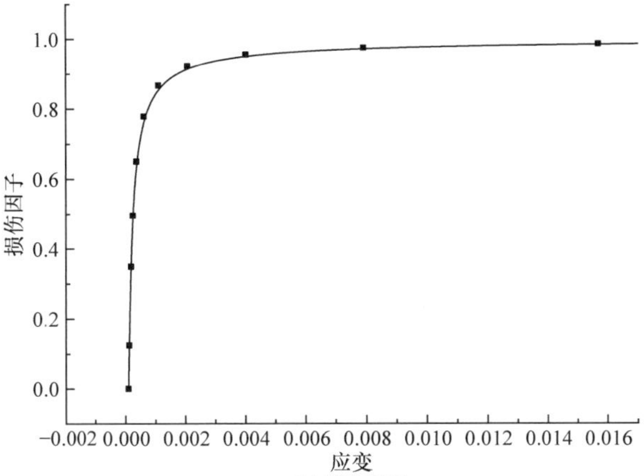

(b) 损伤因子

图 3.20　C40 混凝土受拉应力-应变及损伤因子曲线

3.4.2　等效线性分析方法

等效线性分析方法能够近似处理土体非线性问题，早在 1968 年 Seed 就提出了该方法。此方法由于概念不复杂，计算参数容易获取，计算可靠，深受工程师青睐。其等效线性化的基本思想是：根据动力学效应等效意义，所有回线的平均关系可以用一条等效的稳态回线类似地表示全部回线的平均关系，该稳态回线的应变振幅和等效的应变振幅是相同的，其剪切模量和阻尼比与等效剪切模量和滞回阻尼比也是相同的，因此可以把非线性问题简化为线性问题，放到频域中进行计算分析。

1. ABAQUS 中 UMAT 子程序介绍

用户自定义材料子程序 UMAT 是 ABAQUS 提供给用户的材料属性的二次开发程序，可以通过用户自己编译的 Fortran 或 Python 程序来实现。UMAT 通过和 ABAQUS 主求解程序的接口完成与 ABAQUS 的数据信息交互，主要工作为依照 ABAQUS 主程序传入的应变增量来对应力增量与状态变量进行更新，并且得到材料的雅可比(Jacobian)矩阵 $\partial\Delta\sigma/\partial\Delta\varepsilon$ 提供给 ABAQUS 求解。

UMAT 程序格式如下：

```
SUBROUTINE UMAT(STRESS,STATEV,DDSDDE,SSE,SPD,SCD,
     1 RPL,DDSDDT,DRPLDE,DRPLDT,
     2 STRAN,DSTRAN,TIME,DTIME,TEMP,DTEMP,PREDEF,DPRED,CMNAME,
     3 NDI,NSHR,NTENS,NSTATV,PROPS,NPROPS,COORDS,DROT,PNEWDT,
     4 CELENT,DFGRD0,DFGRD1,NOEL,NPT,LAYER,KSPT,JSTEP,KINC)
C
      INCLUDE 'ABA_PARAM.INC'
```

```
C
      CHARACTER*80 CMNAME
      DIMENSION STRESS(NTENS),STATEV(NSTATV),
     1 DDSDDE(NTENS,NTENS),DDSDDT(NTENS),DRPLDE(NTENS),
     2 STRAN(NTENS),DSTRAN(NTENS),TIME(2),PREDEF(1),DPRED(1),
     3 PROPS(NPROPS),COORDS(3),DROT(3,3),DFGRD0(3,3),DFGRD1(3,3),
     4 JSTEP(4)
[用户代码定义]
RETURN
END
```

变量说明：

DDSDDE(NTENS, NTENS)是一个 NTENS[Number of the Tensions]维的方阵，称为雅可比矩阵，为应力增量/应变增量的偏导数，DDSDDE(I, J)指增量步结束时第 J 个应变分量的改变造成的第 I 个应力增量的变化，雅可比矩阵为一个对称的矩阵，通常仅存储一般元素。STRESS(NTENS)为应力张量矩阵，对应 NDI[Number of the Direct Components]个直接分量和 NSHR[Number of the shear Components]个剪切分量。当增量步开始时，通过 UMAT 与主程序间的接口将应力张量矩阵中的数据传送到 UMAT 中，当增量步结束时，应力张量矩阵将会被 UMAT 更新。

STATEV (NSTATV)[STATE VARIABLES (Number of the State Variables)]用于存储求解过程中状态变量的矩阵，如塑性应变、硬化参数或其他与本构方程相关的参变量，当增量步开始时将数值传送到 UMAT 中。

2. 等效线性黏弹性模型 UMAT 子程序编写

编写思路：等效线性黏弹性模型根据黏弹性理论，即通过黏弹性 Kelvin 模型来表达土体在周期荷载下的滞回性。土体能量损耗(或阻尼比)随剪应变变化的特性和滞回曲线斜率(或剪切模量)随剪应变变化的特性，通过改变模型参数来反映。具体过程为：先假设一个初始值阻尼比和剪切模量，记下各个单元在计算过程中产生的最大剪应变，参照试验得出的剪切模量、阻尼比与周期剪应变之间的关系曲线得出新的剪切模量和阻尼比，再参照新的材料参数来计算，并且该过程要重复进行几次，直到材料性质趋于稳定。具体编写需考虑以下问题。

1) 弹性模量与应力之间的关系

通常认为，土体在地震过程中的动模量由震前静应力决定。在分析中，可通过编辑“.inp”文件，增加“*Initial conditions, type=solution, input=B.TXT”语句将各单元的平均有效应力作为状态变量 STATEV(1)，以供在 UMAT 子程序中调用。由于平均有效应力在地震过程中不改变，UMAT 中无须修改 STATEV(1)。

2) 如何反映阻尼项

在 ABAQUS 中如果选用 Rayleigh 阻尼，即在一种材料里仅能允许设置一组 Rayleigh 阻尼参数，也就是即使同一种材料里不同位置的岩土体单元在动力过程中所受到的应变水平(最大剪应变)不一样，但其阻尼比是一样的。所以，就要按照等效线性模型的应力-应变关系来表示滞回特征与能量损失。

3) 正确得出模量、阻尼比随应变水平的变化

需要进行若干次迭代，每次迭代中保持阻尼比不变，通过上次迭代结果的应变水平确定各单元的动模量和阻尼比，继续下一次迭代。

程序编写：在 ABAQUS 的 UMAT 子程序中给出了黏性模型的用户子程序，它的应力-应变关系为

$$\sigma+\frac{\mu_1}{E_1+E_2}\dot{\sigma}=\frac{\mu_1}{1-E_1/E_2}\dot{\varepsilon}+\frac{1}{1/E_1+1/E_2}\varepsilon \tag{3-67}$$

扩展到三维情况时：

$$\sigma_{xx}+\tilde{v}\dot{\sigma}_{xx}=\lambda\varepsilon v+2\mu\varepsilon_{xx}+\tilde{\lambda}\dot{\varepsilon}_v+2\tilde{\mu}\dot{\varepsilon}_{xx} \tag{3-68}$$

$$\sigma_{xx}+\tilde{v}\dot{\sigma}_{xy}=\mu\gamma_{xy}+\tilde{\mu}\dot{\gamma}_{xy} \tag{3-69}$$

通过中心差分法可求解上述方程，即在 $t+\frac{1}{2}\Delta t$ 时刻成立，按 $\dot{f}_{t+\frac{1}{2}\Delta t}=\frac{\Delta f}{\Delta t}$ 、$f_{t+\frac{1}{2}\Delta t}=f_t+\frac{1}{2}\Delta f$ 展开，可求得应力增量公式为

$$\left(\frac{1}{2}\Delta t+\tilde{v}\right)\Delta\sigma_{xx}=\left(\Delta t\frac{\lambda}{2}+\tilde{\lambda}\right)\Delta\varepsilon v+(\Delta t\mu+2\tilde{\mu})\Delta\varepsilon_{xx}+\Delta t(\lambda\varepsilon v+2\mu\varepsilon_{xx}-\sigma_{xx})_t \tag{3-70}$$

$$\left(\frac{1}{2}\Delta t+\tilde{v}\right)\Delta\sigma_{xy}=\left(\Delta t\frac{\mu}{2}+\tilde{\mu}\right)\Delta\gamma_{xy}+\Delta t(\mu\varepsilon_{xy}-\sigma_{xy})_t \tag{3-71}$$

原 UMAT 材料共包含 λ 、μ 、$\tilde{\lambda}$ 、$\tilde{\mu}$ 、$\tilde{v}$ 五个参数，其中 λ 和 μ 为拉梅常数。结合土体等效黏弹性模型，μ 应由土体动剪切模量确定，若已知泊松比，则 λ 也可确定。

按照以上思路，结合土体等效线性黏弹性模型的 UMAT 程序代码，可知其中涉及四个材料参数，即最大动剪切模量参数 $G_{\max}=kp_a\left(\frac{\sigma_3'}{p_a}\right)^n$ 的 k、n、泊松比 ν 与圆频率 ω 。

除了模型参数，还需要求解四个状态变量 STATEV(1)～STATEV(4)，分别对应于与地震前的围岩与应变水平相关的剪切模量比 $G/G_{\max}$、阻尼比 D 和地震

过程中的最大剪应变 Y_{max}。需要注意，对于三维问题，这里的 Y_{max} 为纯剪应变(剪应变强度)，与二维平面问题中的水平剪应变还是有区别的，两者仅在纯剪情况下符合。

本程序采用 Fortran 程序语言编写".for"文件，然后通过 ABAQUS6.14+vs2008+Intel Fortran 2011 编译器联合计算。UMAT 子程序(Fortran)部分代码如下：

```
C  CREATE NEW JACOBIAN
C
      TERM2 = (DTIME*(.5*PROPSS(1)+PROPSS(2))+PROPSS(3)+
1     2.*PROPSS(4))*TERM1I
      TERM3 = (.5*DTIME*PROPSS(1)+PROPSS(3))*TERM1I
      DO K1=1,NTENS
         DO K2=1,NTENS
            DDSDDE(K2,K1) = 0.
         END DO
      END DO
C
      DO K1=1,NDI
         DDSDDE(K1,K1) = TERM2
      END DO
C
      DO K1=2,NDI
         N2=K1-1
         DO K2=1,N2
            DDSDDE(K2,K1) = TERM3
            DDSDDE(K1,K2) = TERM3
         END DO
      END DO
      TERM2 = (.5*DTIME*PROPSS(2)+PROPSS(4))*TERM1I
      I1 = NDI
      DO K1=1,NSHR
         I1 = I1+1
         DDSDDE(I1,I1) = TERM2
      END DO
```

模型测试实例：计算模型选取 1m×1m×1m 的立方体，在 $z = 1$ 面上作用 $40\sin(\omega t)$ 的切向应力；材料剪切模量为 30MPa，泊松比取 0.3，阻尼比为 10%，分析时间为 20s，分析步为 1000。计算时通过 ABAQUS6.14+vs2008+Intel Fortran2011 编译器联合计算。剪应变模型如图 3.21 所示，剪应力-应变曲线如图 3.22 所示。

分析图 3.22 可知，该滞回曲线能够很好地反映土体的耗能特性，表明该子程序开发的材料模型能够准确模拟土的动力特性。

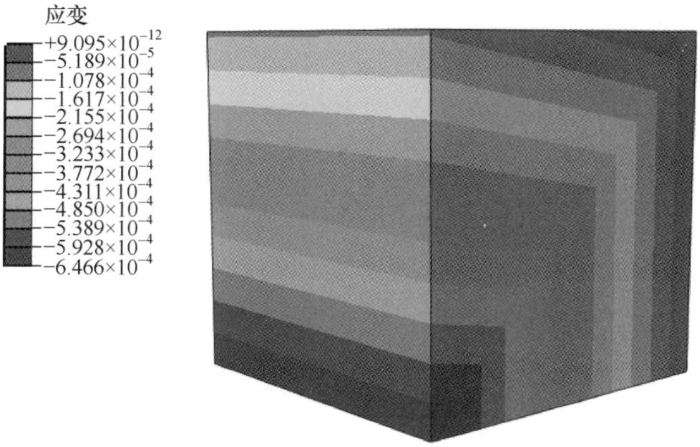

图 3.21　剪应变模型

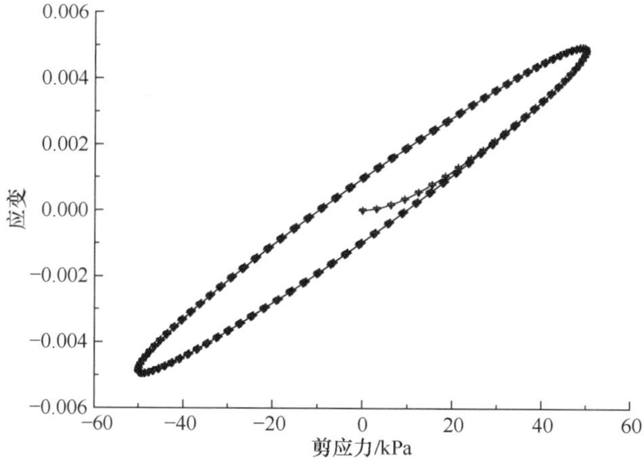

图 3.22　剪应力-应变滞回曲线

3.4.3　人工黏弹性边界

对土-结构模拟系统动力学分析的关键是对阻尼的选取，在无限岩土工程分析中，通常考虑半无限地基。因此，国内学者刘晶波教授团队基于柱面波和球面波理论提出了一种思路清晰、易于工程分析的黏弹性动力人工边界。衬砌外边面和围岩土体内表面通过 ABAQUS 提供的绑定函数 Tie 进行约束，假定两者在共同作用时不会发生相对滑移。

切向边界：

$$K_{BT} = \alpha_T \frac{G}{R}, \quad C_{BT} = \rho c_s \tag{3-72}$$

法向边界：

$$K_{BN}=\alpha_N\frac{G}{R},\quad C_{BN}=\rho c_p \tag{3-73}$$

$$G=\frac{E}{1(1+\mu)} \tag{3-74}$$

式中：

K_{BT}、K_{BN}——切向边界和法向边界弹簧刚度；

C_{BT}、C_{BN}——切向边界和法向边界阻尼系数；

α_T 、 α_N——切向边界和法向边界人工边界修正系数；

R ——波源至人工边界点的距离；

G、ρ——介质的剪切模量和质量密度；

c_p、c_s——P 波波速和 S 波波速。

3.4.4　钢筋混凝土建模方法

1. 分层壳模型

分层壳单元基于复合材料力学原理，将一个壳单元分层，各层可以根据需要设置不同的厚度、材料性质(混凝土、钢筋等)，每层可以设置适当数目的截面点(section point，积分点)。如图 3.23 所示，有限元计算时，在沿厚度方向的每一个积分点上独立地计算应力和应变值，这样就允许非线性的材料行为。分层壳单元考虑了面内弯曲、面内剪切、面外弯曲之间的耦合作用，比较全面地反映了壳体结构的空间力学性能，相比实体单元计算可大大减少计算时间。

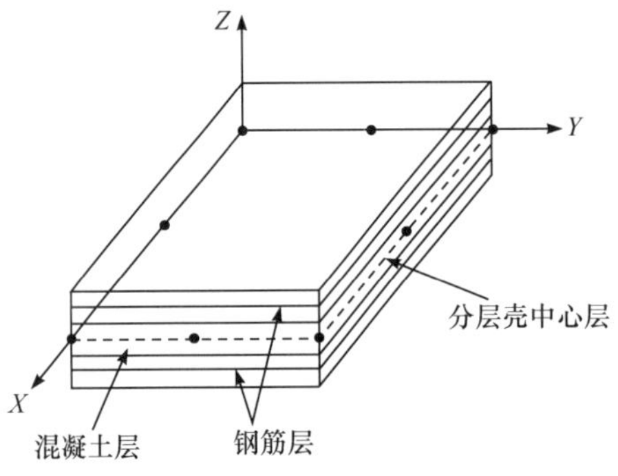

图 3.23　分层壳模型示意图

该模型假设条件如下：

(1) 混凝土层和钢筋层之间无相对滑移；

(2) 每个分层壳单元可以有不同的分层数，并且每个分层可以厚度不同，但同一个分层厚度均匀。

在 ABAQUS 中，分层壳是通过在壳体单元厚度截面设置积分点数目，采用 Rebar Layers 配置钢筋实现的[24-26]。

2. 实体单元 Truss

采用桁架单元的方法，钢筋采用双斜线数学模型，并服从 von Mises 屈服准则。使用方法为通过在 part 里面建好纵筋和箍筋的钢筋骨架，然后在 property 中分别赋予其截面和属性，通过 interation 中的 embed 把钢筋骨架嵌入混凝土的实体中，保证钢筋和混凝土材料协调工作。

3.4.5 Pushover 分析

Pushover 推覆分析方法是最早用于分析地面建筑结构抗震性能的方法之一。地下结构 Pushover 分析方法由刘晶波等[27]提出。通过建立带有附加自由场的土-结构相互作用分析模型，两者相互独立，但可以同时施加水平惯性加速度。一般采用倒三角水平惯性加速度分布形式同时对土-结构模型和附加自由场模型按比例进行单调递增加载，记录每一增量步完成后附加自由场地表与基岩间的相对位移，直至达到地面峰值相对位移 PGRD，此时的结构反应即地震作用下的结构地震反应，详见图 3.24。根据需要，还可以继续加载，直至地下结构完全破坏，可获得结构完整的能力曲线。

在对土-结构进行 Pushover 分析时，考虑在整个计算模型中施加单调递增的水平惯性体积力，这一点可以通过对各土层和地下结构按照其所在的深度位置施加相应的单调递增水平等效惯性加速度来实现。

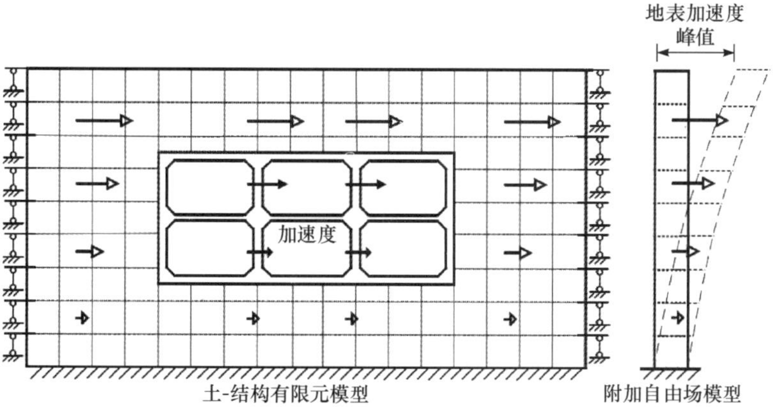

图 3.24　Pushover 分析方法计算模型

其实施过程为：

(1) 目标位移求解，通常采用一维地震分析获取；

(2) 选择模型边界条件；

(3) 建立精细化数值分析模型；

(4) 自重应力场求解；

(5) Pushover 分析。

通过沿建筑结构高度方向作用一定布置的单调荷载，其分布形式有倒三角形、矩形和指数分布等，将荷载逐步加至结构产生目标位移，最终让结构发生倒塌，从而进行结果的性能评估和抗震稳定性设计。基于此，国内以刘晶波教授为代表的团队采用 Pushover 方法开展了大量地下结构的抗震分析的适用性研究，研究表明，经过调整后的方法能够适用于地下结构的抗震分析，且具有较高的精度。因具有概念清晰、结果可靠、易于操作和计算工作量大幅度降低等明显优势，Pushover 方法在抗震领域获得了广泛的实用。

参 考 文 献

[1] 王伯超. 基于 IDA 分析法的公路隧道衬砌地震易损性研究: 以宜昌某隧道为例[D]. 西安: 西安科技大学, 2019.

[2] Nakamura H. Preliminary report on the great Hanshin Earthquake[R]. Tokyo: Japan Society of Civil Engineers, 1995.

[3] 栗林荣一, 蔡之瑞. 1995 年 1 月 17 日日本神户地震(兵库县南部地震)调查报告[J]. 世界地震工程, 1995, (2): 63-73.

[4] 王瑞民, 罗奇峰. 阪神地震中地下结构和隧道的破坏现象浅析[J]. 灾害学, 1998, (2): 63-66.

[5] 曹炳政, 罗奇峰, 马硕, 等. 神户大开地铁车站的地震反应分析[J]. 地震工程与工程振动, 2002, 22(4): 102-107.

[6] 于翔. 地下建筑结构应充分考虑抗震问题——1995 年阪神地震破坏的启示[J]. 工程抗震与加固改造, 2002, (4): 17-20.

[7] John C M S, Zahrah T F. Aseismic design of underground structures[J]. Tunnelling & Underground Space Technology, 1987, 2(2): 165-197.

[8] Brekke T L, Ripley B D. Design of pressure tunnels and shafts[J]. Analysis & Design Methods, 1993: 349-369.

[9] 川岛一彦. 地下构筑物的耐震设计[M]. 东京: 鹿岛出版会, 1994.

[10] He C, Geng P, Yan Q, et al. Status of seismic analysis methods for traffic tunnel and their applicability suggestions in China[J]. Journal of Earthquake and Tsunami, 2013, 7(3): 1350026.

[11] Shukla D K, Rizzo P C, Stephenson D E. Earthquake load analysis of tunnels and shafts[C]. Symposium on Rock Mechanics, 1980: 622-631.

[12] Hashash Y M A, Hook J J, Schmidt B, et al. Seismic design and analysis of underground structures[J]. Tunnelling & Underground Space Technology, 2001, 16(4): 247-293.

[13] Wang J N. Seismic Design of Tunnels: A Simple State-of-the-Art Design Approach[M]. New York: Parsons Brinckerh off Quade and Douglas Inc, 1993.

[14] 福季耶娃. 地震区地下结构物支护的计算[M]. 徐显毅, 译. 北京: 煤炭工业出版社, 1986.

[15] 林皋, 梁青槐. 地下结构的抗震设计[J]. 土木工程学报, 1996, 29(1): 15-24.

[16] 周德培. 地铁抗震设计准则[J]. 世界隧道, 1995, 32(2): 36-45.

[17] 周健, 苏燕, 董鹏. 软土地层地铁及地下构筑物抗震动力分析研究现状[J]. 地下空间, 2003, 23(2): 173-178, 226.

[18] 郑永来, 杨林德, 李文艺, 等. 地下结构抗震[M]. 上海: 同济大学出版社, 2005.

[19] 中华人民共和国交通运输部. 公路隧道抗震设计规范[S]. JTG 2232—2019. 北京: 人民交

通出版社, 2019.
[20] ABAQUS. ABAQUS Theory Manual(Version 6-7)[M]. Providence: ABAQUS Inc, 2007.
[21] 张战廷, 刘宇锋. ABAQUS 中的混凝土塑性损伤模型[J]. 建筑结构, 2011, 41(S2): 229-231.
[22] 张劲, 王庆扬, 胡守营, 等. ABAQUS 混凝土损伤塑性模型参数验证[J]. 建筑结构, 2008, 38(8): 127-130.
[23] 中华人民共和国住房和城乡建设部. 混凝土结构设计规范[S]. GB 50010—2010. 北京: 中国建筑工业出版社, 2011.
[24] 丁发兴, 余志武, 欧进萍. 混凝土单轴受力损伤本构模型[J]. 长安大学学报(自然科学版), 2008, 28(4): 70-73.
[25] 齐文浩, 薄景山, 张忠利. 土层地震反应分析的研究现状[J]. 世界地震工程, 2010, 26(S1): 368-372.
[26] 刘晶波, 李彬. 三维黏弹性静-动力统一人工边界[J]. 中国科学 E 辑: 工程科学 材料科学, 2005, 35(9): 966-980.
[27] 刘晶波, 刘祥庆, 薛颖亮. 地下结构抗震分析与设计的 Pushover 方法适用性研究[J]. 工程力学, 2009, 26(1): 49-57.

第 4 章　隧道结构动力响应与破坏机理

对于我国这种多地震的国家，不可避免地会遇到在活动断裂附近和高烈度地震区修建公路隧道的问题。目前，国内外学者对隧道抗震和减震的研究主要集中在数值计算方面，而对围岩-衬砌体系进行振动台模型试验的研究很少。本章以某实际隧道为背景进行大型振动台模型试验方案设计，通过采用振动台模型试验和数值计算分析等方法，对隧道衬砌结构动力响应规律进行总结，并对衬砌结构破坏机理进行分析。

4.1　隧道结构地震模拟振动台试验

近年来，全球地震频发，汶川、芦山等地震的震害表明，大量隧道结构在地震作用下损伤严重，尤其是洞口附近区域[1,2]。频发的隧道震害使人们颠覆了以往认为隧道结构具有良好抗震性能的传统观念，同时也促进了各国学者对高烈度地震区隧道结构抗震减震技术问题的重新理解和认识[3-5]。

由于震害现场原型观测数据有限，针对隧道抗震减震机理及措施的研究主要集中在理论分析和振动台模型试验上。在理论分析方面，Pao 等[6]采用波函数展开法研究了无限空间中洞室及单层衬砌隧道在弹性波入射下的动应力集中问题。Davis 等[7]、Lee 等[8,9]推导了 SH 波和 SV 波入射下圆形隧道的动应力集中问题，并分析了柔性管道在实际地震波作用下的动力响应规律。随后，国内众多学者[10-12]基于波函数展开法推导了隧道在 Rayleigh 波、P 波和 SV 波散射下不同地下结构形式的衬砌动应力集中问题，推动了地下结构地震动力学理论分析的发展。

振动台试验作为一种有效再现地震过程的手段，目前已被广泛采用。早期开展振动台试验的有 Yakovlevich 等[13]、Okamoto[14]以及 Hashash 等[15]。近年来国内外学者开展了众多大比例尺振动台模型试验研究，Rabeti 等[16]通过数值模拟和振动台试验研究了圆形地铁隧道对地震动的放大效应，结果表明隧道对建于其上的低周期建筑的动力响应影响较大。Wang 等[17]通过振动台试验研究了隧道-土-地表结构系统相互作用下的地震动力响应，分析认为隧道的存在会在一定程度上削弱地震波向地表传播，会降低地表结构的动力响应。Yuan 等[18]研发了一种用于模拟长隧道多点振动台试验的节段式模型箱，实现了离散多点振动台输入到连续非一致输入的等效转换；张景等[19]通过数值模拟和振动台试验研究了软硬突变地层盾构隧道纵向地震响应特性；崔光耀等[20]通过模型试验研究了黏滑断层错动和地震震动条件下的隧道响应特性。范凯祥等[21]通过大型振动台模型试验，研究了隧道穿越软硬围岩段在地震荷载作用下设置减震层的动力响应特性，给出了减震层设置时应考虑的因素以及最优减震层厚度的设计方法。闫高明等[22]针对隧道洞身段衬砌拱顶结构背后出现空洞的情况，开展大型振动台隧道模型试验研究，主要通过加速度响应特征、应变响应特征和震后衬砌破坏形态，探究竖向地震作用下衬砌拱顶背后空洞对隧道衬砌动力响应的影响。

综上，学者对隧道结构开展了大量的抗震减震研究，但是不难发现针对隧道结构开展三维地震激励的研究还鲜见报道。基于此，本节依托某高烈度地震区山岭公路隧道工程，通过振动台试验和数值模拟研究隧道结构在三维地震作用下的动力响应，研究成果可为高烈度地震区隧道抗震设计提供理论依据和试验支持。

4.1.1　试验设计

1. 工程背景

本章以某实际山岭隧道工程项目为依托，该隧道隧址区属构造强烈剥蚀、冰蚀作用强烈的高山峡谷冰川地貌，山势险峻，沟谷发育，地形坡度大，隧道近场区发育有规模不等的 9 条断裂，抗震设防烈度为 8 度。由于以往地震后隧道结构在洞口附近损伤严重，本试验模型主要模拟隧道进口段 100m 的原型结构(图 4.1)，此段内隧道最大埋深 47.5m，仰拱以下取 21.2m，高程范围由海拔 3754m 至海拔 3832.7m，共 78.7m，隧道模型中原型结构横向影响范围取隧道中轴线两侧各 49m。

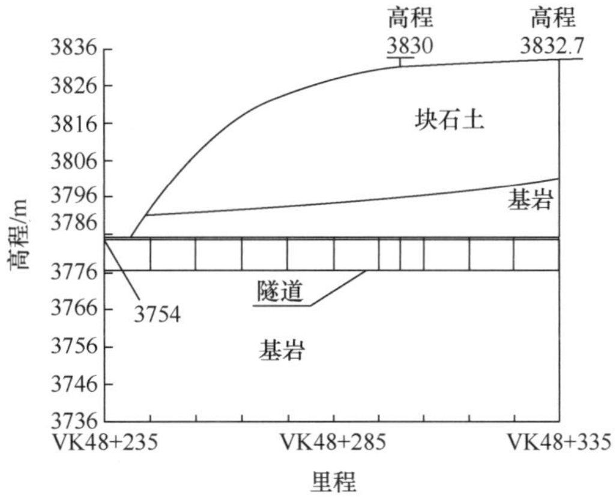

图 4.1　原型隧道结构

2. 相似比设计

振动台试验中难以满足所有参数完全相似，一般情况下，满足主要参数的相似比即可[12]。以长度、密度、弹性模量作为基本物理量，在不影响试验目的的前提下，将模型主控因素几何相似比确定为 1/40，衬砌结构的几何相似比确定为 1/16，弹性模量相似比确定为 1/20，质量密度相似比确定为 1/1。结合以上初定参数，采用量纲分析法[12]，推导出其他主要相似参数如表 4.1 所示。

表 4.1　相似参数

物理量	相似关系	相似参数
长度	S_l	1/40
质量密度	S_ρ	1/1
弹性模量	S_E	1/20
时间	$S_t = S_l^{1/2}$	1/6.325
泊松比	无因次	1/1
应力	$S_\sigma = S_E S_\varepsilon$	1/40
黏聚力	$S_S = S_E S_\varepsilon$	1/40
黏滞系数	$S_\gamma = S_E S_t$	1/126.5
内摩擦角	无因次	1/1
应变	$S_\varepsilon = S_l S_\rho S_E^{-1}$	1/20
位移	$S_u = S_l S_\varepsilon$	1/80
速度	$S_v = S_l S_t^{-1}$	1/6.324
加速度	$S_a = S_l S_t^{-2}$	1
力	$S_F = S_\rho S_l^3$	1/64000
频率	$S_\omega = S_t^{-1}$	1/0.158
阻尼系数	$S_\xi = S_\rho S_l^2 S_t$	1/10120

3. 模型材料

振动台试验中，模型材料选取是否正确直接影响着试验结果的可视性及准确性。根据勘察报告中的岩土参数及相似关系确定模型围岩相似材料所需要的几个关键物理力学参数，如表 4.2 和表 4.3 所示。由于要满足材料弹性模量、质量密度等相似关系，现实中很难找到一种既有的材料来完成试验。基于此，本试验选用自行研制配合比的围岩及衬砌材料，其中围岩相似材料由石膏、石英砂、$BaSO_4$、甘油、氧化锌和水等组成，衬砌相似材料由石膏和水组成。

表 4.2　模型岩土原型和相似材料物理力学参数

材料类型		弹性模量 /GPa	泊松比	容重 /(kN/m³)	内聚力 /MPa	内摩擦角 /(°)
围岩	原型	0.39～5.58	0.35～0.45	26～27	0.05～0.2	20～27
	模型	0.026～0.372	0.35～0.45	26～27	0.003～0.013	20～27
衬砌	原型	0.39～0.80	0.4～0.45	26～27	0.03～0.05	20～25
	模型	0.026～0.053	0.4～0.45	26～27	0.002～0.003	20～25

表 4.3　围岩及衬砌相似材料配比

材料类型	石膏	石英砂	$BaSO_4$	甘油	氧化锌	水
围岩	3～6	14～20	63～70	2.3	6～10	15～1
衬砌	1	—	—	—	—	0.7

考虑到衬砌钢筋网和锚杆如果完全按照相似关系来模拟，将导致隧道结构过于复杂，且对于 1/40 缩尺比例的模型，加工将十分困难。因此，在参考前人研究成果[23]的基础上，振动台试验采用双层 ϕ 0.4mm 的钢丝网模拟衬砌钢筋，采用 ϕ 0.6mm 钢丝模拟锚杆。

4. 模型设计与制作

根据所确定的模拟范围，按照几何相似比 1/40 进行缩放，洞口段模型总高度为 2400mm，宽 2250mm，纵向长 2500mm，隧道衬砌按每隔 250mm 间距设置一道抗震变形缝或施工缝。同时，为研究减震层对隧道结构动力响应的影响，本试验在部分节段的围岩与衬砌之间设置减震层。隧道试验模型的制作主要包括模型箱、围岩、衬砌、减震层等几部分，如图 4.2～图 4.4 所示，制作好的整体模型如图 4.5 所示。

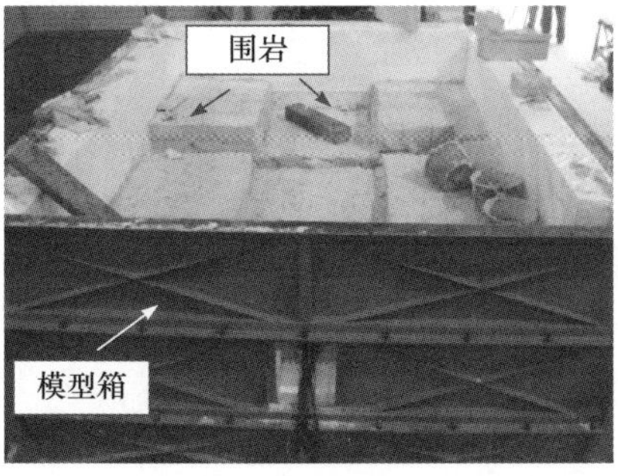

图 4.2　模型箱及围岩

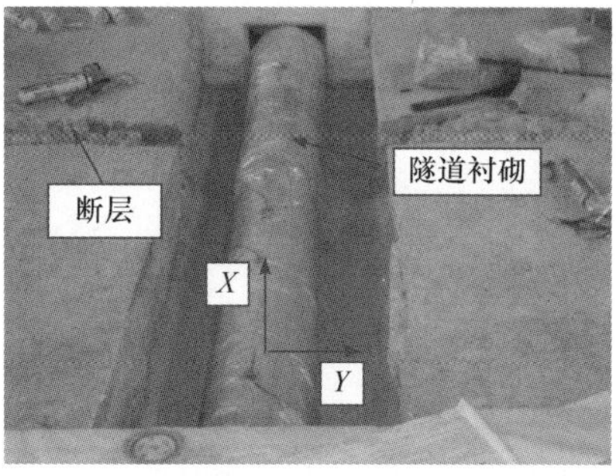

图 4.3　隧道衬砌及断层

图 4.4　减震层材料

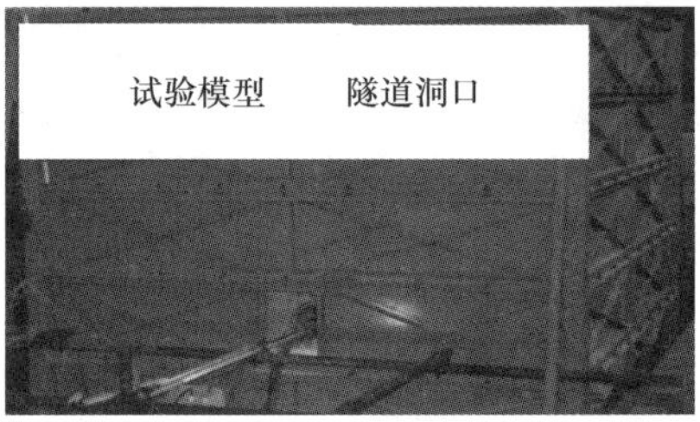

图 4.5　模型结构

5. 测点布置

本试验采用大型三维六自由度地震模拟试验系统，台面尺寸为 3m×6m，激振方向为 X、Y、Z 三方向，频率范围为 0.1～50Hz，最大承载为 35t，台面三向加速度峰值均可达 1g。试验过程中主要对模型各测点的加速度、位移和应变及土压力等响应进行测量。模型隧道的纵剖面如图 4.6 所示，各断面的测点布置情况如图 4.7 所示。

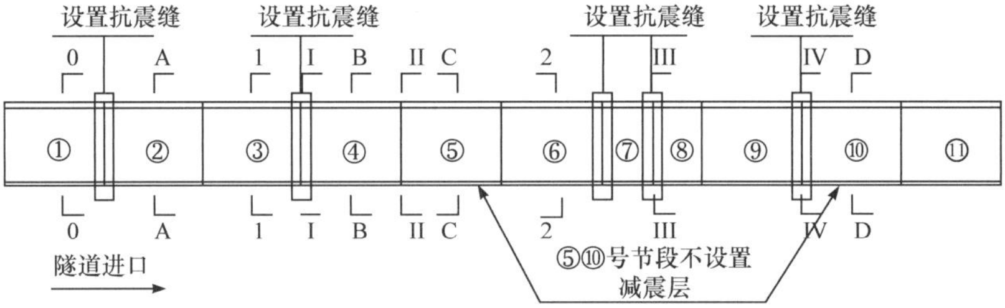

图 4.6　隧道纵剖面图和测点布置总况

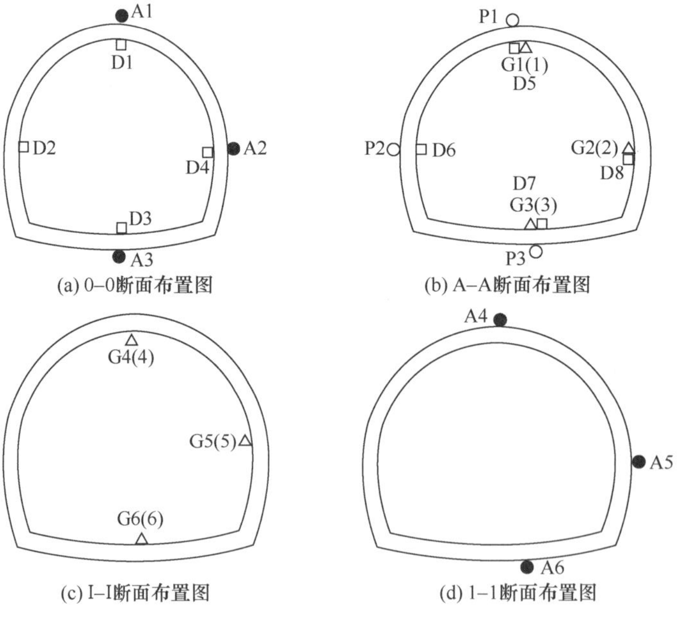

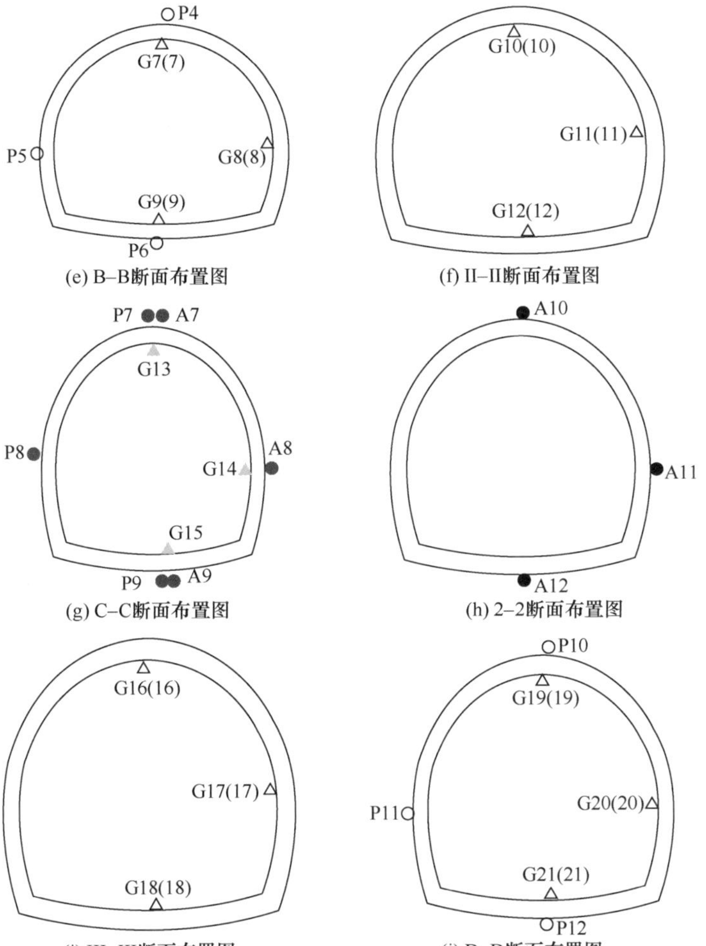

(e) B–B断面布置图　(f) II–II断面布置图

(g) C–C断面布置图　(h) 2–2断面布置图

(i) III–III断面布置图　(j) D–D断面布置图

图 4.7　各测点布置图

图 4.7 中 P 为土压力计、A 为加速度计、D 为位移计、G 为应变片，此外本试验还分别在振动台台面、地表及边坡布置加速度传感器 A13、A14、A15。

6. 地震波选取及输入方向的确定

模型试验采用根据场地加速度反应谱合成的 50 年超越概率分别为 63%、10%、2%的人工波，时程曲线如图 4.8～图 4.10 所示。试验采用三向输入制度，地震波输入考虑三向地震的耦合作用，加载顺序按照 50 年超越概率 63%的地震波、超越概率 10%的地震波、超越概率 2%的地震波进行。

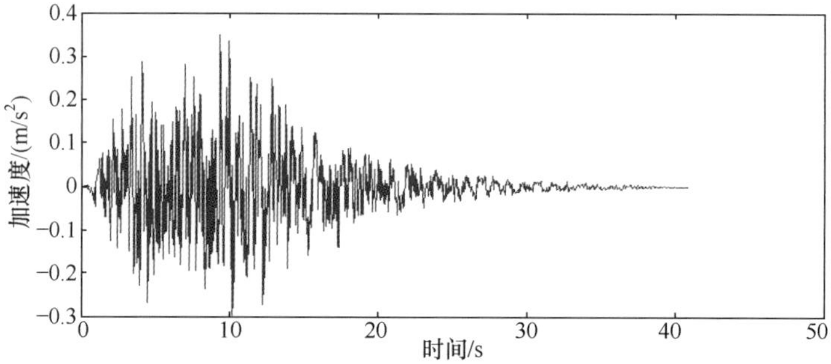

图 4.8　超越概率 63%地震波时程曲线

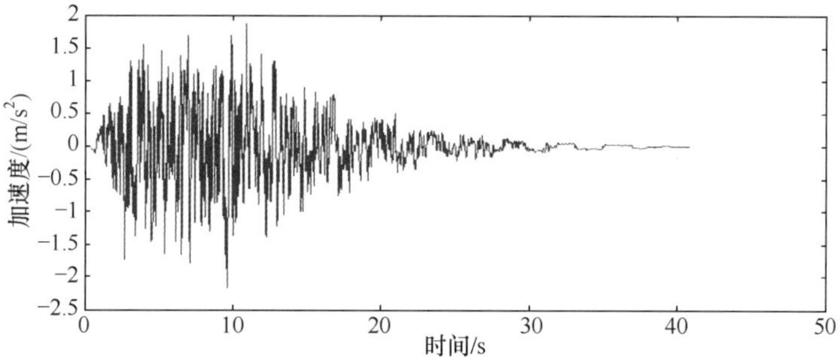

图 4.9　超越概率 10%地震波时程曲线

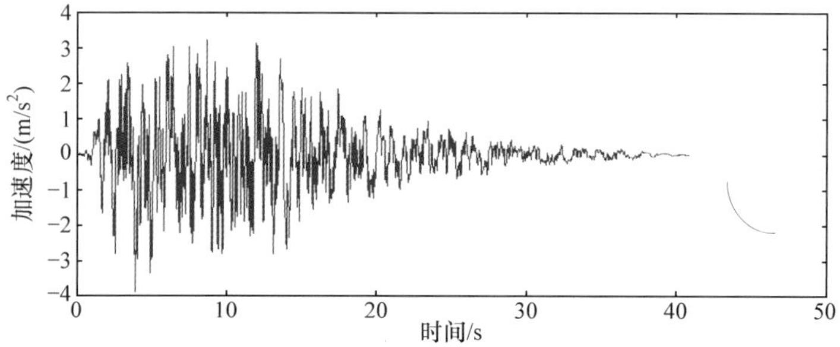

图 4.10　超越概率 2%地震波时程曲线

7. 加载工况的确定

本试验采用三种激励方式，即单向 *X* 激励、双向 *XZ* 激励、三向 *XYZ* 激励，三向地震波均选用同一种地震波作为输入波，试验在 50 年超越概率改变前后均进行白噪声扫描。表 4.4 为模型结构试验工况台面理论及实测加速度峰值，由此可见，隧道模型台面地震波输入满足试验要求。

表 4.4　试验工况

工况	50 年超越概率/%	输入理论峰值/g			台面实测峰值/g		
		X 向	Y 向	Z 向	X 向	Y 向	Z 向
1	63	0.524	0.000	0.000	0.518	0.000	0.000
2	63	0.000	0.524	0.000	0.000	0.531	0.000
3	63	0.000	0.000	0.349	0.000	0.000	0.351
4	63	0.000	0.524	0.349	0.000	0.520	0.341
5	63	0.524	0.000	0.349	0.527	0.000	0.336
6	63	0.371	0.371	0.349	0.368	0.377	0.359
7	10	3.250	0.000	0.000	3.170	0.000	0.000
8	10	0.000	3.250	0.000	0.000	3.176	0.000
9	10	0.000	0.000	2.167	0.000	0.000	2.155
10	10	0.000	3.250	2.167	0.000	3.211	2.169
11	10	3.250	0.000	2.167	3.185	0.000	2.149
12	10	2.298	2.298	2.167	2.287	2.301	2.162
13	2	5.804	0.000	0.000	5.818	0.000	0.000
14	2	0.000	5.804	0.000	0.000	5.811	0.000
15	2	0.000	0.000	3.870	0.000	0.000	3.869
16	2	0.000	5.804	3.870	0.000	5.788	3.856
17	2	5.804	0.000	3.870	5.782	0.000	3.861
18	2	4.104	4.104	3.870	4.085	4.111	3.790

4.1.2　试验结果

1. 地震波在围岩上的传播规律分析

地震作用下围岩的稳定性是影响隧道结构安全性的重要因素。因此，本章对工况 8 输入时，振动台台面(A13)、地表(A14)及边坡(A15)的加速度时程曲线及其对应的频谱曲线如图 4.11 所示。

通过对以上加速度时程曲线及其对应的频谱曲线进行分析可知：不同深度处围岩的地震波与输入地震波比较，都有不同程度的放大作用，并且有逐渐增大的趋势，地表处的峰值加速度约为输入地震波的 3 倍。基底输入地震波的卓越频率处在 17.5～20Hz 范围内，围岩的卓越频率基本在 6～12Hz 范围内，围岩对频率低于 18Hz 地震波低频成分尤其对围岩卓越频率附近的频率成分有放大作用。与基底输入地震波相比，围岩的傅里叶谱在 0～18Hz 范围的频谱成分较多，而 18Hz

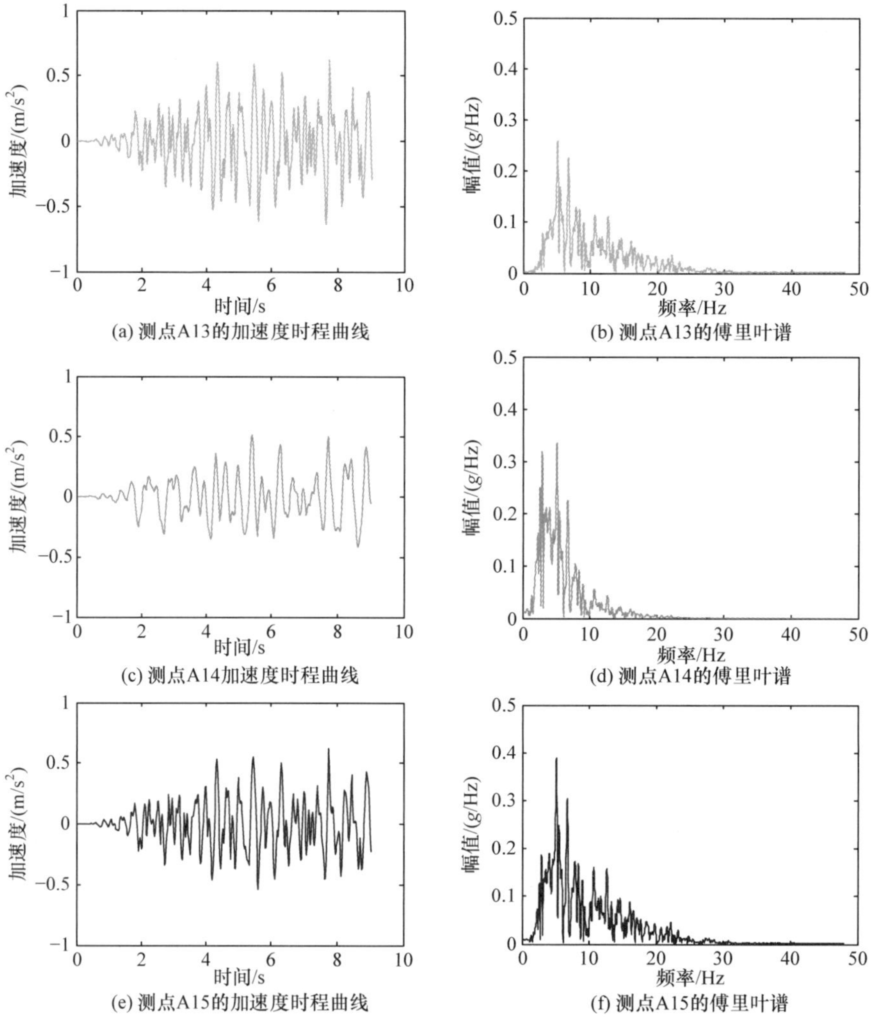

图 4.11　围岩加速度时程曲线及其傅里叶谱

以上的频谱成分明显减少，即对频率高于 18Hz 的地震波高频成分有滤波作用。此外，加速度峰值沿边坡的坡脚至坡顶逐渐增大。围岩各点的加速度时程曲线与输入地震波相似，也与隧道衬砌各点的加速度时程曲线基本一致，说明整个模型是一起运动的。

2. 加速度响应规律

对 50 年超越概率分别为 63%、10%和 2%的地震作用下隧道结构 C–C 断面各测点的加速度峰值进行分析，如表 4.5 所示。

表 4.5　衬砌测点加速度峰值

50 年超越概率	激励方向	A7	A8	A9	A10	A11	A12
63%	*X*	0.762	0.721	0.668	0.712	0.632	0.565
	XZ	0.798	0.768	0.735	0.754	0.681	0.621
	XYZ	0.847	0.793	0.743	0.823	0.685	0.661
	(*XZ*–*X*)/*X*×100%	4.72%	6.52%	10.03%	5.90%	7.75%	9.91%
	(*XYZ*–*X*)/*X*×100%	11.15%	9.99%	11.23%	15.59%	8.39%	16.99%
10%	*X*	3.63	3.445	3.39	3.489	3.451	3.279
	XZ	3.768	3.632	3.442	3.621	3.521	3.351
	XYZ	4.189	3.761	3.621	3.723	3.553	3.421
	(*XZ*–*X*)/*X*×100%	3.80%	5.43%	1.53%	3.78%	2.03%	2.20%
	(*XYZ*–*X*)/*X*×100%	15.40%	9.17%	6.81%	6.71%	2.96%	4.33%
2%	*X*	6.313	6.268	6.139	6.337	6.178	5.987
	XZ	7.526	6.553	6.297	6.567	6.297	6.136
	XYZ	7.958	6.886	6.389	6.768	6.431	6.258
	(*XZ*–*X*)/*X*×100%	19.21%	4.55%	2.57%	3.63%	1.93%	2.49%
	(*XYZ*–*X*)/*X*×100%	26.06%	9.86%	4.07%	6.80%	4.10%	4.53%

由表 4.5 分析可知：

(1) 地震波沿 *X* 向输入时，随着地震烈度的增加，各测点加速度响应逐渐增大。隧道衬砌结构各测点的加速度响应相比振动台输入情况均有不同程度的放大，其中测点 A7 在 50 年超越概率为 2%时的地震激励下，相比振动台台面放大了 8.77%。分析仰拱、边墙及拱顶的加速度数据可以发现，沿隧道高度方向衬砌的加速度响应有一定的放大效应。

(2) 地震波沿 *XZ* 向输入时，各测点的加速度响应相比 *X* 向输入均有不同程度的增加，最大增加 19.21%。地震波沿 *XYZ* 向输入时，各测点的加速度响应相比 *X* 向及 *XZ* 向均有不同程度的增加，最大增加 26.06%。

(3) 设置减震层后，结构的峰值加速度有所减小，分析原因是减震层增加了围岩的阻尼，耗散了地震能量，使得衬砌结构的地震响应有所减小。

3. 位移响应规律

为研究模型在地震作用下各测点的位移响应规律，对工况 7～9、13～15 时 0–0 断面、A–A 断面的拱顶、仰拱、拱腰位置的位移响应进行分析，如表 4.6 所示。

表 4.6　衬砌测点位移峰值(单位：mm)

测点	工况					
	7	8	9	13	14	15
0–0 断面拱顶	17.2	15.6	14	23.3	21.2	19.1
0–0 断面仰拱	17.3	15.0	14	23.6	20.5	19.1
0–0 断面左拱腰	17.6	16.8	16	20.8	19.8	18.8
0–0 断面右拱腰	16.6	15.1	14.3	19.6	17.8	16.9
A–A 断面拱顶	16.4	15.6	13.7	22.3	21.2	18.7
A–A 断面仰拱	16.5	15	13.7	22.6	20.5	18.7
A–A 断面左拱腰	17.5	16.2	15.1	20.5	19	17.7
A–A 断面右拱腰	16.7	15.8	14.7	19.5	18.4	17.1

从表 4.6 分析可知，随着地震激励的增加，隧道衬砌上各测点的位移响应有一定程度增加，最大增加 36.97%。隧道结构各部位的位移响应随着埋深的增加有一定程度的减小，A–A 断面仰拱处的位移响应相比 0–0 断面减小 4.62%。隧道结构中，Y 向(横向)和 Z 向(竖向)地震波输入可引起结构在 X 向(纵向)的明显振动。

4. 土压力分布规律

为研究试验过程中隧道模型上土压力的变化情况，对工况 18 时断面 A–A、1–1、B–B 及 D–D 的仰拱、边墙及拱顶各测点的动土压力进行分析，如图 4.12 所示。

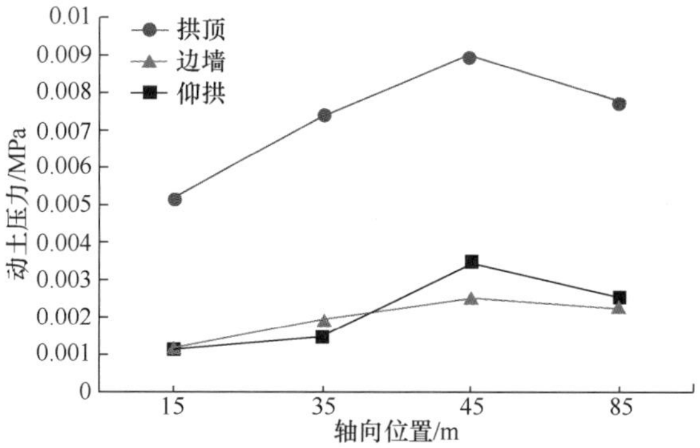

图 4.12　断面各部位动土压力

由图 4.12 可以看出，拱顶的峰值应力基本上为仰拱和边墙的 5 倍左右；各部位动土压力在边坡段随着距离洞口位置的增加呈现出先增大后减小的趋势，且基本在模型中间位置达到最大值；动土压力在边坡段随着埋深的增加而增加，并在边坡坡顶处达到最大值，到洞身段开始减小并趋于稳定。

5. 应变响应规律

在衬砌的 4 号、5 号节段的 B–B、S–S 断面的拱顶、边墙、仰拱设置应变测点，在工况 6、工况 12、工况 18 的地震波作用下，将其应变测点整理如表 4.7 所示。定义减震率=(未设置减震层应变值–设置减震层应变值)/未设置减震层应变值×100%。

表 4.7　衬砌测点应变响应

工况编号	测点位置	断面		减震率
		B–B	S–S	
6	拱顶	22.4722με	52.8006με	57.44%
12	拱顶	122.775με	144.699με	15.15%
18	拱顶	117.842με	194.211με	39.32%
6	边墙	32.8862με	56.82με	42.12%
12	边墙	27.9533με	78.3787με	64.34%
18	边墙	43.3001με	102.313με	57.68%
6	仰拱	32.3381με	90.8024με	64.39%
12	仰拱	90.2543με	143.786με	37.23%
18	仰拱	119.304με	212.116με	43.76%

由表 4.7 可以看出，总体上，随着地震烈度的增加，各测点的应变响应明显增加。隧道洞口段在设置减震层后，在不同超越概率地震波作用下，衬砌应变值平均减小了 46.83%，可见设置减震层对隧道结构抗震是非常有利的，隧道结构的仰拱部位更为突出。此外，经过深入分析发现，由于减震层的吸能效应，设置减震层的隧道衬砌应变更为均匀，这对隧道结构抗震是有利的。

4.1.3　仿真分析与试验结果对比

1. 模型的建立

动力计算模型以模型箱为边界，围岩采用 Solid45 实体单元，Mohr-Coulomb 屈服准则，弹塑性增量本构关系；衬砌采用 Shell 单元，弹性本构关系。计算中采用黏弹性人工边界，采用质量弹簧单元 Combin14。与隧道洞口垂直的前后模型箱平面采用黏性边界，围岩临空面为自由边界，围岩下部为固定边界，其余各平面均为黏性边界条件，建立好的整体有限元模型如图 4.13 所示。

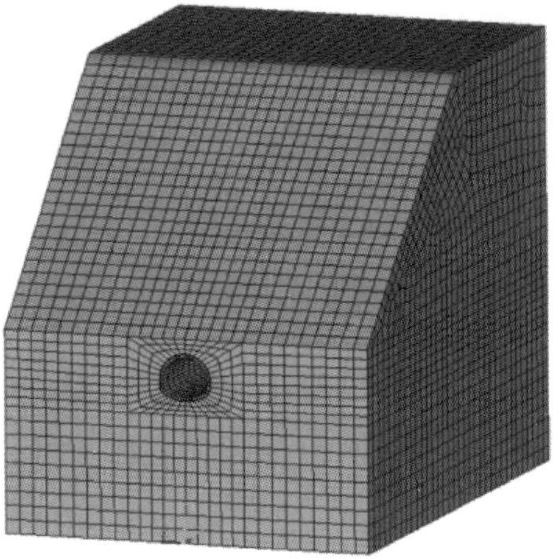

图 4.13　隧道模型

计算模型中围岩、衬砌和减震层的物理参数如表 4.8 所示。

表 4.8　材料物理参数

材料类型	ρ/(kg/m³)	E/Pa	C/Pa	μ	ϕ/(°)
围岩	1800	1.20×10^{9}	3.00×10^{5}	0.38	42
衬砌	2300	3.35×10^{10}	—	0.2	—
减震层	1000	3.50×10^{6}	—	0.38	—

2. 结果对比

图 4.14～图 4.17 为工况 7 在地震波作用下，衬砌 C–C 断面拱顶及仰拱在模型试验和数值计算模型中的水平加速度时程曲线。从图中可以看出，试验模型结果和计算模型结果较为吻合，说明了数值建模方法的合理性及正确性。

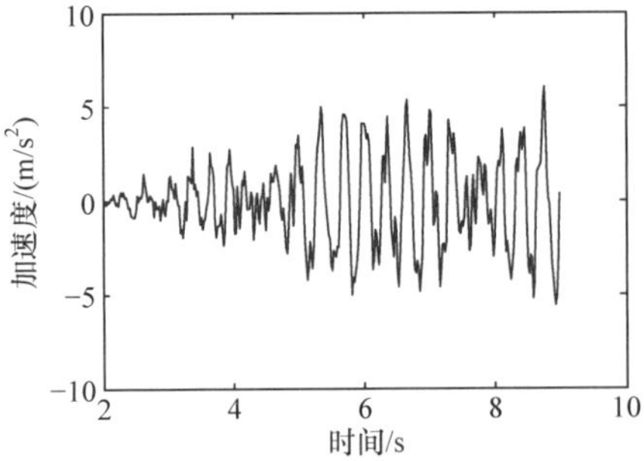

图 4.14　模型试验中拱顶加速度时程曲线

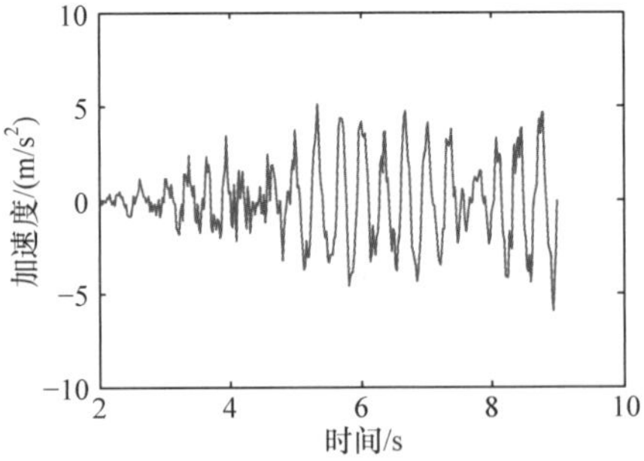

图 4.15　数值计算模型中拱顶加速度时程曲线

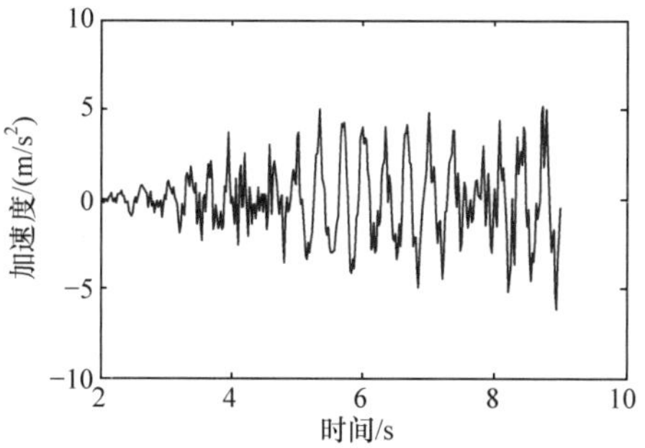

图 4.16　模型试验中仰拱加速度时程曲线

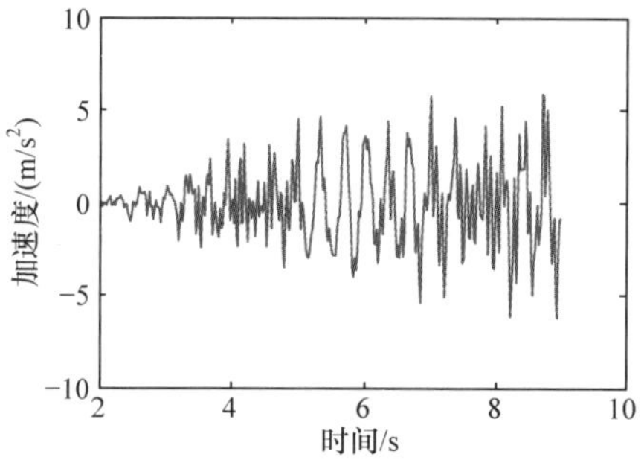

图 4.17　数值计算模型中仰拱加速度时程曲线

4.2　山岭隧道结构动力响应规律及减震措施分析

4.2.1　隧道结构减震理论研究

1. 纵向减震理论分析

对于隧道结构，处于洞身的衬砌结构，其周围受到地层的约束作用，力学简化模型如图 4.18 所示。其动力学方程可表示为

$$EIy'' + K_0 y + \rho A\ddot{y} = K_0 u \tag{4-1}$$

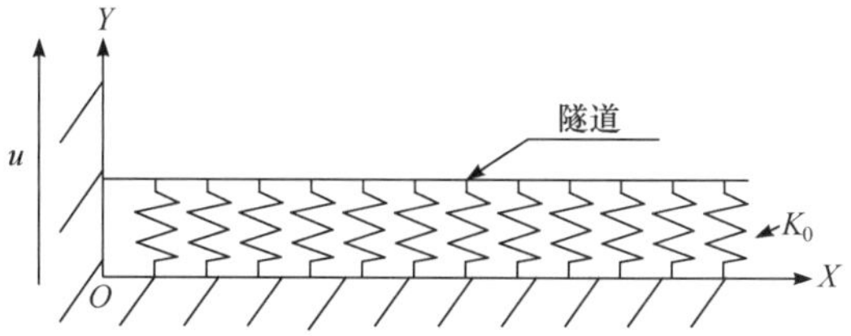

图 4.18　纵向减震计算模型

已有研究表明，惯性力在式(4-1)中不起作用，故可将式(4-1)简化成式(4-2)：

$$EIy'' + K_0 y = K_0 u \tag{4-2}$$

经推导，可得隧道衬砌结构的曲率半径如式(4-3)所示：

$$\frac{1}{\rho} = \frac{-A\left(\dfrac{2\pi}{l_0}\right)^2 \cos^3\phi \sin\left(\dfrac{2\pi x}{l_0/\cos\phi}\right)}{1+\dfrac{EI}{K_0}\left(\dfrac{2\pi}{l_0}\right)^4 \cos^4\phi} \tag{4-3}$$

因此，衬砌结构的弯矩可表示为

$$M = -EI\frac{1}{\rho} = EI\frac{A\left(\frac{2\pi}{l_0}\right)^2\cos^3\phi\sin\left(\frac{2\pi x}{l_0/\cos\phi}\right)}{1+\frac{EI}{K_0}\left(\frac{2\pi}{l_0}\right)^4\cos^4\phi} \tag{4-4}$$

由式(4-4)可知，M 随着 EI 和 K_0 的增加而增加。当 K_0 变得很大时，EI/K_0 趋向于零，得到

$$\frac{1}{\bar{\rho}} = -A\left(\frac{2\pi}{l_0}\right)^2\cos^3\phi\sin\left(\frac{2\pi x}{l_0/\cos\phi}\right) \tag{4-5}$$

取

$$\bar{M} = EIA\left(\frac{2\pi}{l_0}\right)^2\cos^3\phi\sin\left(\frac{2\pi x}{l_0/\cos\phi}\right) \tag{4-6}$$

故

$$\frac{M}{\bar{M}} = \frac{1}{1+\frac{EI}{K_0}\left(\frac{2\pi}{l_0}\right)^4\cos^4\phi} \leqslant 1 \tag{4-7}$$

当波的入射角垂直于隧道的轴线(即 $\phi=90°$)时有 $M/\bar{M}=1$。因此，由式(4-7)可知，在衬砌刚度不变的条件下，围岩越软，结构的内力就越小。对于忽略惯性作用的结构，其内力完全取决于结构的材料和变形特征。如果结构的材料刚度是恒定的，那么结构的变形越大，内力也越大，这类结构的破坏往往都是由外界给予的位移过大导致的。如果围岩的刚度相对衬砌很大，那么衬砌的内力完全由围岩强迫给予的位移决定；如果围岩的刚度相对衬砌很小，那么结构由于其自身强大的刚度而减小变形，自然能够减少它的内力，式(4-7)正是考虑到了这一特性而导出的。

2. 横向减震理论分析

目前，隧道结构可以在衬砌与围岩之间施加减震层来改善衬砌结构的动力学性能，当地震动来临之时，减震层具有吸收地震能量减小衬砌地震响应的能力。将衬砌、减震层和围岩进行有限元离散，根据它们的相互作用，假设减震层为连接衬砌和围岩的弹簧和阻尼，弹簧一端与衬砌相连，另一端与围岩相连，如图 4.19 所示。数学计算模型如图 4.20 所示，动力方程如式(4-8)所示：

$$\begin{bmatrix} M & 0 \\ 0 & M_1 \end{bmatrix}\begin{Bmatrix} \ddot{Y} \\ \ddot{Y}_1 \end{Bmatrix} + \begin{bmatrix} C & -C \\ -C & C+C_1 \end{bmatrix}\begin{Bmatrix} \dot{Y} \\ \dot{Y}_1 \end{Bmatrix} + \begin{bmatrix} K & -K \\ -K & K+K_1 \end{bmatrix}\begin{Bmatrix} Y \\ Y_1 \end{Bmatrix} = -\begin{Bmatrix} M \\ M_1 \end{Bmatrix}\ddot{U} \tag{4-8}$$

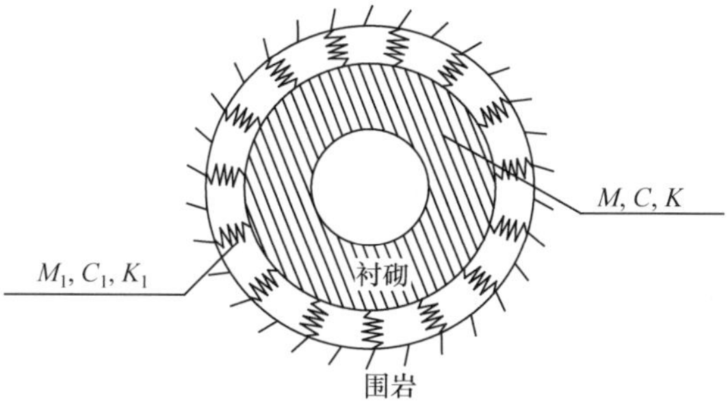

图 4.19　围岩-减震层-衬砌计算模型

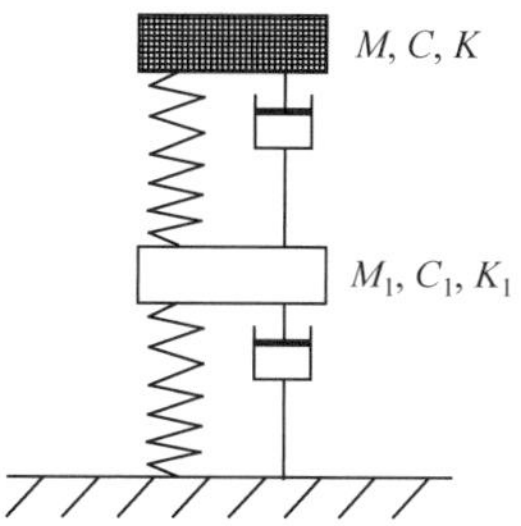

图 4.20　减震层力学计算模型

式中：

U——作用在减震区外围岩上地震产生的强迫位移；

Y、Y_1、M、M_1、C、C_1、K、K_1——衬砌和减震层上的位移、质量、阻尼和刚度。

令

$$U = U_0 \sin \omega_n t, \quad n = 1, 2, \cdots$$

$$Y = A \sin(\omega_n t + \varphi_A) = A_1 \sin \omega_n t + A_2 \cos \omega_n t$$

$$Y_1 = B \sin(\omega_n t + \varphi_A) = B_1 \sin \omega_n t + B_2 \cos \omega_n t$$

式中：

Y、Y_1——衬砌和减震层单元位移；

ω_n、φ_A——圆频率及幅角；

A、B——衬砌和减震层位移幅值。

将 U_0、Y、Y_1 代入式(4-8)，并提取 $\sin \omega_n$ 和 $\cos \omega_n t$ 的系数为零，得到

$$\begin{cases} -\omega_n^2 M A_1 - C\omega_n A_2 + C\omega_n B_2 + KA_1 - KB_1 = MU_0\omega_n^2 \\ -\omega_n^2 M A_2 + C\omega_n A_1 - C\omega_n B_1 + KA_2 - KB_2 = 0 \\ -\omega_n^2 M_1 B_1 + C\omega_n A_2 - (C + C_1)\omega_n B_2 - KA_1 + (K + K_1) B_1 = M_1 U_0 \omega_n^2 \\ -\omega_n^2 M_1 B_2 - C\omega_n A_1 + (C + C_1)\omega_n B_1 - KA_2 + (K + K_1) B_2 = 0 \end{cases} \tag{4-9}$$

通过推导，整理得到 A_1、A_2、B_1、B_2，再令 $A^2 = A_1^2 + A_2^2$，$B^2 = B_1^2 + B_2^2$。于是衬砌和减震层的相对变位同绝对位移振幅的比值表示为

$$\eta = \frac{|A - B|}{U_0} = \frac{Z_1}{Z_2} \tag{4-10}$$

式中

$$A=\beta^4[4(1+f_m+f_kf_\beta f_\xi)^2\xi^2+f_m(f_m\beta^2-2f_\beta^2-2f_k-2)]+\beta^2(1+f_m+f_k)^2 \tag{4-11}$$

$$B=\beta^2[4(1+f_m)^2\xi^2\beta^2+\beta^2(1+f_m-f_m\beta^2)^2] \tag{4-12}$$

$$\begin{aligned}U_0=&\beta^2+(\beta^2-1)\left[(\beta^2-1)f_m(\beta^2f_m-2f_k)+\left(1-\frac{1}{\beta^2}\right)f_k^2+2(f_k-f_m\beta^2)\right]\\&+4\xi^2\Big[\beta^4(1+f_kf_\beta f_\xi)^2+(f_m\beta^2-f_k)(2+2f_m)\beta^2-f_k\\&+(4\beta^2\xi^2-2\beta^2+1)f_\beta^2f_k^2f_\xi^2\Big]\end{aligned} \tag{4-13}$$

$$f_k=\frac{K_1}{K}，\ f_m=\frac{M_1}{M}，\ f_\xi=\frac{\xi_1}{\xi}，\ f_\beta=\frac{\beta_1}{\beta}$$

$$\xi_1=\frac{C_1}{2\sqrt{M_1K_1}}，\ \xi=\frac{C}{2\sqrt{MK}}，\ \beta_1=\frac{\omega_n}{\omega}，\ \omega=\frac{K}{M}$$

其中：

f_k、f_m、f_ξ、f_β——减震层与衬砌的刚度比、质量比、阻尼比和频率比。

对式(4-11)～式(4-13)进行分析可知：随着刚度比和质量比的减小，围岩-减震层-衬砌体系的位移响应会减小。因此，减小减震层的刚度和质量将有利于体系减震。在这方面，美国已经生产出密度小于 700kg/m^3 的泡沫混凝土材料，这与密度为 2500kg/m^3 的钢筋混凝土相比无疑具有极大优势。由于阻尼比与质量比和刚度比相比更敏感，高阻尼比的减震层结构可能是未来减震发展的趋势。

4.2.2　依托工程概况

依托工程位于西藏波密县扎木镇至墨脱县城公路工程上，其隧址为高地应力与高烈度地震并存，构造运动强烈，并且断裂构造较发育。该隧道进口岩性主要为片麻状花岗岩、石英片岩及绢云母片岩等，洞身及出口段基岩主要为花岗岩及混合花岗岩等，局部地段夹少量片岩、片麻岩等，岩体裂隙、节理发育，由于受多组节理、裂隙切割，部分岩体呈危岩或危石状，岩质坚硬。嘎隆拉隧道断面形式如图 4.21 所示。

4.2.3　模型的建立

针对隧道所处地质情况并结合隧道初步设计资料，本章选取进口 101.8m 范围为计算范围，此范围内隧道最大埋深为 47.5m。采用通用有限元软件 ANSYS 建立隧道的有限元模型如图 4.22 所示，有限元模型高×宽=85m×75m，共划分单元 37778 个，其中衬砌单元 8352 个，减震层单元 8447 个，抗震缝单元 7487 个。当无减震层工况时，将减震层单元属性修改为围岩；当无抗震缝工况时，将抗震缝单元属性修改为衬砌。

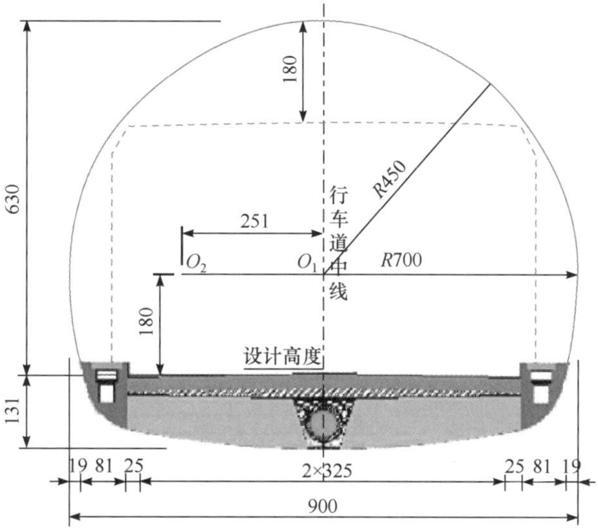

图 4.21　嘎隆拉隧道断面图(单位：cm)

计算共分为四个工况，分别为：无减震层、无抗震缝工况；有减震层、无抗震缝工况；无减震层、有抗震缝工况；有减震层、有抗震缝工况。各工况分类详见表 4.9。块石土、围岩、衬砌、加固区、减震层和抗震缝的材料物理力学参数见表 4.10。

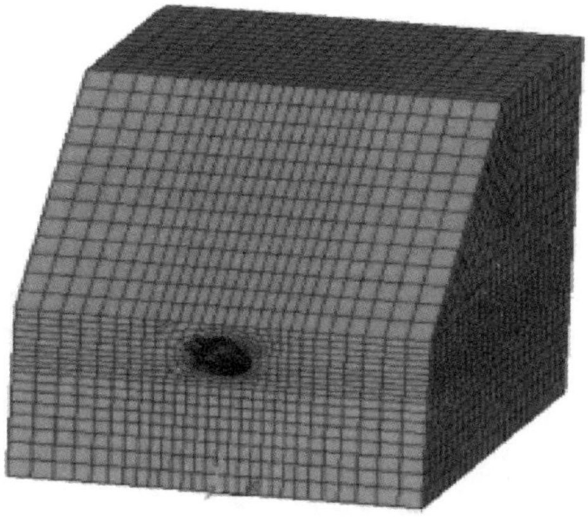

图 4.22　嘎隆拉隧道有限元模型

表 4.9　计算工况表

工况号	减震层	抗震缝	地震波	减震层和抗震缝厚度
1	无	无	Topanga Canyon	20cm
2	有	无		
3	无	有		
4	有	有		

表 4.10　材料物理力学参数

材料类型	E/Pa	μ	C/Pa	ϕ/(°)	ρ/(kg/m³)
块石土	1.00×10^{9}	0.4	3.00×10^{4}	40	1500
围岩	1.20×10^{9}	0.38	1.00×10^{5}	42	1800
加固区	2.40×10^{9}	0.34	2.00×10^{5}	42	2000
衬砌	3.35×10^{10}	0.2	—	—	2300
减震层	3.50×10^{6}	0.38	0.60×10^{3}	6	1000
抗震缝	1.00×10^{6}	0.38	0.40×10^{3}	10	900

为了便于结果的提取及分析，将衬砌单元进行编号，靠近洞口段的衬砌为①号衬砌单元。随着里程桩号的增大，衬砌节段号也依次增大，衬砌编号见图 4.23。减震层单元和抗震缝单元见图 4.24 和图 4.25。计算时，考虑到围岩介质的无限性，并防止地震波在边界上的反射及允许边界具有弹性恢复的能力，将模型的底部边界和侧面边界设置为黏弹性人工边界，地表为自由边界，边界单元见图 4.26。

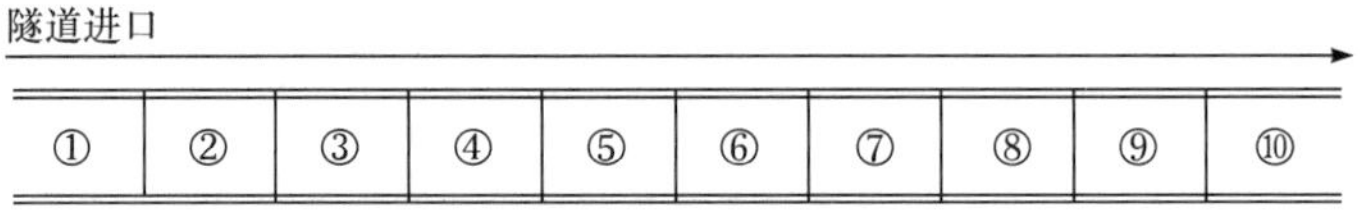

图 4.23　衬砌编号图

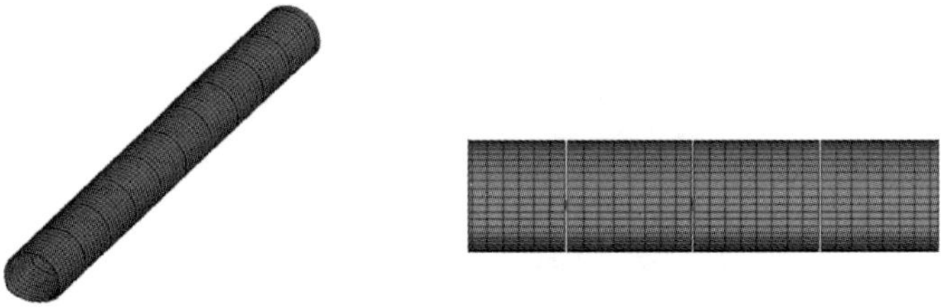
(a) 整体减震层网格　　(b) 局部减震层网格

图 4.24　减震层单元

(a) 整体抗震缝网格　　(b) 抗震缝网格右视图

图 4.25　抗震缝单元

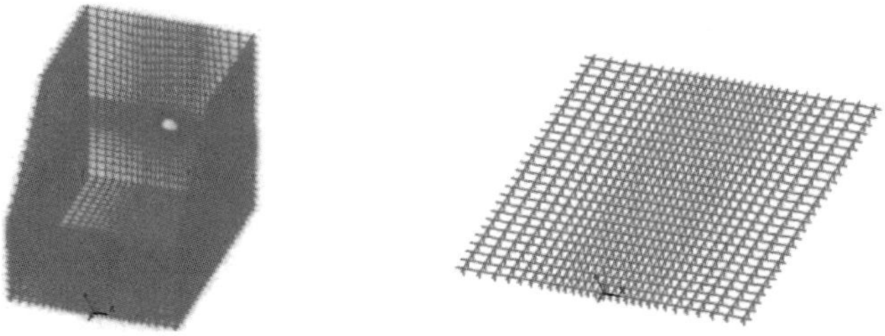

(a) 整体黏弹性单元网格　(b) 局部黏弹性单元网格

图 4.26　黏弹性边界单元

4.2.4　地震波的选用及阻尼的确定

当采用时程法对隧道及地下结构进行地震响应分析时，需要直接输入地震波加速度时程曲线，而地震波是一个频带较宽的非平稳随机过程，受多种因素影响而变化，往往同次地震在同一场地得到的强震记录也不相同。另外，时程分析表明，由于输入地震波不同，所得出的地震反应相差甚远。因此，由于未来地震动的随机性及不同地震波计算结果的差异性，合理选取地震波来进行直接动力分析是保证计算结果可靠性的重要问题。本次计算以《地震安全性评价报告》所提出的 50 年超越概率为 10%的工程场地基岩峰值加速度 3.21m/s^2 作为计算峰值加速度。计算采用的地震波尽量选择与《地震安全性评价报告》所提出的地震波频谱特性相似的地震波，经过筛选选用 Topanga Canyon 地震波(1994 年 1 月 17 日美国加利福尼亚州 Northridge 地震。采集地点为托潘加峡谷所，持续时间为 55.6s，时间间隔为 0.02s)为计算地震波。为了节省瞬态动力计算时间并且避免计算时占据大量硬盘容量，在保持 Topanga Canyon 波频谱特性不变的基础上，利用 Flexpro 滤波器对其进行低通滤波，并截取包含其最大峰值的前 5.56s 共 278 个加速度记录作为输入地震波。三向加速度时程曲线如图 4.27 所示。

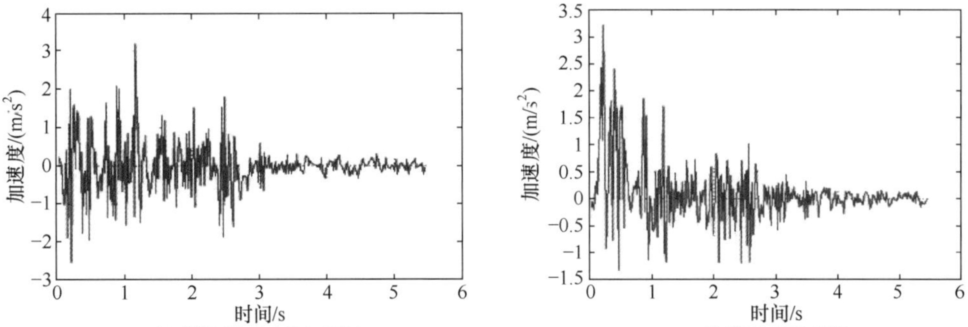

(a) 隧道横断面方向(X向)　(b) 隧道纵向(Z向)

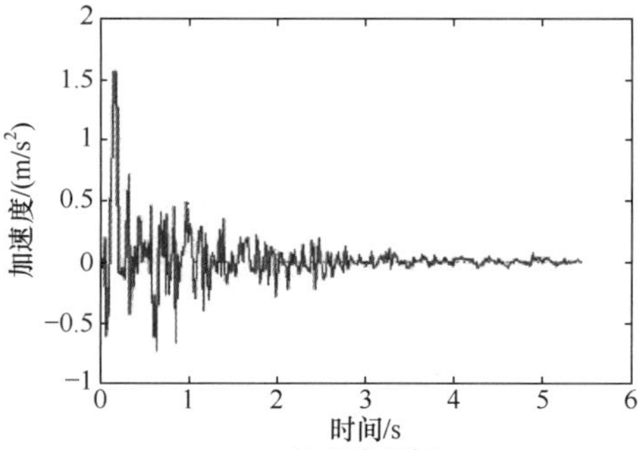

(c) 竖向(Y向)

图 4.27　地震加速度时程曲线

在动力问题中，影响阻尼的因素有很多，一般来说，工程上多采用 Rayleigh 阻尼，Rayleigh 阻尼可通过式(4-14)计算：

$$[C]=\alpha[M]+\beta[k] \tag{4-14}$$

$$\xi=\sqrt{\alpha\beta} \tag{4-15}$$

$$\omega=\sqrt{\frac{\alpha}{\beta}} \tag{4-16}$$

$$f=\frac{\omega}{2\pi} \tag{4-17}$$

式中：

α、β——阻尼系数；

ξ——阻尼比，取 5%；

f——自振频率，由模态计算求解出工况 1 自振频率为 2.6752Hz，工况 2 自振频率为 2.4652Hz，工况 3 自振频率为 2.541Hz；工况 4 自振频率为 2.3618Hz；

ω——圆频率。

结合式(4-15)和式(4-16)可求出α、β。

4.2.5　隧道结构动力响应规律

为了对比分析衬砌在各工况下峰值主拉(压)应力和位移峰值的响应规律，分别取距隧道洞口 2.5m、5m、7.5m、12.65m、15.1m、17.55m、25.1m、35.1m、45.1m、55.1m、65.1m、75.1m 共 12 个数据监测断面，并提取各断面拱顶、拱腰、边墙脚和仰拱中部在振动过程中的峰值主拉(压)应力和位移峰值，跟踪峰值主应力和位移峰值变化规律，得出相应结论。

1. 衬砌主拉(压)应力研究

图 4.28 和图 4.29 显示了无减震层、无抗震缝(A)，有减震层、无抗震缝(B)，无减震层、有抗震缝(C)，有减震层、有抗震缝(D)四个工况下沿隧道洞口向洞身，随着断面距洞口距离的增加分别取各断面上衬砌拱顶、拱腰、边墙脚和仰拱中部所受到的峰值主拉(压)应力，并绘制出四个工况下峰值主拉(压)应力沿隧道纵向变化柱状图。

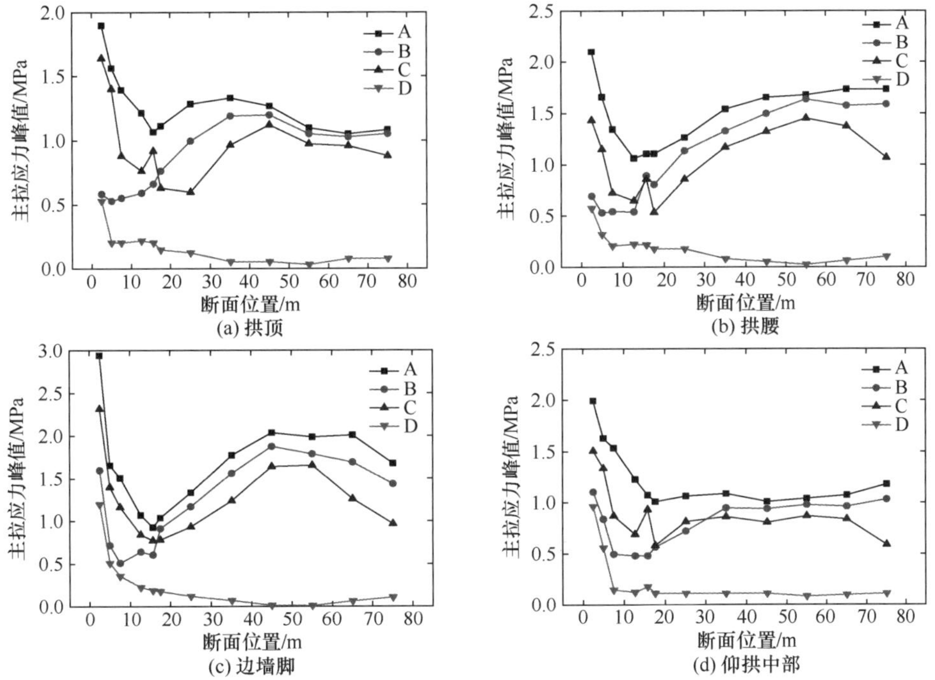

(a) 拱顶　(b) 拱腰　(c) 边墙脚　(d) 仰拱中部

图 4.28　衬砌主拉应力峰值变化图

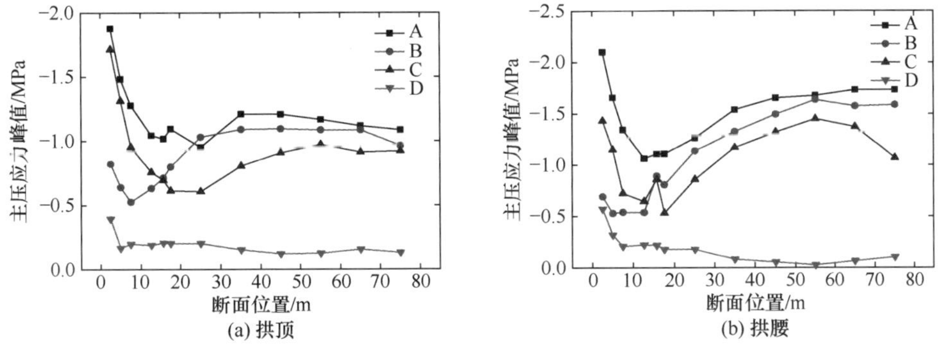

(a) 拱顶　(b) 拱腰

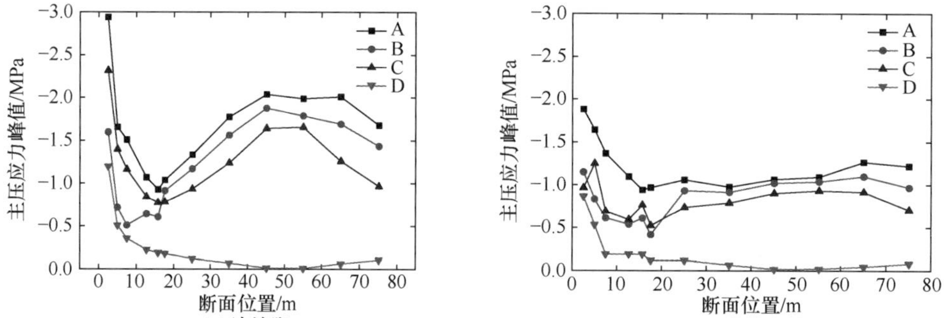

(c) 边墙脚　　(d) 仰拱中部

图 4.29　衬砌主压应力峰值变化图

从图 4.28 和图 4.29 分析可知：总体上讲，减震层和抗震缝均能有效减小衬砌所受的主拉(压)应力。随着监测断面至隧道洞口距离的增加(埋深也增加，Z=17.55m 后为等埋深)，无减震层、无抗震缝工况下衬砌拱顶、拱腰、边墙脚和仰拱中部所受到的主拉(压)应力呈先减小趋势，在距洞口 15.1m 后，主拉(压)应力的变化趋于平稳，即可认为隧道洞口段相对薄弱的部位是以洞口为起点，向洞身延伸 15.1m 的范围内。

图 4.30 和图 4.31 显示了两种减震措施单独使用或联合使用时，对减小衬砌拱顶、拱腰、边墙脚和仰拱中部主拉(压)应力所做的贡献沿距洞口距离的增大而变化的曲线，定义贡献率：

$$贡献率 = -1 \times \frac{\sigma_i - \sigma_0}{\sigma_0} \times 100\%$$

式中：

σ_i——第 i 个工况下衬砌监测点最大主拉(压)应力；

σ_0——无减震层、无抗震缝时衬砌监测点最大主拉(压)应力。

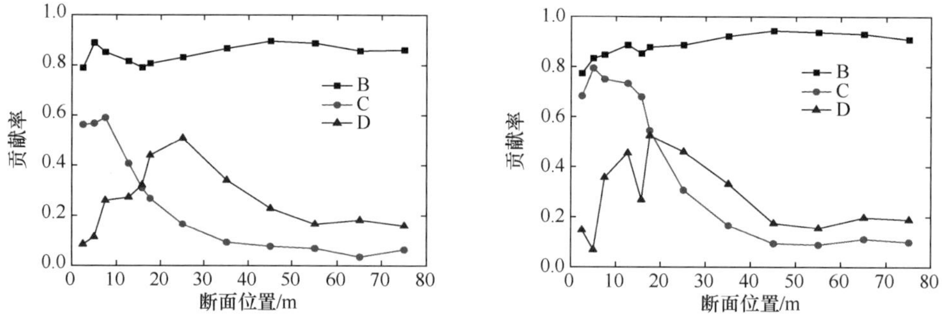

(a) 拱顶　　(b) 拱腰

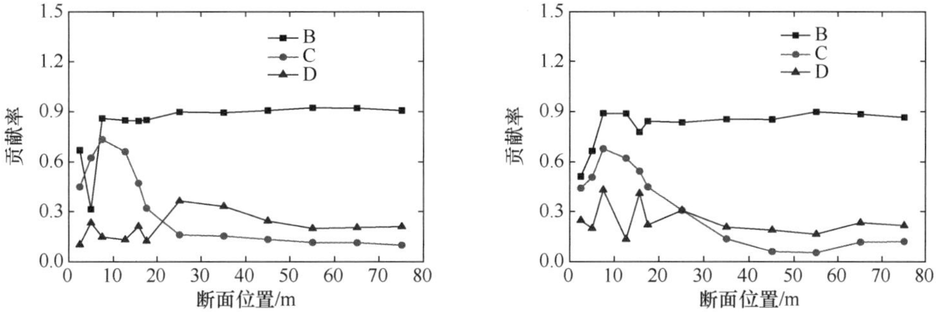

(c) 边墙脚　　(d) 仰拱中部

图 4.30　减震措施对减小衬砌主拉应力贡献率变化图

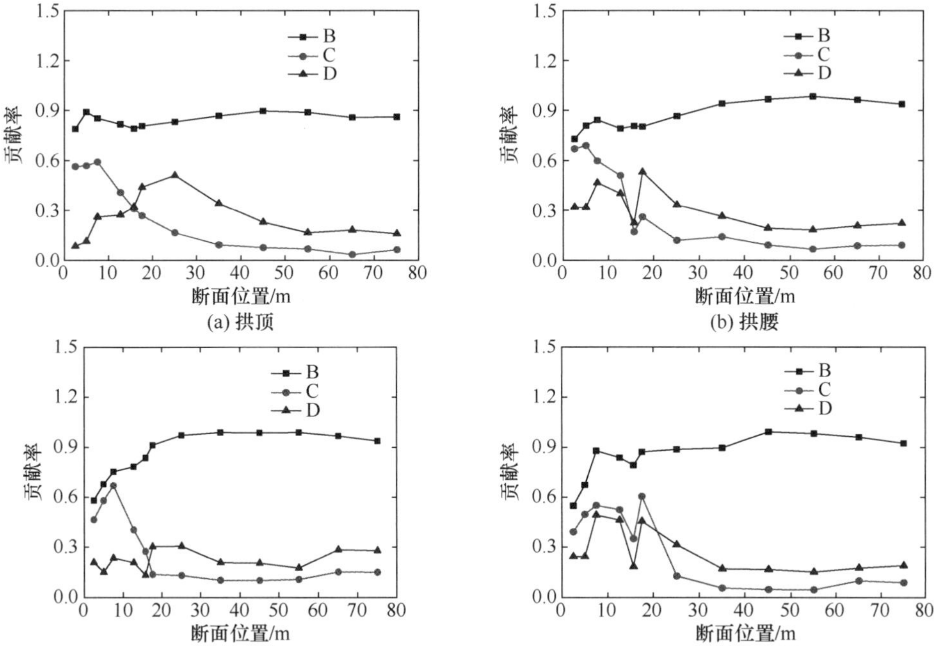

(a) 拱顶　　(b) 拱腰

(c) 边墙脚　　(d) 仰拱中部

图 4.31　减震措施对减小衬砌主压应力贡献率变化图

从图 4.30 和图 4.31 分析可知：单设减震层、单设抗震缝或两者都设置，均能有效减小衬砌拱顶、拱腰、边墙脚和仰拱中部所受的峰值主拉(压)应力，并且减震层和抗震缝同时设置时，对减小衬砌所受的峰值主拉(压)应力更为明显。随着至洞口距离的增加(即埋深的增加)，在埋深较浅的部位，减震层减震效果比抗震缝好，而随着埋深的增加，抗震缝的减震效果更为优异。大约在埋深小于 15m 时，减震层对减小衬砌所受的主拉(压)应力的贡献率大于抗震缝，在埋深大于 23m 时，抗震缝对减小衬砌所受的主拉(压)应力的贡献率大于减震层。

2. 位移分析研究

图 4.32～图 4.34 显示了无减震层、无抗震缝，有减震层、无抗震缝、无减震层、有抗震缝，有减震层、有抗震缝时衬砌拱顶、拱腰、边墙脚和仰拱中部 X 向、Y 向和 Z 向位移峰值沿隧道纵向的变化的规律。

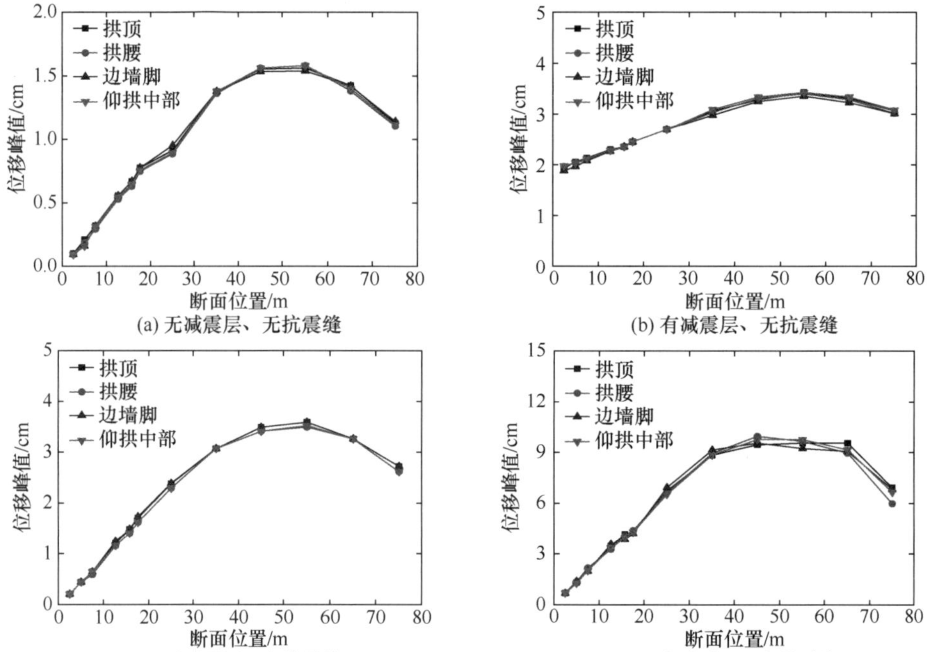

(a) 无减震层、无抗震缝　(b) 有减震层、无抗震缝

(c) 无减震层、有抗震缝　(d) 有减震层、有抗震缝

图 4.32　X 向位移峰值沿隧道纵向变化图

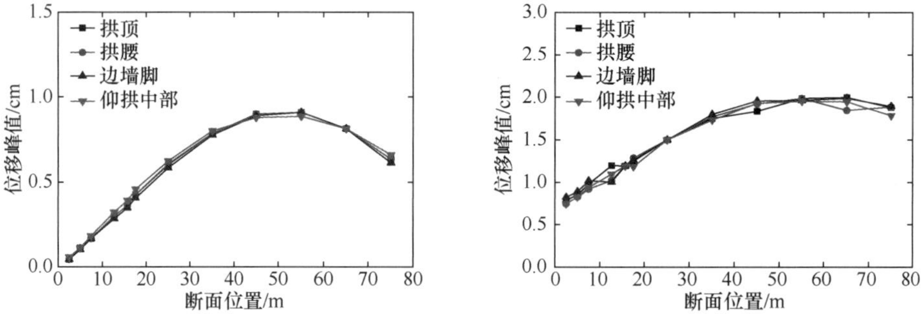

(a) 无减震层、无抗震缝　(b) 有减震层、无抗震缝

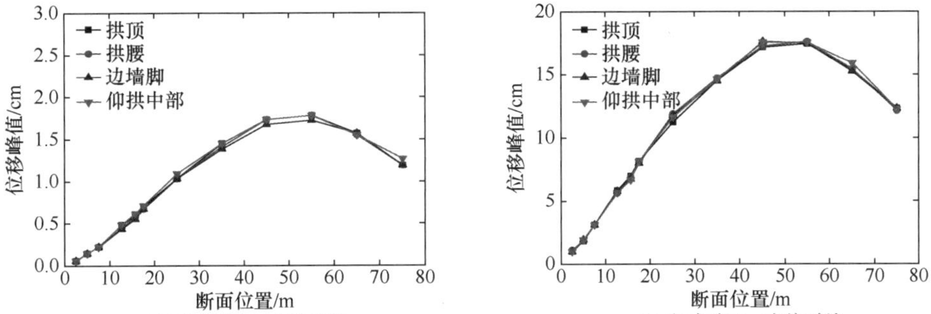

(c) 无减震层、有抗震缝 (d) 有减震层、有抗震缝

图 4.33 *Y* 向位移峰值沿隧道纵向变化图

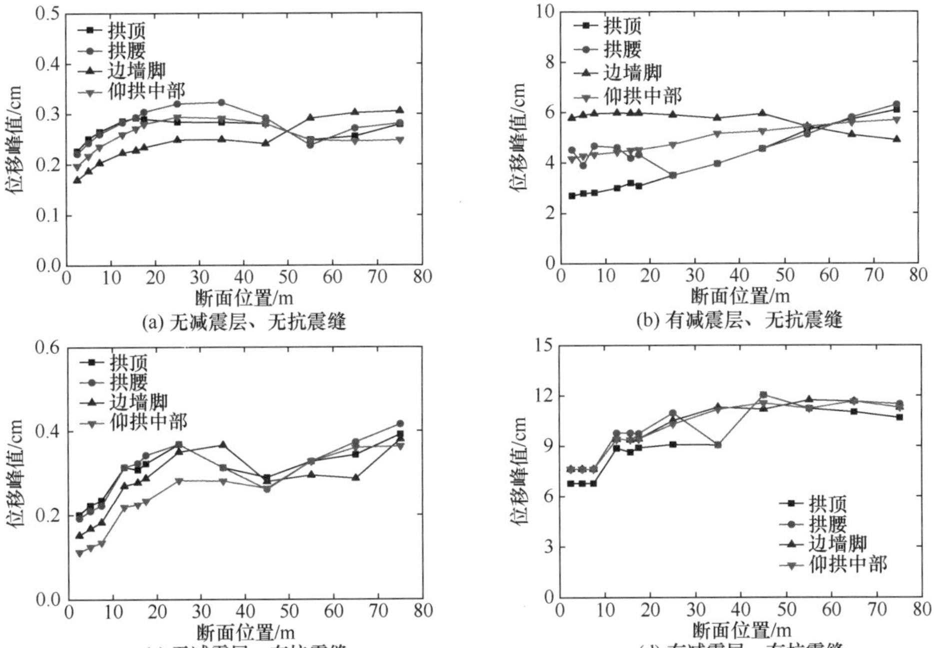

(a) 无减震层、无抗震缝 (b) 有减震层、无抗震缝

(c) 无减震层、有抗震缝 (d) 有减震层、有抗震缝

图 4.34 *Z* 向位移峰值沿隧道纵向变化图

分析图 4.32～图 4.34 可以发现，同一断面上衬砌拱顶、拱腰、边墙脚和仰拱中部横向、纵向和竖向位移峰值几乎重合，衬砌仅在 *Z* 向(即隧道纵向)的各监测点之间的相对位移差稍微偏大，最大相对位移差大约 2.92mm，说明无论有无减震层、有无抗震缝，衬砌在振动过程中基本只发生刚体位移，整体性较好。

图 4.35～图 4.37 显示了衬砌拱顶、拱腰、边墙脚和仰拱中部在四个工况下的横向、纵向和竖向位移峰值沿隧道纵向的变化规律。

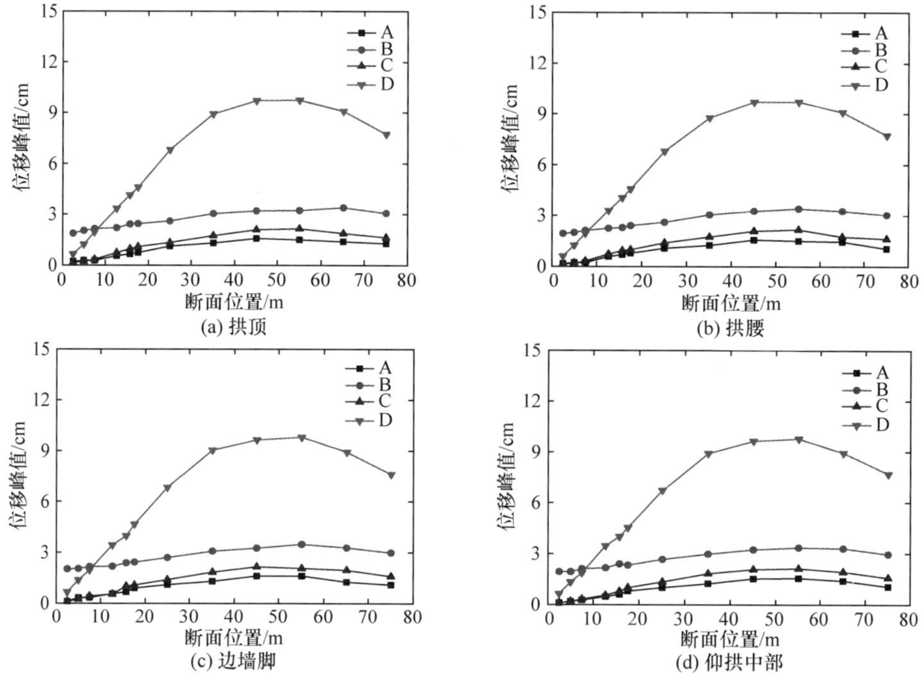

(a) 拱顶　(b) 拱腰
(c) 边墙脚　(d) 仰拱中部

图 4.35　拱顶 X 向位移沿隧道纵向变化图

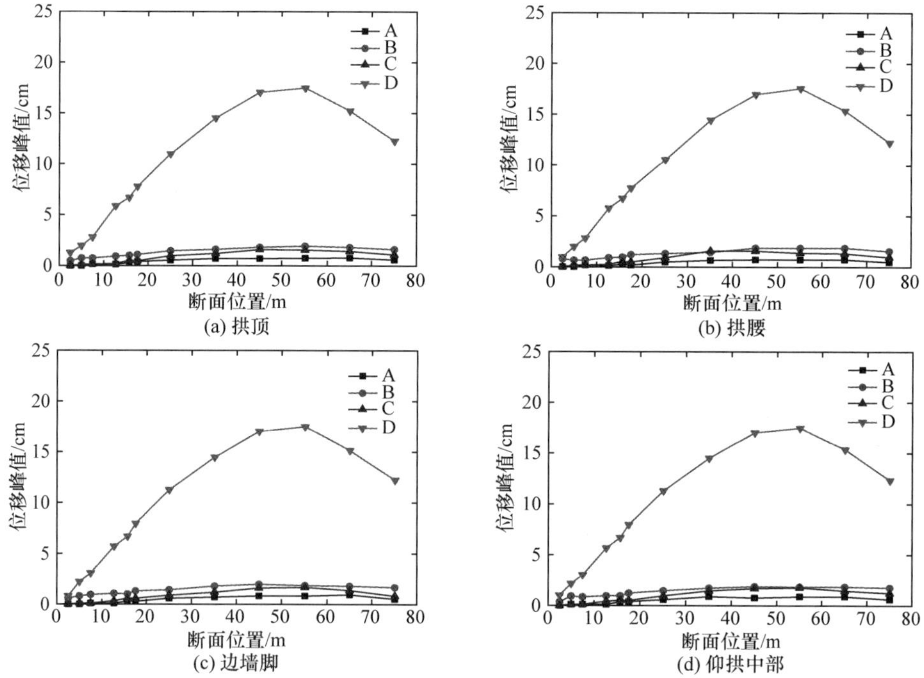

(a) 拱顶　(b) 拱腰
(c) 边墙脚　(d) 仰拱中部

图 4.36　拱顶 Y 向位移沿隧道纵向变化图

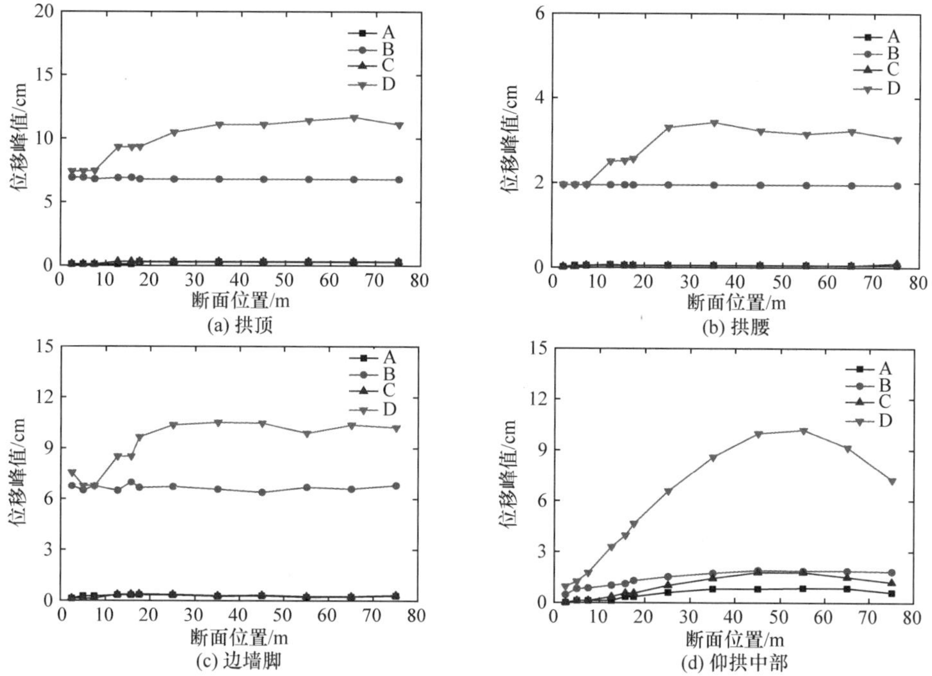

图 4.37 拱顶 Z 向位移沿隧道纵向变化图

从图 4.35～图 4.37 可以看出，减震层和抗震缝的存在将增大衬砌各监测点位移峰值，其中当同时设置减震层和抗震缝时，衬砌位移峰值增大最多，横向位移峰值的最大值达到近 10cm，竖向位移峰值的最大值达到近 18cm，纵向位移峰值的最大值达到 12cm；与单设抗震缝相比，单设减震层对衬砌各监测点位移的增大更为明显，其中，当单设减震层时，衬砌横向位移峰值的最大值可达 3.5cm，竖向位移峰值的最大值可达 1.95cm，纵向位移峰值的最大值可达 6.84cm，而单设抗震缝时，衬砌横向位移峰值的最大值可达 2.3cm，竖向位移峰值的最大值可达 1.75cm，纵向位移峰值的最大值可达 0.4cm。

通过振动台试验与有限元分析，可以得到衬砌结构在地震作用下结构弹塑性演变状态，通过测试试验结果可建立结构性能曲线(弹性-弹塑性-塑性)。

4.3 公路隧道地震破坏机制

现代试验测试技术、传感技术、本构理论的快速发展与成熟，为地下隧道结构的大比例相似模型试验乃至原型结构试验、多尺度非线性精细化数值模拟的地震混凝土结构的损伤破坏与震灾行为研究提供了保障。地下结构的地震破坏模式是位于地下结构周围的土体发生剪切变形继而使得结构产生层间相对位移，结构首先会发生弯曲破坏，位移继续发展，拱部和侧墙位置最终会发生拉伸破坏。

总结抗震领域学者在隧道地震作用下灾变形态及模式的研究上，将隧道地震动灾变模式分为两大类，即应力破坏型、结构破坏型，分类方式和各自的特点如图 4.38 所示。

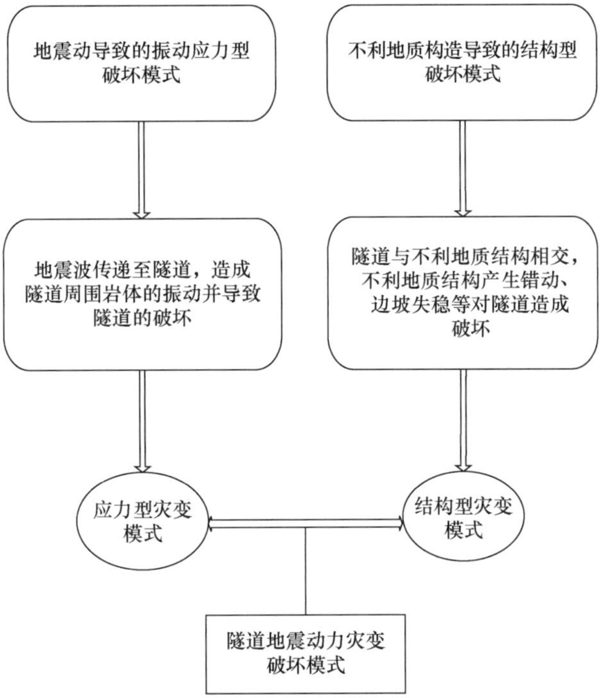

图 4.38　隧道动力灾变破坏模式

灾变过程是一个复杂的系统，影响因素较多，因此在宏观层面将地震灾变过程归纳为：在地震发生时，受地震波影响的围岩会产生较大的绝对位移和相对位移；在地震波的传播过程中，其对围岩会有剧烈的扰动作用，围岩中有的区域甚至会长时间处于弹塑性应力状态的交替性变化过程中继而引发围岩疲劳破坏；随着地震波作用时间的不断发展，围岩塑性应力不断地累积增加，最终对围岩材料造成永久性损伤，这不但降低了围岩的承载力，同时很大程度地影响了围岩的稳定性。一系列的响应打破原有的受力平衡体系，增加了衬砌结构受力，最终导致结构发生严重破坏，其破坏灾变机制如表 4.11 所示。

表 4.11　隧道结构地震破坏机制

破坏类型	破坏形态示意图	破坏机制	灾变模式
纵向开裂	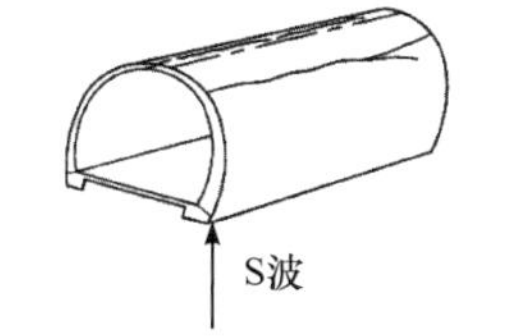	与隧道垂直方向的 S 波，导致衬砌 θ=45°位置产生纵向裂缝	应力型
	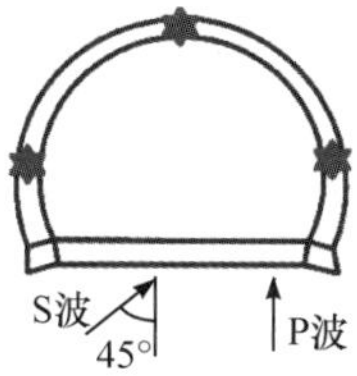	横向传播的 P 波或竖向传播的 S 波导致结构纵向裂缝	
环向裂缝	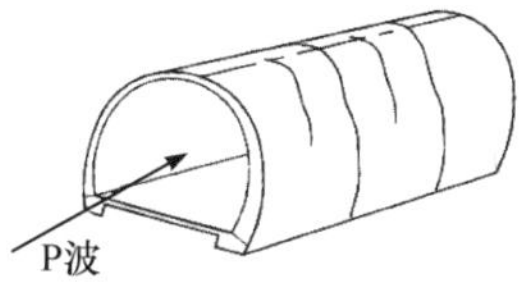	P 波沿隧道纵向传播，引起的施工缝间形成较大张力，导致产生环向裂缝	
路面隆起	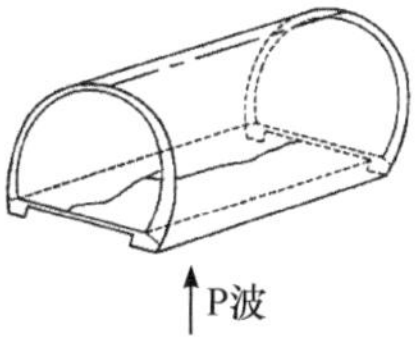	较高频率的 P 波导致隧道仰拱径向位移放大	
衬砌斜向裂缝	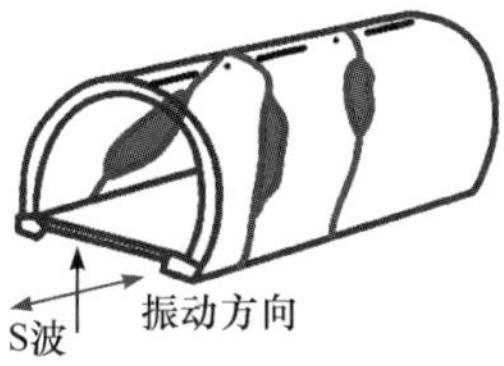	因地震波中沿轴向垂直传播的 S 波，衬砌环状斜向开裂	
	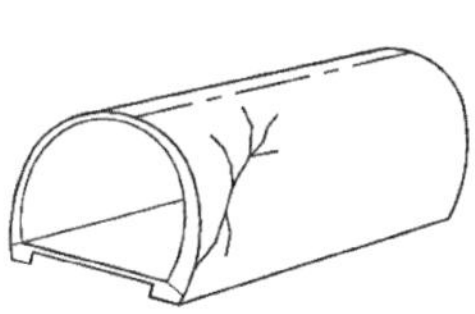	强烈的 P 波或轴向传播的 S 波竖向作用于隧道结构，从而引起衬砌结构随着周围岩体发生了竖向压缩与竖向拉伸两种变形，且交替变化	
洞口边坡坍塌破坏		洞口边坡失稳滑移，导致结构破坏失稳	结构型

续表

破坏类型	破坏形态示意图	破坏机制	灾变模式
剪切破坏	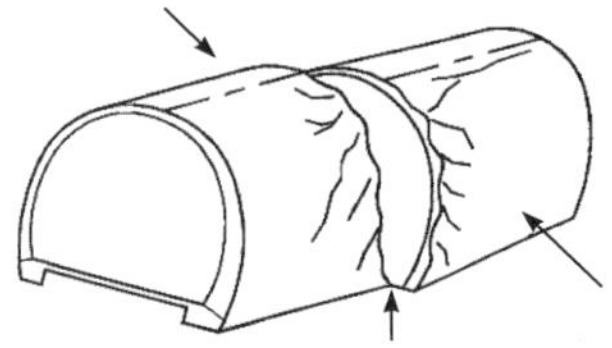	断层错动引起错动位移，最终使衬砌结构发生剪切破坏	结构型
侧壁向内挤出变形	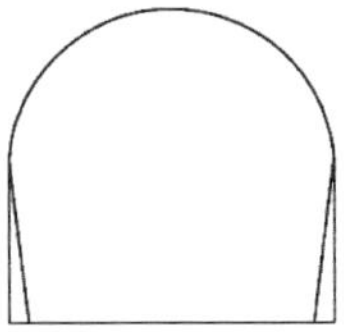	由地层条件变化大、刚度发生急剧变化、地层错动引起	

参 考 文 献

[1] Hashash Y M A, Hook J J, Schmidt B, et al. Seismic design and analysis of underground structures[J]. Tunnelling and Underground Space Technology, 2001, 16(4): 247-293.

[2] Gao B, Wang Z Z, Yuan S, et al. Lessons learnt from damage of highway tunnels in Wenchuan earthquake[J]. Journal of Southwest Jiaotong University, 2009, 44(3): 336-341, 374.

[3] Chen W Z, Song W P, Zhao W S, et al. Research progress of seismic analysis methods and performance evaluation in underground engineering[J]. Chinese Journal of Rock Mechanics and Engineering, 2017, 36(2): 310-325.

[4] Wang S S, Gao B, Sui C Y, et al. Mechanism of shock absorption layer and shaking table tests on shaking absorption technology of tunnel across fault[J]. Chinese Journal of Geotechnical Engineering, 2015, 37(6): 1086-1092.

[5] Tabatabaiefar H R. Development of synthetic soil mixture for experimental shaking table tests on building frames resting on soft soils[J]. Geomechanics and Geoengineering, 2017, 12(1): 28-35.

[6] Pao Y H, Mow C C, Achenbach J D. Diffraction of elastic waves and dynamic stress concentrations[J]. Journal of Applied Mechanics, 1973, 40(4): 872.

[7] Davis C A, Lee V W, Bardet J P. Transverse response of underground cavities and pipes to incident SV waves[J]. Earthquake Engineering & Structural Dynamics, 2001, 30(3): 383-410.

[8] Lee V W, Trifunac M D. Response of tunnels to incident SH-waves[J]. Journal of the Engineering Mechanics Division, 1979, 105(4): 643-659.

[9] Lee V W, Cao H. Diffraction of SV waves by circular canyons of various depths[J]. Journal of Engineering Mechanics, 1989, 115(9): 2035-2056.

[10] Wang S S, Gao B. Damping mechanism and shaking table test on mountain tunnel linings with buffer layers[J]. Chinese Journal of Rock Mechanics and Engineering, 2016, 35(3): 592-603.

[11] Ji X D, Liang J W, Yang J J. On dynamic stress concentration of an underground cylindrical lined cavity subjected to incident plane P and SV waves[J]. Journal of Tianjin University, 2006, 39(5): 511-517.

[12] Zhong Q K. Dynamic response analysis of underground cylindrical composite-lining cavern subjected to seismic waves[D]. Changsha: Hunan University, 2009.
[13] Yakovlevich D I, Borisovna M J. Behavior of tunnel liner model on seismic platform[C]. Symposium on Earthquake Engineering, 1978, (1): 379-382.
[14] Okamoto S. Introduction to Earthquake Engineering[M]. 2nd ed. Tokyo: University of Tokyo Press, 1984.
[15] Hashash Y M A, Hook J J, Schmidt B, et al. Seismic design and analysis of underground structures[J]. Tunnelling and Underground Space Technology, 2001, 16(4): 247-293.
[16] Rabeti M M, Beziar M H. Seismic ground motion amplification pattern induced by a subway tunnel: Shaking table testing and numerical simulation[J]. Soil Dynamics and Earthquake Engineering, 2016, 83: 81-97.
[17] Wang G B, Yuan M Z, Miao Y, et al. Experimental study on seismic response of underground tunnel-soil-surface structure interaction system[J]. Tunnelling and Underground Space Technology, 2018, 76: 145-159.
[18] Yuan Y, Yu H T, Li C, et al. Multi-point shaking table test for long tunnels subjected to non-uniform seismic loadings—Part I: Theory and validation[J]. Soil Dynamics and Earthquake Engineering, 2016, 108: 177-186.
[19] Zhang J, He C, Geng P, et al. Shaking table tests on longitudinal seismic response of shield tunnel through soft-hard stratum junction[J]. Chinese Journal of Geotechnical Engineering, 2017, (1): 68-77.
[20] Cui G Y, Wu X G, Wang M N, et al. Model tests on damping of shock absorption layer of stick-slip fracture tunnel in highly seismic areas[J]. Chinese Journal of Geotechnical Engineering, 2017, 39(11): 2125-2131.
[21] 范凯祥, 申玉生, 高波, 等. 穿越软硬围岩隧道设置减震层振动台试验研究[J]. 土木工程学报, 2019, 52(9): 109-120, 128.
[22] 闫高明, 申玉生, 信春雷. 衬砌背后空洞对隧道地震响应影响的振动台试验研究[J]. 岩石力学与工程学报, 2019, 38(12): 2491-2501.
[23] 刘吉. 黄草坪 2～#隧道地震动力响应的物理模拟试验初步研究[D]. 成都: 成都理工大学, 2007.

第 5 章　基于性能的隧道抗震设防标准

性能抗震设计的目的在于既能有效减轻隧道工程的地震破坏、人员伤亡、经济损失，又能合理地使用资金，保障结构在地震作用下的使用功能[1]。明确不同隧道结构的使用功能，据此提供隧道结构性能化抗震设计所需要的结构抗震设防类别与标准，是性能抗震设计的出发点。

5.1　抗震设防分类

5.1.1　抗震设防分类演变

目前，在我国建筑物的发展中，建筑物重要性类别的发展历程实际上是抗震设计规范发展过程的体现，世界上其他国家同样也是按照建筑物的重要性来确定建筑物所对应的设防标准的。迄今为止，建筑抗震设计规范经历了五个阶段，颁布了五部抗震设计规范，各类建筑的分类标准如表 5.1 所示[2,3]。同时，我国公路工程建设范围也经历了三个阶段的发展，即《公路工程抗震设计规范》[4](JTJ 004—1989)、《公路桥梁抗震设计细则》[5](JTG/T　B02-01—2008)、《公路工程抗震规范》(JTG B02—2013)[6]。

表 5.1　各类建筑的分类标准

规范	建筑物重要性分类			
	甲类	乙类	丙类	丁类
《建筑抗震设计规范》(GB 50011—2010)	如遇由于地震而导致特殊要求的建筑发生严重后果，必须经国家规定的批准权限批准	属于生命线工程、国家重点抗震城市的建筑	甲、乙、丁类以外的建筑	遇地震不易造成人员伤亡或较大损失的次要建筑
《建筑工程抗震设防分类标准》(GB 50233—2008)	有特殊要求的建筑，发生地震后对国民经济有巨大损失，对社会有严重影响	地震破坏时对国民经济有重大损失，对社会有重大影响，使用功能需要保持或尽快恢复	地震破坏后有一般影响及不属于甲、乙、丁类的建筑	地震破坏对社会影响及经济损失轻微、倒塌时对各类建筑不会产生影响的建筑，一般是指人员活动出入少，所放置物价值低的仓库
《建筑抗震设计规范》(2016 年版)(GB 50011—2010)	重大工程或地震时可能发生严重次生灾害的建筑	地震时使用功能需保持或尽快恢复的建筑	除甲、乙、丁类以外的一般建筑	抗震次要建筑

为了控制建筑物在地震中的破坏程度，需要考虑结构在震后对经济、政治和社会的影响，按照结构的重要性采取相对应的抗震策略。《公路工程抗震设计规范》(JTJ 004—1989)提出了烈度的设计概念，对于新建的 7～9 度设计烈度的二级、三级和四级公路以及改建的工程项目都具备良好的适用性。构筑物及公路在规范中依据设防目标被分为两大类，这两类所容许的破坏程度依次是“略有损坏或遭破坏”和“基本不坏或略有损坏”，其所对应的设防目标自然也不相同，分别为“一般整修或短期抢修”和“不需维修或一般维修”，但该规范未包括隧道。

20 世纪 80 年代中期，我国通过吸取唐山大地震的经验，编写了《公路工程抗震设计规范》(JTJ 004—1989)，规范中只使用了一阶段设计和一水平设防。规范适用条件是：新改建的各等级公路的山岭隧道工程的抗震设计。规范依据路线等级及构筑物的重要性、在受到破坏后修复的难易程度进行抗震设防分类，见表 5.2。

表 5.2　公路工程抗震设防分类及重要性系数

路线等级及构造物	重要性系数
高速公路和一级公路上的抗震重点工程	1.7
高速公路和一级公路的一般工程，二级公路上的抗震重点工程，二、三级公路上桥梁的梁端支座	1.3
二级公路的一般工程、三级公路上的抗震重点工程、四级公路上桥梁的梁端支座	1.0
三级公路的一般工程、四级公路上的抗震重点工程	0.6

《公路隧道抗震及减震技术设计指南》[7]中对山岭公路隧道抗震设防标准进行了规定。根据公路隧道所属道路在整个路网规划中的定位及抗震救灾中的作用，其抗震设防类别按表 5.3 分为三类。

表 5.3　公路隧道抗震设防类别及重要性系数

抗震设防类别	适用范围	重要性系数
A 类	国道上的公路隧道	1.35
B 类	省道上的公路隧道	1.2
C 类	县、乡道路上的公路隧道，平导、斜井等辅助坑道	1.0

《城市轨道交通结构抗震设计规范》(GB 50909—2014)将城市轨道交通结构划分为特殊设防类、重点设防类、标准设防类三个抗震设防类别[8]，具体分类方法如下。

(1) 特殊设防类(甲类)：大跨度桥梁和日平均客流量超过 50 万人次的车站主体结构。在地震作用下抗震设防的要求需要满足国务院地震工作主管部门所提出的设防要求，同时要比本地区抗震设防要求高。

(2) 重点设防类(乙类)：高架区间结构、区间隧道结构(包括高架车站和地下车站的主体结构)主要属于非特殊设防类。

(3) 标准设防类(丙类)：根据《中国地震动参数区划图》(GB 18306—2015)所提供的本地区抗震设防要求来确定其地震作用，此法不适用于甲、乙两类轨道交通结构。

在隧道与地下工程抗震领域，日本具有较为完善的标准和丰富的工程经验，日本将隧道功能分为四类，具体见表 5.4。

表 5.4　隧道功能划分(使用条件)和容许受损度(性能要求)的关系

隧道功能划分	容许受损度(性能要求)
类型 I	①经常使用；②修复/加固时影响使用；③作为社会资源，该隧道停止使用后会造成重大社会经济损失，如铁路、公路
类型 II	①只有特定少数人群下井；②修复/加固时会影响使用，如下水道、地下河流、共同沟(电力、通信)
类型 III	①只有特定少数人群下井；②修复/加固时不会影响使用，如电力、通信、煤气(共同沟、下水道)
类型 IV	①隧道内部管道施工后形成填充结构，投入使用后人无法下井；②不需要从隧道内进行修复/加固(由于是填充结构隧道，一般不可行)，如煤气、上水道(电力、通信)

5.1.2　公路隧道抗震设防分类

为了提高建设大型水下隧道和特长隧道抗震设计的操作性，需要对隧道抗震设防重要性分类进行修改。在总结建筑、桥梁、公路工程、轨道交通等领域的抗震设防分类的基础上，建议将其分为四类，见表 5.5，其中：

(1) 抗震设防 I 类，重要性高的大型水下隧道；

(2) 抗震设防 II 类，包括重要性低的水下隧道，以及在《公路工程抗震设计规范》(JTJ 004—1989)A 类和 B 类中的重要隧道；

(3) 抗震设防 III 类，包括重要的辅助通道，以及在《公路工程抗震设计规范》(JTJ 004—1989)B 类中的一般隧道和 C 类中的重要隧道；

(4) 抗震设防 IV 类，包括非重要的辅助通道，以及在《公路工程抗震设计规范》(JTJ 004—1989)中的 D 类隧道。

对于在地震动峰值加速度大于或等于 0.20g 的特殊地区，可将对抗震救灾以及在经济、国防上具有重要意义的公路隧道，或地震破坏后修复(或短时间修复后继续通行)困难的公路隧道指定为生命线工程，可申请国家批准的权限，在报请批准后便可适当提高抗震设防类别。

表 5.5　各公路隧道抗震设防类别适用范围

抗震设防类别	适用范围
I	国家干线公路上的长、特长水下隧道
II	国家干线公路中、短水下隧道；高速公路隧道与一级公路隧道；连拱隧道；三车道及以上跨度的公路隧道；特长公路隧道(长度大于等于 3000m)；地下风机房
III	双车道的二级公路隧道；双车道的三级公路隧道；四级公路上长度大于 1000m 的隧道；斜井、竖井及联络风道等通风构造物
Ⅳ	四级公路上长度小于等于 1000m 的中短隧道；施工辅助通道如平行导坑、斜井和竖井等

5.2　设 防 水 准

通过研究国内外隧道抗震设计的方法，保证与现行规范在隧道抗震设计方法的一致性和良好的延续性，以及考虑到与目前通行的《公路隧道设计细则》(JTG/T D70—2010)在隧道抗震设计方法上的统一性，本书建议对隧道抗震采用二水准设防，E1 为弹性设防，E2 为弹塑性设防。现行《中国地震动参数区划图》(GB 18306—2015)中定义“小震、中震、大震”地震动参数采用了 50 年设计基准期不同超越概率：基本地震动相应于 50 年超越概率为 10%的地震动；多遇地震动相应于 50 年超越概率为 63%的地震动；罕遇地震动相应于 50 年超越概率为 2%的地震动。按照《公路工程抗震设计规范》(JTJ 004—1989)的重要性系数和综合影响系数计算出的地震动参数，最终确定不同设防水准、地震动参数与重现期之间的关系，见表 5.6。

表 5.6　两水准设防与地震动参数、重现期的对应关系

抗震设防类别	E1 地震作用的地震动参数	E2 地震作用的地震动参数	E1 地震作用的重现期/年	E2 地震作用的重现期/年
I	1.0*A*	1.7(1.4)*A*	475	2075(1150)
II	0.43*A*	1.3(1.7)*A*	75	945(2075)
III	0.34*A*	1.0*A*	50	475
IV	0.26*A*	—	30	—

注：*A* 为地震动峰值加速度。

据此，对于 E1 地震作用的抗震设计，应用弹性设计抗震方法并取消综合影响系数是合理的，该设计方法可通过引入不同的重要性系数来调整设计地震动参数。本书提出的建议对于 I 类隧道，通过对国内外盾构、明挖及港珠澳沉管隧道抗震设计进行研究并保证较高的抗震设防水平，确定其重要性系数取 1.0，控制其设计地震动为 50 年超越概率 10%，重现期大约为 475 年；II 类隧道的重要性系数取 0.43，设计地震动重现期为 75 年；III 类隧道的重要性系数取 0.34，设计地震动重现期为 50 年；IV 类隧道的重要性系数取 0.26，设计地震动重现期为 30 年。

对于 E2 地震作用的抗震设计，建议划分 I、II、III 三类隧道，I 类隧道重要性系数取 1.7，对应重现期为 2000 多年，其中沉管隧道例外，其重要性系数取 1.4，设计地震动重现期大约为 1160 年，对于 I 类隧道重要性系数和重现期的确定，主要是参考了国内外大型水下隧道设计资料，其抗震设防的标准是：盾构隧道设计地震动为 50 年超越概率 2%，重现期约为 2475 年，钻爆法隧道与此相同；沉管隧道设计地震动范围为 100～120 年的超越概率为 10%，重现期为 950～1140 年。II、III 类隧道重要性系数的取值和《公路工程抗震设计规范》(JTJ 004—1989)基本相同，II 类隧道重要性系数为 1.3，设计地震动的重现期大约为 1000 年；III 类隧道重要性系数为 1.0，设计地震动的重现期大约为 475 年。另外，根据国内外对盾构和明挖抗震设计的要求，E2 地震作用采用 50 年超越概率 2%设计地震动，重现期为 2475 年左右，因此对于 II 类盾构隧道抗震重要性系数取 1.7，重现期为 2000 多年，明挖隧道与此相同。

5.3 公路隧道结构抗震性能划分及目标

5.3.1 现行规范的设防目标

1. 《公路工程抗震设计规范》(JTJ 004—1989)

《公路工程抗震设计规范》(JTJ 004—1989)在设计中存在着一个比较大的缺陷，即由于其仅采用一阶段设计方法，依靠设置综合影响系数来折减地震力，随后进行弹性抗震设计，在这种情况下可以允许结构进入塑性阶段，但是在规范中没有弹塑性抗震设计的相关说明，结构弹塑性变形性能没有相关要求。也就是说，按照《公路工程抗震设计规范》(JTJ 004—1989)设计只能验算隧道是否满足了“无损坏或轻微破坏、一般整修”的抗震设防目标；如果满足，就默认结构能够满足隧道“中等破坏、短期抢修或非严重破坏、不坍塌”的抗震设防目标。

2. 《公路隧道设计细则》(JTG/T D70—2010)[9]

《公路隧道设计细则》(JTG/T D70—2010)综合了国内外在桥梁、隧道方面的抗震研究成果，对山岭公路隧道抗震设计进行了规定[9]。首先，按照隧道结构安全等级提出了抗震设防目标，且列举细致，操作性强，见表 5.7 和表 5.8。隧道结构安全等级集中体现了结构的重要性和破坏后的影响程度，与前述的抗震设防分类在划分指标上基本相同。设防水平也分为三类：不坏、可修、不塌。

表 5.7　各设防类别公路隧道的抗震设防目标

抗震设防类别	设防目标	
	E1 地震作用	E2 地震作用
一级	一般不受破坏或不修复即可使用(不坏)	可发生局部轻微损伤破坏，不维修或简单加固后可使用(可修)
二级	一般不受破坏或不修复即可使用(不坏)	应保证不致坍塌，经临时加固可供维持应急通行(不塌)
三级	一般不受破坏或不修复即可使用(不坏)	—

表 5.8　公路隧道结构的安全等级

安全等级	类型	适用对象
一级	重要	①高速公路隧道与一级公路隧道；②连拱隧道；③三车道及以上跨度的公路隧道；④特长公路隧道(长度大于等于 3000m)；⑤地下风机房
二级	一般	①双车道的二级公路隧道；②双车道的三级公路隧道；③四级公路上长度大于 1000m 的隧道；④通风构造物如斜井、竖井及联络风道等
三级	次要	①四级公路上长度小于等于 1000m 的中短隧道；②施工辅助通道如平行导坑、斜井和竖井等

3. 《铁路工程抗震设计规范》(GB 50111—2006)[10]

该规范使用范围：铁路工程的线路，包括其路基、挡土墙的抗震设计以及桥梁、隧道等工程的抗震设计。结合工程结构的功能及特点对客运专线铁路开展抗震设计，并在本规范标准上给予适当加强。铁路工程相关的构筑物以地震动水准依据对其设计抗震设防目标，具体见表 5.9。

表 5.9　铁路工程构筑物抗震设防目标法

地震动水准	多遇地震	设计地震	罕遇地震
构筑物	桥梁	路基、挡土墙、隧道、桥台，以及桥梁上、下部结构连接构造	采用钢筋混凝土桥墩的桥梁
设防目标	抗震性能要求 I	抗震性能要求 II	抗震性能要求 III

(1) 性能要求 I：地震发生后结构物没有破坏或轻微破坏，具有正常使用功能；结构处于弹性工作阶段。

(2) 性能要求 II：地震发生后结构物可能破坏或短时间维修后能正常使用；结构整体处于非弹性工作阶段。

(3) 性能要求 III：地震发生后结构物可能会出现较大的破坏，但没有整体倒塌，经短时间维修后可以限速通行；结构处于弹塑性工作阶段。

4. 《城市轨道交通结构抗震设计规范》(GB 50909—2014)[8]

抗震性能要求在《城市轨道交通结构抗震设计规范》(GB 50909—2014)中被分成以下三个等级(表 5.10)。

(1) 性能要求 I：地震发生后没有破坏或轻微破坏，具有正常的使用功能；交通结构处于弹性工作阶段；结构的变形不应该引起交通轨道发生过大变形，因为轨道的过大变形将影响行车安全。

(2) 性能要求 II：地震发生后可能会受到破坏，通过短时间的维修能够保持其正常的使用功能；结构局部进入弹塑性工作阶段。

(3) 性能要求 III：地震发生后可能会受到较大破坏，但不应该出现局部或整体倒塌，结构处于弹塑性工作阶段。

表 5.10　城市轨道交通地下结构抗震设防目标

地震动水准		抗震设防类别	结构抗震性能要求
等级	重现期/年		
E1	100(100 年超越概率 63%)	甲类、乙类、丙类	I
E2	475(50 年超越概率 10%)	甲类、乙类、丙类	II
E3	2450(50 年超越概率 2%)		

与公路隧道相比，城市轨道交通结构的重要性更高，其设防标准也高于公路隧道。在不同等级地震作用下的抗震性能要求应符合表 5.11 的规定。

表 5.11　各设防类别公路隧道的抗震设防目标

抗震设防类别	设防目标		
	小震	中震	大震
I	—	不破坏或不需修理便可继续使用，结构处于弹性工作阶段(性能要求 1)	可发生局部轻微损伤破坏，不需维修或简单加固后可继续使用，结构处于局部弹塑性工作阶段(性能要求 2)

续表

抗震设防类别	设防目标		
	小震	中震	大震
II、III	没有破坏或不用修理便可继续使用，结构处于弹性工作阶段(性能要求 1)	可发生局部轻微损伤破坏，不需维修或简单加固后可继续使用，结构处于局部弹塑性工作阶段(性能要求 2)	可能产生严重损伤破坏，但不应出现局部或整体坍塌，经临时加固可供维持应急交通使用，结构整体处于弹塑性工作阶段(性能要求 3)
IV	不破坏或不需修理便可继续使用，结构处于弹性工作阶段(性能要求 1)	—	—

5.3.2　抗震性能水平与性能目标

我国抗震设防总体目标是“小震不坏、中震可修、大震不倒”。按照其设防思想，将公路隧道性能水平划分为不破坏、中等破坏和严重破坏三个性能水平，确定的不同抗震设防类别下的设防目标如表 5.11 所示。

《公路隧道抗震设计规范》(JTG 2232—2019)中抗震设防目标对 IV 类隧道在 E1 地震作用进行了提高，主要是因为低等级公路隧道的震害比高等级公路隧道严重，而且低等级公路隧道往往处于生命线公路上。其中，抗震设防目标的主要调整为将抗震重要性系数从 0.15 增大到 0.26，其地震作用重现期延长了大约 17 年。

因此，最终采用的各类隧道的抗震设防目标和抗震重要性系数按表 5.12 和表 5.13 确定。

表 5.12　各设防类别公路隧道的抗震设防目标

抗震设防类别	设防目标	
	E1 地震作用	E2 地震作用
I	地震后不破坏或不需修理便可继续使用，结构处于弹性工作阶段；不应因结构变形而影响行车安全	地震后可发生局部轻微损伤破坏，不需维修或简单加固后可继续使用，结构局部进入弹塑性工作阶段
II、III	地震后不破坏或不需修理便可继续使用，结构处于弹性工作阶段；不应因结构变形而影响行车安全	地震后可能产生严重损伤破坏，但不应出现局部或整体坍塌，经临时加固可供维持应急交通使用，结构处于弹塑性工作阶段
IV	地震后不破坏或不需修理便可继续使用，结构处于弹性工作阶段；不应因结构变形而影响行车安全	—

表 5.13 各类隧道的抗震重要性系数

抗震设防类别	E1 地震作用	E2 地震作用
I	1.0	1.7(1.4*)
II	0.43	1.3(1.7**)
III	0.34	1.0
IV	0.26	—

* 抗震重要性系数对于沉管隧道取值为 1.4；** 抗震重要性系数对于明挖和盾构隧道取值为 1.7。

所采用的抗震设计方法为两水平设防、两阶段设计，与《公路工程抗震设计规范》(JTJ 004—1989)具有较大改变：在第一阶段抗震设计中，对应 E1 地震作用的抗震设计，主要应用弹性抗震设计方法；在第二阶段抗震设计中，重新考虑了对结构弹塑性变形能力的设计标准，即应用了 E2 地震作用的抗震设计，进行抗坍塌验算。

由表 5.14～表 5.16 可知，《公路工程抗震设计规范》(JTJ 004—1989)规定当 I 类隧道的重现期为 75 年时，对应的设计地震动参数为 0.426A，而由重要性系数和综合影响系数得到的设计地震动参数范围在 0.34A～0.425A；当 II 类隧道的重现期为 50 年时，对应的设计地震动参数为 0.34A，而由重要性系数和综合影响系数得到的设计地震动参数范围在 0.26A～0.325A；当 III 类隧道的重现期为 30 年时，对应的设计地震动参数为 0.255A，而由重要性系数和综合影响系数得到的设计地震动参数范围在 0.20A～0.25A；当 IV 类隧道的重现期为 13 年时，对应的设计地震动参数为 0.15A，而由重要性系数和综合影响系数得到的设计地震动参数范围在 0.12A～0.15A。

表 5.14 由《公路工程抗震设计规范》(JTJ 004—1989)的重要性系数和综合影响系数计算出的地震动参数

综合影响系数	重要性系数			
	1.7	1.3	1.0	0.6
0.20	0.34A	0.26A	0.20A	0.12A
0.25	0.425A	0.325A	0.25A	0.15A

注：A 为设计基本地震加速度峰值。

表 5.15 对应不同重要性系数和综合影响系数的重现期(单位：年)

综合影响系数	重要性系数			
	1.7	1.3	1.0	0.6
0.20	50	31	21	10
0.25	75	46	29	13

表 5.16　只考虑重要性系数时设计地震的重现期

重要性系数	年超越概率/%	重现期/年	重要性系数	年超越概率/%	重现期/年
1.7	0.048	约 2033	1.0	0.210	475
1.4	0.086	约 1160	0.6	0.673	148
1.3	0.106	约 950	—	—	—

参 考 文 献

[1] 林志, 陈相. 基于性能的公路隧道抗震设防标准研究[J]. 现代隧道技术, 2016, 53: 9-15.
[2] 周定松. 钢筋混凝土框架结构基于性能的抗震设计方法[D]. 上海: 同济大学, 2004.
[3] 谢礼立, 马玉宏, 翟长海. 基于性态的抗震设防与设计地震动[M]. 北京: 科学出版社, 2009.
[4] 交通部公路规划设计院. 公路工程抗震设计规范[S]. JTJ 004—1989. 北京: 人民交通出版社, 1990.
[5] 中华人民共和国交通运输部. 公路桥梁抗震设计细则[S]. JTG/T B02-01—2008. 北京: 人民交通出版社, 2008.
[6] 中交路桥技术有限公司. 公路工程抗震规范[M]. 北京: 人民交通出版社, 2014.
[7] 四川省交通运输厅公路规划勘察设计研究院. 公路隧道抗震及减震技术设计指南[S]. 成都: 四川省交通运输厅公路规划勘察设计研究院, 2012.
[8] 中华人民共和国住房和城乡建设部. 城市轨道交通结构抗震设计规范[S]. 北京: 中国计划出版社, 2014.
[9] 中交第二公路勘察设计研究院有限公司. 公路隧道设计细则[S]. JTG/T D70—2010. 北京: 人民交通出版社, 2010.
[10] 中华人民共和国建设部. 铁路工程抗震设计规范[S]. GB 50111—2006. 北京: 中国计划出版社, 2006.

第 6 章　隧道衬砌结构抗震性能水平与指标

结构性能化抗震设计方法是结构使用功能和结构性能两者的融合，其核心是将结构的弹塑性状态与其量化的性能指标相互关联。在该领域的性能化指标选取方面已有大量研究[1-8]：对于地面框架结构选取了层间位移角作为其量化性能指标；在地下与隧道工程的大型地下车站方面，由于其结构形式为矩形断面，因此选取层间位移角作为抗震性能指标；在轨道交通中的盾构隧道，选取其直径变形率为抗震性能指标控制值。然而，对于大量的公路拱形断面(马蹄形)，其抗震性能指标的研究较少。因此，本章借鉴其他领域的性能化抗震设计方法，在其结构灾变模式的基础上，对公路隧道拱形断面抗震性能指标进行研究，并建立其性能化抗震设计方法。

6.1　拱形断面公路隧道横断面抗震分析

6.1.1　不同埋深的影响

1. 模型参数选取

不同埋深往往对隧道结构的作用效果不尽相同，为了研究不同埋深下隧道结构的工作性能，故选取分析范围 120m×1m×80m 的分析模型。埋深的工况设计以隧道的高度为基数，取其 0.5H、1H、1.5H、3H、5H 为埋深值，对应的具体埋深为 5m、10m、15m、30m、50m。材料模型参数仍采用第 4 章分析的材料参数，土体为 Mohr-Coulomb 本构模型、混凝土采用损伤本构模型。本次分析选择 Pushover 法，分析中的目标位移取值为 17.89cm(0.4g)，监测点布置如图 6.1 所示，

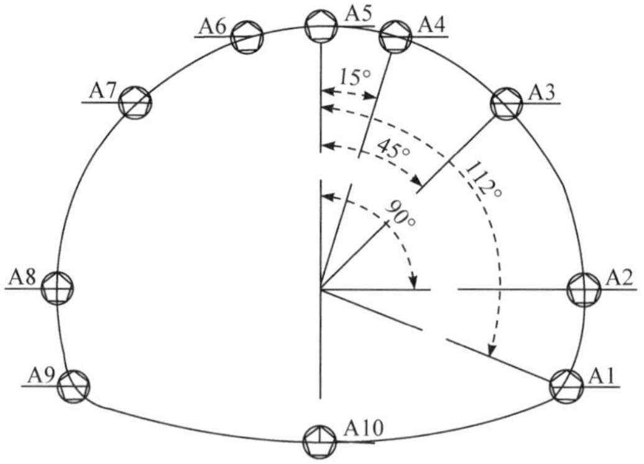

图 6.1　隧道断面监测点布置

建立的有限元模型如图 6.2 所示，隧道衬砌配筋图如图 6.3 所示，钢筋的力学性能参数如表 6.1 所示。

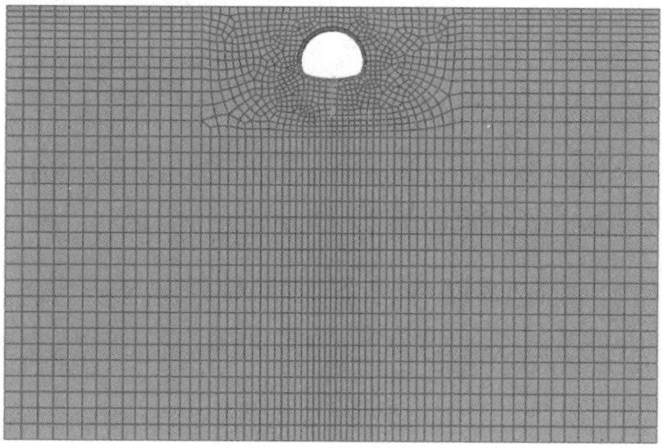

图 6.2　有限元模型(0.5*H*)

图 6.3　隧道衬砌配筋图

表 6.1　钢筋的力学性能参数

型号	直径/mm	弹性模量/GPa	密度/(kg/m^3)	泊松比	屈服强度/MPa	极限强度/MPa
HRB400	22	200	7900	0.3	400	540

2. 结果分析

对不同埋深的 Pushover 分析数据进行整理和汇总，其结果如图 6.4 和图 6.5 所示。分析不同工况的结果可知：结构性能曲线的形式是一致的，都呈现出先增加后减小的趋势，伴随着结构的损伤引起刚度降低，从而引起承载力下降，同时也体现了 Pushover 法在地下结构抗震分析中的适用性。

隧道埋深对结构受力的影响还是比较明显的，特别是在浅埋时，地震放大作用较大，结构受力也随之增加，在本次分析中也很好地体现了该变化特征，随着埋深的增加，控制断面的最大应力稍有增加，但埋深达到 30m 时，控制断面的最大应力出现降低，究其原因是隧道埋深转变为深埋，结构的受力形式发生转变，围岩对隧道的约束增强变得更有利，此时围岩承担了更多的地震作用，这也同实际震害调查结果相一致，浅埋隧道震害破坏等级高于深埋隧道，深埋隧道在地震作用下结构性能降低很少，使用功能几乎不受影响。

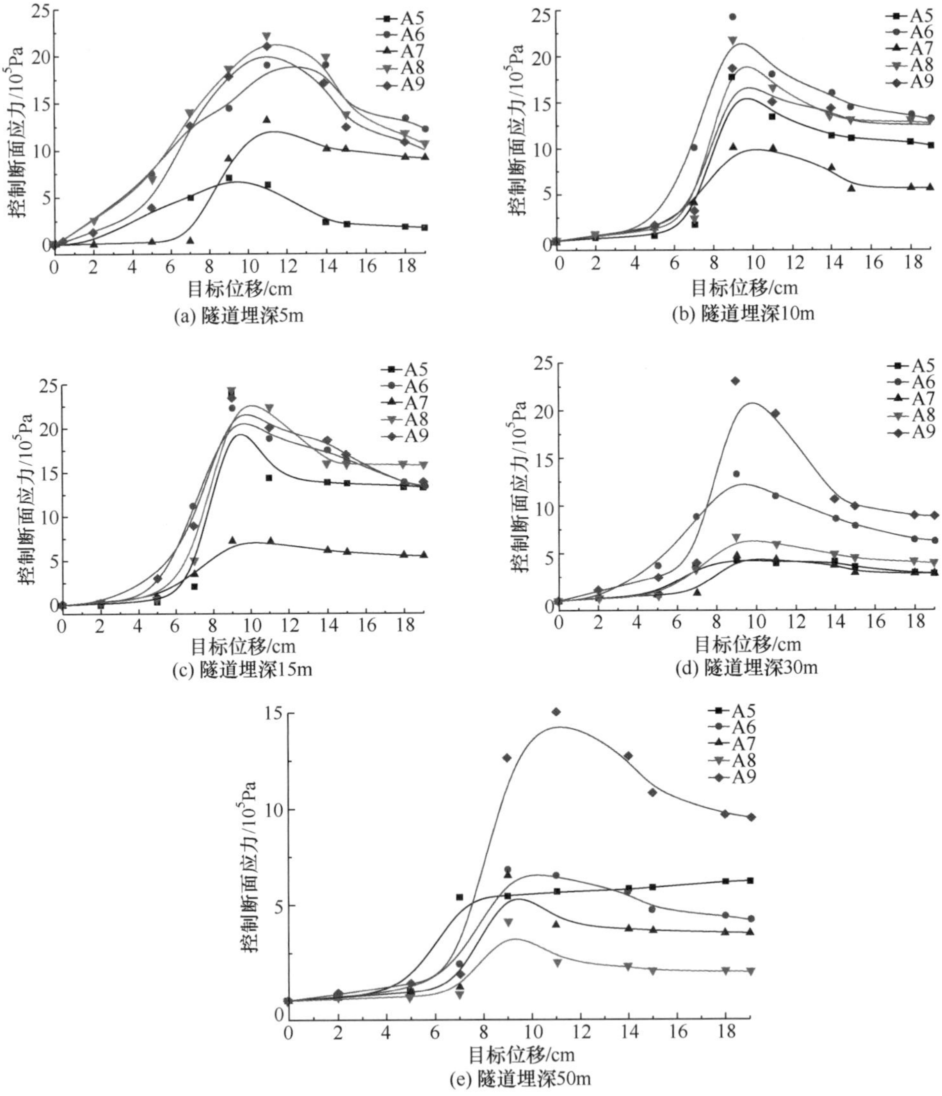

图 6.4　不同埋深下的结构受力响应

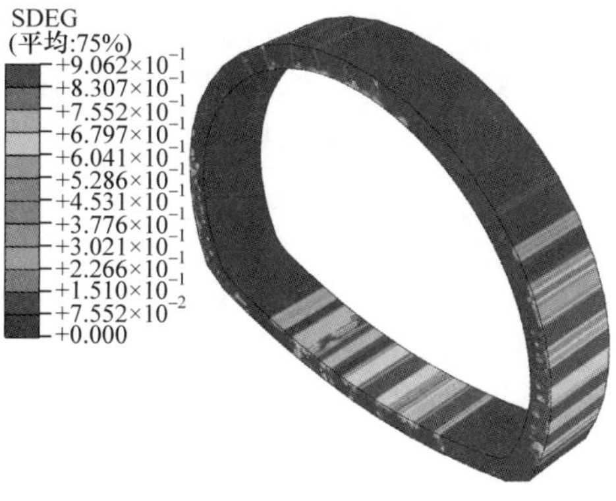

(a) 隧道埋深5m

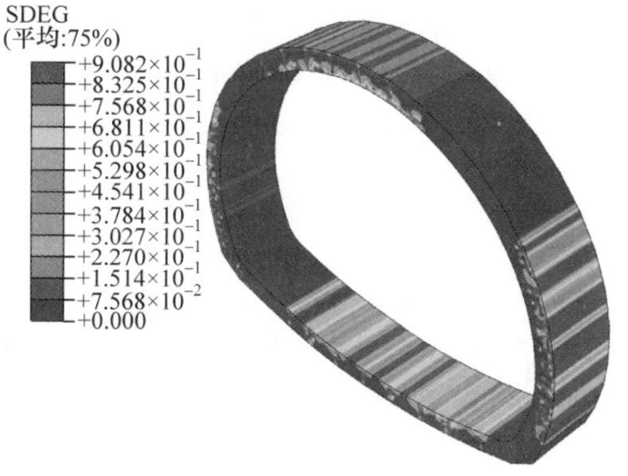

(b) 隧道埋深10m

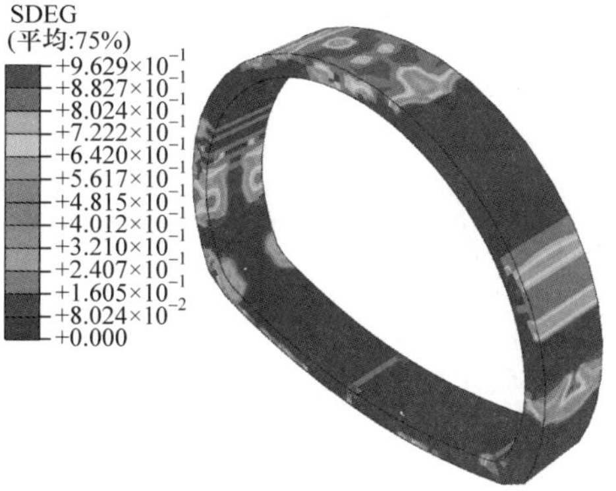

(c) 隧道埋深15m

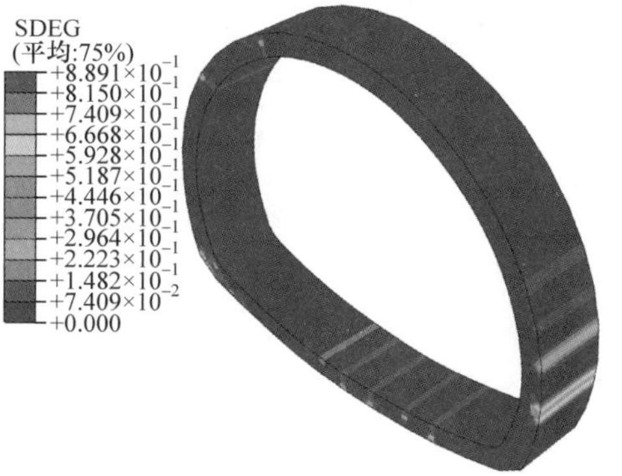

(d) 隧道埋深30m

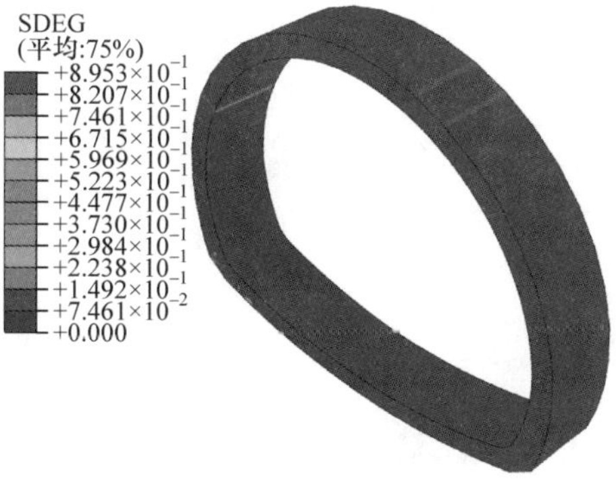

(e) 隧道埋深50m

图 6.5　不同埋深下结构损伤状态

由图 6.4 和图 6.5 分析得知，隧道结构的损伤和裂缝主要发生在 45°、90°、180°及其对称的区域，也为抗震指标的制定提供了有利的依据。就损伤类型而言，受拉损伤的程度以及范围明显高于受压损伤，这也同混凝土材料的受力性能息息相关，属于典型的抗压性能优异的材料类型，在结构设计中往往也是需要重点考虑的问题，需让结构的受力更加合理，并充分发挥材料的力学特性。

6.1.2 不同土层刚度的影响

围岩条件是影响隧道结构设计的主要因素之一，因此为了分析在不同刚度下隧道结构的抗震响应如何，选取原有刚度的 0.1*E*、0.5*E*、1.0*E* 和 2.0*E* 共四种工况进行对比分析。分析模型范围仍然选取 120m×1m×80m，目标位移选取为 17.86cm(0.4*g*)。

通过数值计算不同土层刚度下的结构受力响应，将其结果汇总于图 6.6 和图 6.7。土层刚度的大小决定着土体的变形性能，土体刚度越小，则变形越大，地震作用下作用在衬砌结构上的力就越大，结构的损伤程度就增加，裂缝的数量也随之增多；相反，刚度越大，地震作用下土层的受扰动就越弱，抗震性能变得越优异，结构的使用功能几乎不受影响。

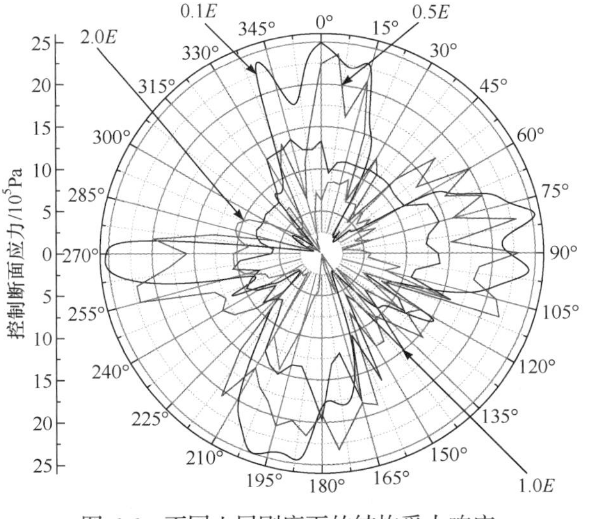

图 6.6　不同土层刚度下的结构受力响应

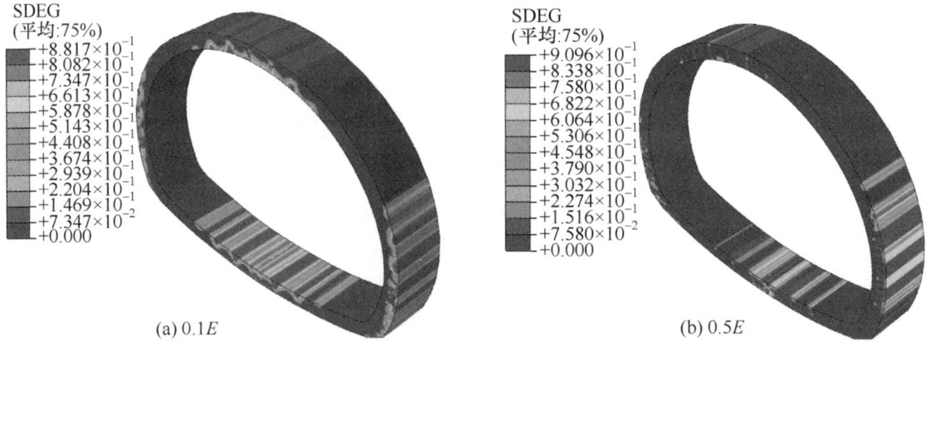

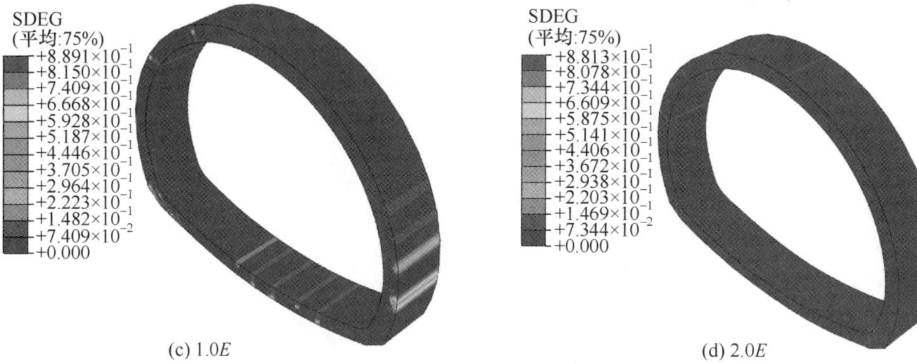

(c) 1.0E　　(d) 2.0E

图 6.7　不同土层刚度下结构损伤状态

6.1.3　不同混凝土等级的影响

材料强度、结构断面形式和断面厚度等都直接决定着结构的工作性能，为了研究不同混凝土等级下结构的受力响应，选取分析模型范围为 120m×1m×80m，按照 C25、C30 和 C40 混凝土等级进行 Pushover 分析，其计算结果汇总于图 6.8 和图 6.9。

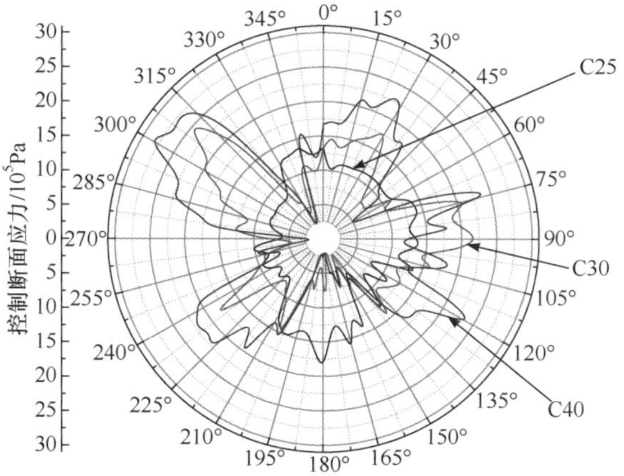

图 6.8　不同混凝土等级的结构受力响应

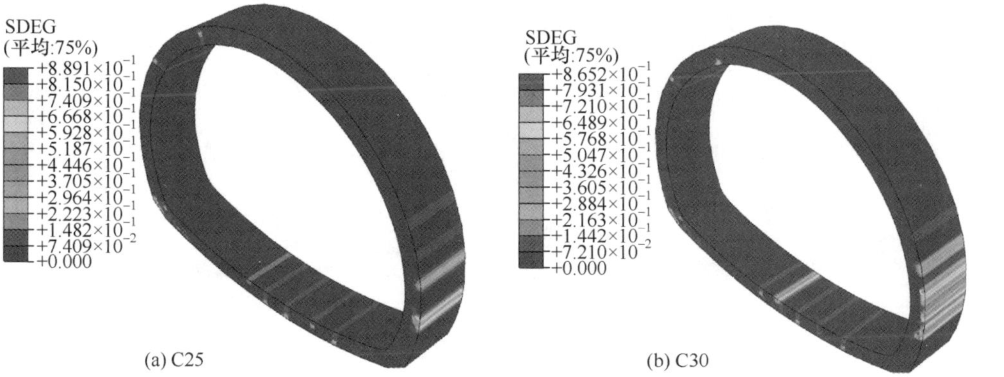

(a) C25　　(b) C30

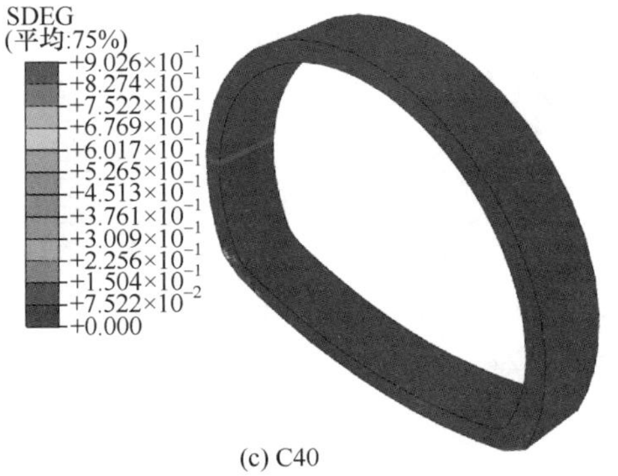

(c) C40

图 6.9　不同混凝土等级下结构损伤状态

分析图 6.8 和图 6.9 可知：高等级材料的结构在承受地震作用时，结构内力明显高于低强度材料，同时结构的塑性损伤也随之降低，表明结构能够利用有限的弹性变形吸收掉大量的地震能量，但是结构的变形能力却有所降低。

衬砌与围岩的刚度相差越大，衬砌应力也会越大，但在抵御地震破坏力方面结构抗震性能有所提高，能够抵御其破坏力，并能保证结构的安全，即安全冗余度增加。

6.2　拱形断面隧道灾变模式

第 4 章对隧道结构的动力灾变行为和灾变机制进行了研究，总结了隧道的各种破坏模式。同时，结合第 4 章的拱形断面隧道结构的弹塑性动力分析和 Pushover 分析，本节内容将结合实际灾害、破坏模式和破坏机理揭示拱形隧道断面的地震灾变模式(图 6.10～图 6.12)。

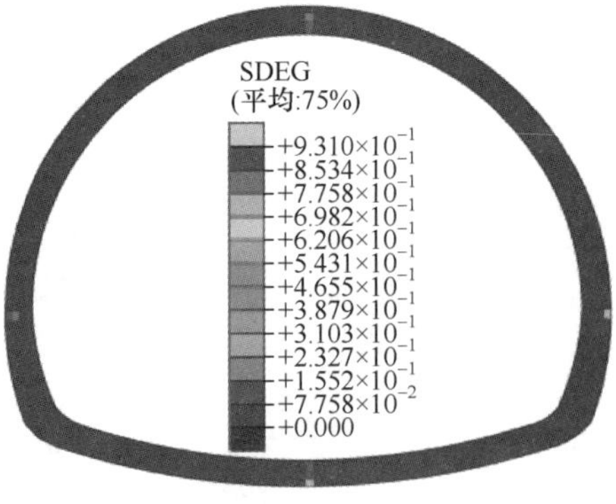

(a) t=0.59s

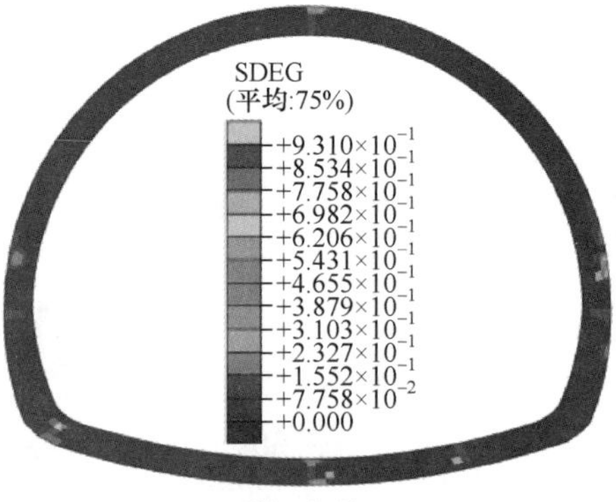

(b) t=2.59s

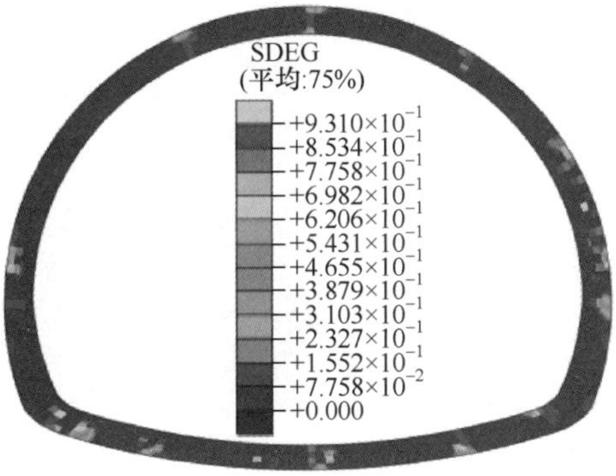

(c) t=4.76s

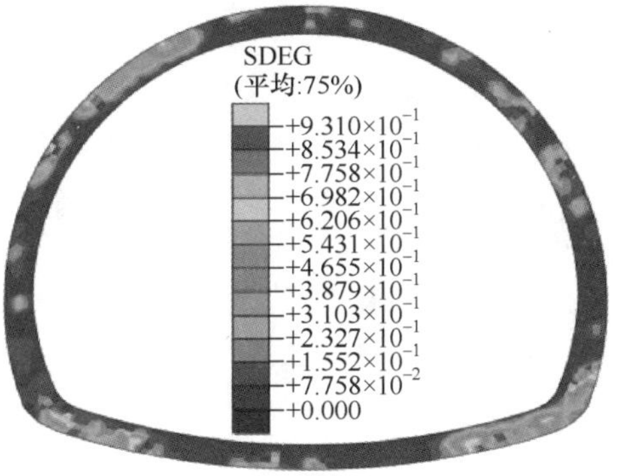

(d) t=7.5s

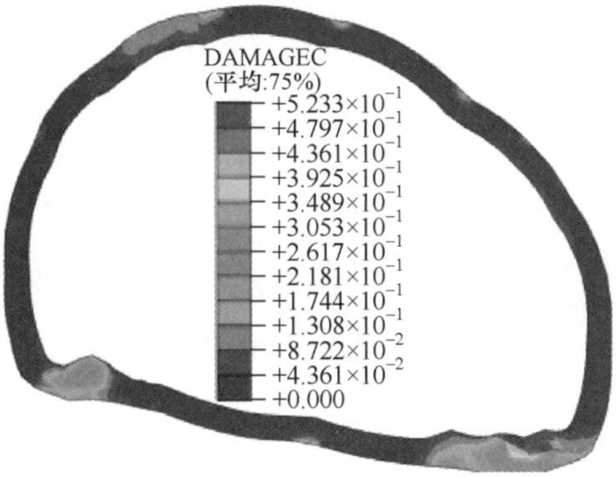

(e) 放大100倍的受压损伤状态

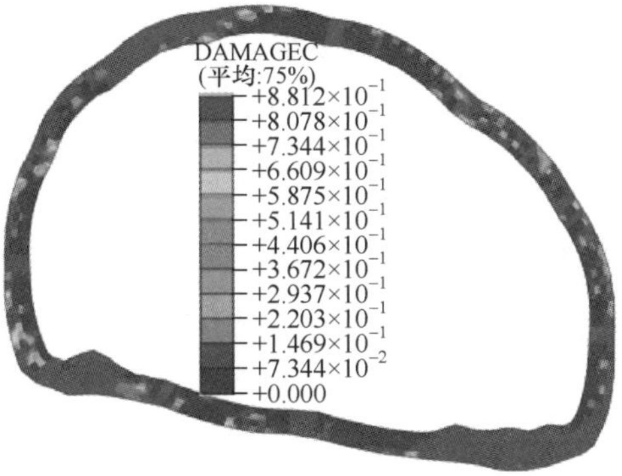

(f) 放大100倍的受拉损伤状态

图 6.10　地震作用下隧道结构弹塑性破坏过程模拟

结合数值模拟结果和震害调查结果(图 6.11)分析可知：拱形隧道在破坏性地震作用下，衬砌结构的横断面边墙部位率先发生较大的塑性损伤，应力逐渐达到材料的承载能力极限值，导致结构发生破坏，结构的整体承载力也随之降低；拱顶、拱肩及边墙、仰拱在地震继续作用下，均发生破坏，这同震害调查的结构横断面破坏的部位和形式是一致的，证明了数值模拟的可靠性。从结构的受拉和受

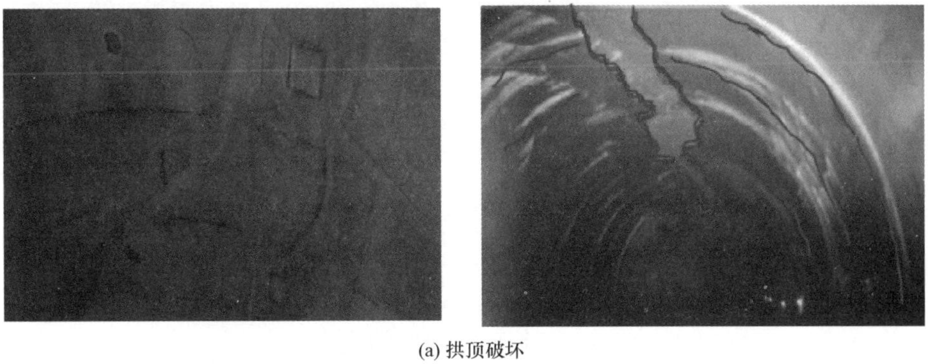

(a) 拱顶破坏

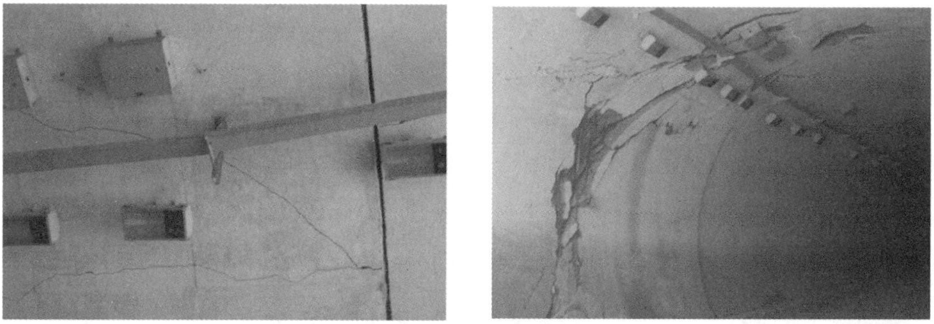

(b) 拱肩及边墙破坏

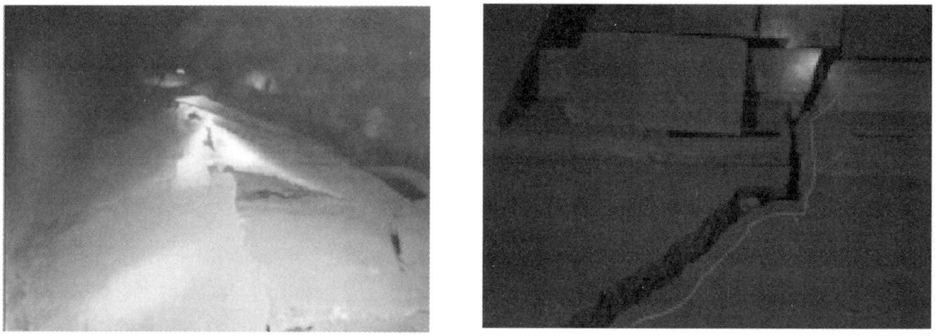

(c) 仰拱破坏

图 6.11　隧道衬砌结构震害调查结果

压损伤程度分析可知，衬砌结构的受拉损伤明显高于受压，表明结构的破坏以拉剪破坏为主。结合第 4 章与本章进行大量的模拟工况分析可以认识到：隧道衬砌的拱肩部位是最容易发生破坏的部位，拱顶和边墙为其次易受损伤部位，在结构的抗震设计中应重点进行抗震设防。

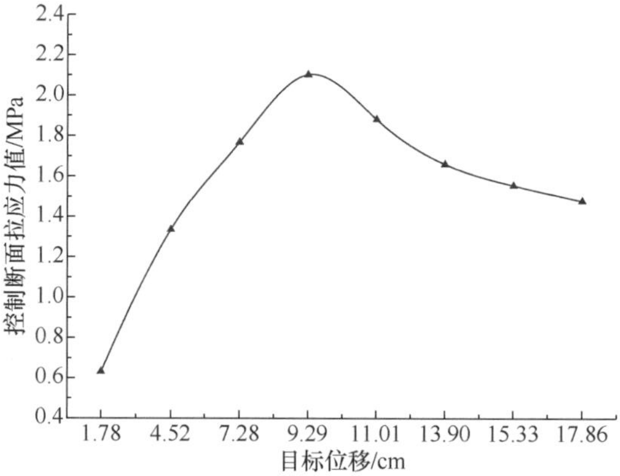

图 6.12　控制断面的能力曲线

6.3　山岭隧道结构性能指标量化研究

6.3.1　性能目标制定

本节对公路隧道基于性能的抗震设防标准进行研究。按照“小震不坏、中震可修、大震不倒”的抗震总体设防目标，对应三级性能目标，各类隧道在不同地震动水准下的抗震性能目标见表 6.2。

表 6.2　各类隧道的抗震设防目标

抗震设防类别	设防目标	
	E1 地震作用	E2 地震作用
I、II	性能要求 1	性能要求 2
III	性能要求 1	性能要求 3
IV	性能要求 1	—

隧道结构的抗震性能要求应根据设防目标分成以下三个等级(表 6.2)。

性能要求 1：地震后衬砌结构应力低于弹性极限，处于弹性状态；结构无破坏，结构物功能保持震前状态。

性能要求 2：地震后衬砌结构应力超过弹性极限，但在屈服强度以内，结构处于弹性向弹塑性过渡状态;结构局部轻微损伤,不需维修或简单加固后可继续使用。

性能要求 3：地震后衬砌结构应力超过屈服强度，未达到结构最大承载力，结构处于弹塑性状态、未失稳；结构产生损伤破坏，但不应出现局部或整体坍塌，通过修复和加固可以恢复结构物功能。

6.3.2　性能指标选取

1. 指标选取

针对不同性能水平的抗震设计，需要给予其对应的性能验算指标。根据前面的研究可知，结构的性能水平同损伤状态息息相关。因此，可以针对不同的破坏状态制定相应的损伤参数，这为定量化指标的制定提供了可能。在建筑结构的性能指标研究方面已有大量的研究成果，且已用于工程实践中，如今抗震设计早已不再是抗倒塌的设计，大量研究表明，选择位移指标取代强度指标更适合与结构的性能水平相匹配。在矩形框架结构方面，就选择了层间位移角作为其性能指标。由于其计算的方便性，在地下的矩形车站结构由于其结构形式的一致性，也选择了层间位移角作为其抗震性能指标。对于公路隧道的拱形断面结构，在其性能指标选取方面研究成果较少。

考虑到能够很好地反映土层的剪切变形、隧道衬砌结构地震反应中易于破坏的部位和在地震作用下反应敏感的部位，本节尝试选择隧道左拱脚和右拱肩两点间连线的相对变化值ξ作为其抗震性能量化指标，不同设防水准的量化指标如表 6.3 所示。

表 6.3　拱形隧道抗震性能指标建议

设防水准	性能目标	损伤状态	量化指标
E1	性能要求 1	无损伤	ξ_1
E2	性能要求 2	中等损伤	ξ_2
	性能要求 3	严重损伤	ξ_3

2. 指标定义

由于衬砌结构在逐级加载过程中刚度会发生退化，并伴随着结构的损伤，因此每一级加载相同位移时，结构发生的应变会比前一级的应变大，原因是随着刚度的降低，结构需要产生更大的变形进行耗能和内力重分布直到平衡，这会导致相对变形率的增加，这一特征既能反映结构的性能状态，又为性能量化指标提供了依据。因此，选择相对变形率作为性能指标在理论上是合理可行的。本节定义的相对变形率ξ的计算公式见式(6-1)，对应参数的取值示意见图 6.13。

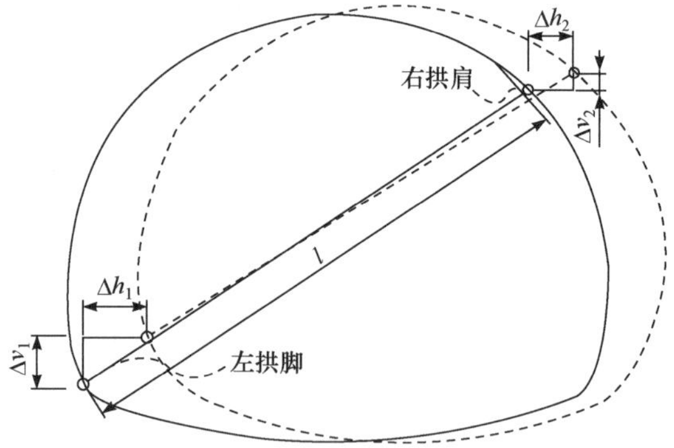

图 6.13　拱形断面相对变形率示意图

$$\xi=\frac{\sqrt{\left|\Delta h_1-\Delta h_2\right|^2+\left|\Delta v_1-\Delta v_2\right|^2}}{l} \tag{6-1}$$

式中：

ξ——相对变形率；
Δh_1——左拱脚目标点的水平向位移；
Δv_1——左拱脚目标点的竖向位移；
Δh_2——右拱肩目标点的水平向位移；
Δv_2——右拱肩目标点的竖向位移；
l——两目标点间的距离。

6.3.3　性能指标量化控制值

结合 6.2 节针对不同埋深、刚度和材料，本节进行大量的 Pushover 分析。为了研究性能指标相对变形率在不同性能要求下的阈值，将对目标位置的损伤度、应力值和相对变形率之间的变化关系进行分析处理，确定各性能目标的阈值。

根据数值计算结果，整理得到典型压应力和损伤因子的性能曲线，见图 6.14，表 6.4～表 6.6 分别为不同隧道埋深、不同土层刚度和不同材料等级下 Pushover 破坏分析得到的各性能水平下的相对变形率。

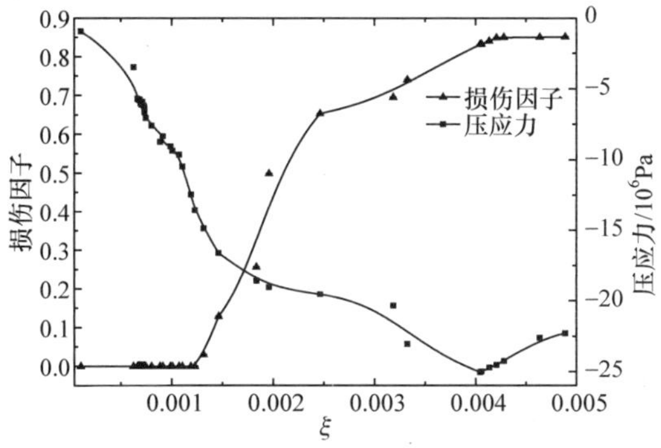

图 6.14　目标控制点的性能曲线

表 6.4　不同隧道埋深的性能指标阈值

埋深	ξ_1	ξ_2	ξ_3
0.5H	0.002017	0.005918	0.014847
1.0H	0.002007	0.005852	0.014777
1.5H	0.001957	0.005522	0.014496
3.0H	0.001987	0.005742	0.014602
5.0H	0.001866	0.005654	0.013865
10.0H	0.001415	0.004862	0.012671

表 6.5　不同土层刚度的性能指标阈值

土层刚度	ξ_1	ξ_2	ξ_3
0.1E	0.001896	0.00627	0.015409
0.5E	0.001866	0.006094	0.014321
1.0E	0.001957	0.005522	0.014496
2.0E	0.001535	0.00517	0.013127

表 6.6　不同隧道材料等级的性能指标阈值

混凝土等级	ξ_1	ξ_2	ξ_3
C25	0.001656	0.005324	0.013373
C30	0.001746	0.005412	0.013935
C40	0.001957	0.005522	0.014496
C50	0.002017	0.00572	0.014953
C60	0.002227	0.005962	0.015514

分析表 6.4 可知，隧道埋深对相对变形率有一定的影响，但偏差的范围最大仅为 2‰，能够满足工程设计要求，表明本书选定的指标是合理可行的，其中ξ_1取值范围为 0.001415～0.002017，ξ_2的取值范围为 0.004862～0.005918，ξ_3的取值范围为 0.012671～0.014847。

分析表 6.5 可知，土层的刚度变化对相对变形率有一定影响，主要是由土体抵抗地震时的抗剪性能和对隧道结构的约束差异产生的，但在同一性能水平下相对变形率的变化幅度是可以接受的。其中ξ_1取值范围为 0.001535～0.001957，ξ_2的取值范围为 0.00517～0.00627，ξ_3的取值范围为 0.013127～0.015409。

分析表 6.6 可知，隧道衬砌结构的材料不同也会对相对变形率产生一定影响，主要是结构刚度增加，抵抗变形的能力增加了，因此在结构达到破坏时，能够承受更大的荷载，但相对变形率会有小幅增加。其中ξ_1的取值范围为 0.001656～0.002227，ξ_2的取值范围为 0.005324～0.005962，ξ_3的取值范围为 0.013373～0.015514。

针对上述各种工况对隧道结构性能指标阈值的分析，综合考虑设计、施工和养护等各环节的影响，经过统计分析，本书最终建议的各性能指标值阈值分别为：性能目标 1，ξ_1=2‰；性能目标 2，ξ_2=6‰；性能目标 3，ξ_3=15‰。最终确定的拱形隧道抗震性能指标建议值汇总于表 6.7。

表 6.7　拱形隧道抗震性能指标建议值

设防水准	性能目标	损伤状态	量化指标阈值
E1	性能要求 1	无损伤	ξ_1 =2‰
E2	性能要求 2	中等损伤	ξ_2 =6‰
	性能要求 3	严重损伤	ξ_3 =15‰

6.4　隧道结构的不同抗震性能水准验算

抗震验算是在抗震性能要求确定后确定合适的验算目标性能，目前主要选取应力水平(强度)、使用功能(变形量、裂缝宽度、接头张开量等)、隧道稳定性。具体容许指标应考虑结构物重要性、地震作用水平、结构类型、围岩条件等确定。因此，抗震验算应根据抗震性能要求分别进行强度验算、变形验算或稳定性验算，应符合下列规定：

(1) 应根据抗震性能要求确定强度和变形验算内容及指标；

(2) 性能要求 1 应进行 E1 地震作用下的强度验算；

(3) 性能要求 2 和性能要求 3 应进行 E2 地震作用下的强度验算和变形验算；

(4) 强度验算可选择综合安全系数法和分项安全系数法进行；

(5) 性能要求 3 的强度验算宜采用分项安全系数法；

(6) 洞门结构以及特殊明洞结构还应进行基底应力及地基承载力、抗滑和抗倾覆稳定性验算。

6.4.1　承载力验算

1. 综合安全系数法

采用综合安全系数法进行强度验算时，结构强度应符合式(6-2)的规定，性能要求 1、2、3 的综合安全系数应分别符合表 6.8 的规定。

$$KS(F_y, \alpha_d) \leqslant R(f_k, \alpha_d, C) \tag{6-2}$$

式中：

S——与作用在结构上的荷载相关的作用效应函数；

R——与结构材料强度及构件几何尺寸相关的结构抗力效应函数；

F_y——作用在结构上的荷载组合值；

f_k——材料的标准值或极限值；

α_d——结构的几何参数值；

C——结构的极限约束值；

K——性能要求 1 的综合安全系数。

表 6.8　结构性能要求 1～3 的综合安全系数

受力特征	性能要求	材料种类		
		混凝土	石砌体	钢筋混凝土
混凝土或石砌体达到抗压极限强度	性能 1	—	1.8	2.0
	性能 2	—	1.5	1.6
	性能 3	—	1.2	1.3
混凝土达到抗剪或抗拉极限强度	性能 1	—	2.5	—
	性能 2	—	2.0	—
	性能 3	—	1.5	—
钢筋达到强度标准值或混凝土达到抗压极限强度	性能 1	1.5	—	—
	性能 2	1.3	—	—
	性能 3	1.0	—	—
混凝土达到抗剪或抗拉极限强度(主拉应力)	性能 1	1.8	—	—
	性能 2	1.5	—	—
	性能 3	1.2	—	—

2. 分项安全系数法

采用分项安全系数法进行强度验算时，结构强度应符合式(6-3)的规定：

$$\gamma_0\gamma_1 S(\gamma_m F_r, \alpha_k) \leqslant R\left(\frac{f_k}{\gamma_f}, \alpha_k, C\right) \tag{6-3}$$

式中：

F_r——作用在结构上的作用组合标准值；

α_k——结构的几何参数标准值；

γ_0——构件工作条件系数，见表 6.9；

γ_1——结构附加安全系数，见表 6.10；

γ_m——作用在结构上的荷载分项系数；

γ_f——材料性能的分项系数，性能要求 1、2、3 的材料分项系数应分别符合表 6.11 的规定；

其他参数意义同前。

表 6.9　支护结构构件工作条件系数 γ_0

抗震设防类别	工作条件系数	抗震设防类别	工作条件系数
I 类、II 类	1.1	IV 类	0.9
III 类	1.0	施工阶段	0.8

表 6.10　支护结构附加安全系数 γ_1

结构类型	分项系数
暗挖法修筑的隧道现浇结构	1.10
明挖隧道、明洞、棚洞、洞门等现浇结构	1.05
盾构隧道、沉管隧道等预制结构	1.00

表 6.11　材料分项系数 γ_f

材料类型	强度类型	符号	性能要求 1	性能要求 2	性能要求 3
混凝土	抗压强度	γ_{hy}	1.4	1.2	1.0
	抗剪强度	γ_{hj}	1.4	1.2	1.1
	抗拉强度	γ_{hl}	2.15	1.8	1.3
钢筋混凝土	混凝土抗压强度	γ_{hy}	1.45	1.25	1.0
	混凝土抗剪强度	γ_{hj}	1.45	1.25	1.1
	混凝土抗拉强度	γ_{hl}	1.60	1.40	1.2
	钢筋抗压强度	γ_{gy}	1.25	1.15	1.0
	钢筋抗拉强度	γ_{gl}	1.25	1.15	1.0
钢结构	抗压强度	γ_{gy}	1.25	1.15	1.0
	抗拉强度	γ_{gl}	1.25	1.15	1.0

6.4.2　变形验算

地震作用荷载组合下的变形验算应符合式(6-4)的规定：

$$S_q \leqslant C \tag{6-4}$$

式中：

S_q——地震作用组合的效应(如变形、位移等)设计值；

C——设计对变形、位移等规定的相应限值，应符合有关的公路工程结构设计规范。

参考各国规范的规定，结合以往震害经验、抗震研究成果及建筑结构抗震规范可知，矩形断面结构采用层间位移角作为结构性能验算控制指标是合理的[8]。参考《铁路工程抗震设计规范》(GB 50111—2006)以及《地下铁道建筑结构抗震设计规范》(DG/T J08-2064—2009)，以层间位移角限值作为钢筋混凝土结构验算控制指标[14]。

圆形断面结构主要是盾构隧道，日本采用盾构隧道结构上下端之间地基相对位移最大值与隧道外径的比值，即直径变形率，作为验算指标。根据其建议，弹性变形率取 1/300～1/350，弹塑性变形率取 1/200～1/150。考虑隧道的具体工作环境，由于围岩的相互作用，结构会在较小的直径变形率下发生破坏，因此本书建议性能 1 验算的直径变形率控制值取 3‰，性能 2 验算的直径变形率控制值取 6‰，性能 3 验算的直径变形率控制值取 18‰。

综上，各隧道结构形式的性能要求 1、2、3 变形验算控制值汇总于表 6.12。

表 6.12　性能要求 1、2、3 变形验算控制值

断面形式	性能控制指标	性能要求	控制值
矩形	层间位移角	性能 1	1/550
		性能 2	1/250
		性能 3	1/80
钻爆法(或类圆形)	相对变形率	性能 1	2‰
		性能 2	5‰
		性能 3	15‰
圆形	直径变形率	性能 1	3‰
		性能 2	6‰
		性能 3	18‰

6.4.3　强度验算

不同断面隧道类型强度验算控制值应根据具体使用材料进行验算，不同性能验算控制值见表 6.13。

表 6.13　性能要求 1、2、3 强度验算控制值

断面形式	性能要求	控制指标
矩形	性能 1	容许应力
	性能 2	屈服强度
	性能 3	最大断面承载力

续表

断面形式	性能要求	控制指标
钻爆法 (或类圆形)	性能 1	容许应力
	性能 2	屈服强度
	性能 3	最大断面承载力
圆形	性能 1	容许应力
	性能 2	屈服强度
	性能 3	最大断面承载力

6.5　对规范中公路隧道标准衬砌断面抗震验算

为验证本书提出的性能指标及其阈值在工程实践中的适用性、准确性和可靠性，选取了隧道规范中 2 车道和 3 车道抗震衬砌推荐设计进行本专题建立的静力弹塑性方法分析计算，在对其设计参数进行了评价的同时，能够有效地反馈于性能指标参数的优劣程度。

6.5.1　两车道隧道衬砌设计参数验算

1. 工况设计

不同围岩级别的两车道隧道衬砌设计参数和材料参数见表 6.14 和表 6.15。

表 6.14　两车道隧道复合式衬砌设计参数

围岩级别	初期支护								二次衬砌厚度/cm	
	喷射混凝土厚度/cm		锚杆参数/m			钢筋网间距/cm	钢架参数		拱、墙混凝土	仰拱混凝土
	拱、墙	仰拱	位置	长度	间距		间距/m	断面高度/cm		
I	5	—	局部	2.0～3.0	—	—	—		30	—
II	5～8	—	局部	2.0～3.0	—	—	—		30	—
III	8～12	—	拱、墙	2.0～3.0	1.0～1.2	局部 @25×25	—		30～35	0～35
IV	12～22	—	拱、墙	2.5～3.0	0.8～1.2	拱、墙 @25×25	拱、墙 0.8～1.2	0～16	35～40	35～40
V	20～26	18～26	拱、墙	3.0～3.5	0.5～1.0	拱、墙 @20×20	拱、墙、仰拱 0.5～1.0	14～20	35～45 钢筋混凝土	35～45 钢筋混凝土
VI	通过试验、计算确定									

注：①有地下水时可取大值，无地下水时可取小值；②采用钢架时，宜选用格栅钢架；③喷射混凝土厚度小于 18cm 时，可不设钢架；④“0～”表示可设可不设，要设时，应满足最小厚度要求。

表 6.15　两车道隧道衬砌材料种类及强度等级

隧道或明洞	围岩级别	地震动峰值加速度		
		0.10*g*(0.15*g*)	0.20*g*(0.30*g*)	0.40*g*
隧道衬砌	III	C25 混凝土	C25 混凝土	C30 混凝土
	IV	C25 混凝土	C25 钢筋混凝土	C30 钢筋混凝土
	VI、V	C25 钢筋混凝土	C30 钢筋混凝土	C30 钢筋混凝土
拱形明洞	拱圈	C25 钢筋混凝土	C25 钢筋混凝土	C30 钢筋混凝土
	单压明洞外墙	C25 混凝土或钢筋混凝土	C25 混凝土或钢筋混凝土	C25 钢筋混凝土
棚式明洞顶梁		C25 钢筋混凝土	C25 钢筋混凝土	C30 钢筋混凝土
外支承结构		C25 混凝土	C25 混凝土	C30 混凝土或钢筋混凝土

注：①棚式明洞的衡重式边墙，在设防烈度为 8 度及 9 度地震区采用 C25 混凝土。

②浅埋隧道均应采用钢筋混凝土。

本次计算选择最为不利的情况进行分析：围岩级别选择 V，喷射混凝土厚度选择 20cm；二次衬砌材料为 C30 混凝土，厚度为 35cm，钢筋选择 22mm，间距为 20cm×20cm；锚杆直径 22mm，长度取 3m；钢拱架间距为 1.0m，断面高度为 20cm；地震动峰值加速度为 0.40g(对应的推覆位移选择 17.86cm)；隧道埋深选择 15m。

2. 计算模型建立

依据上述计算工况，建立的计算模型如图 6.15 所示。模型边界条件为：模型

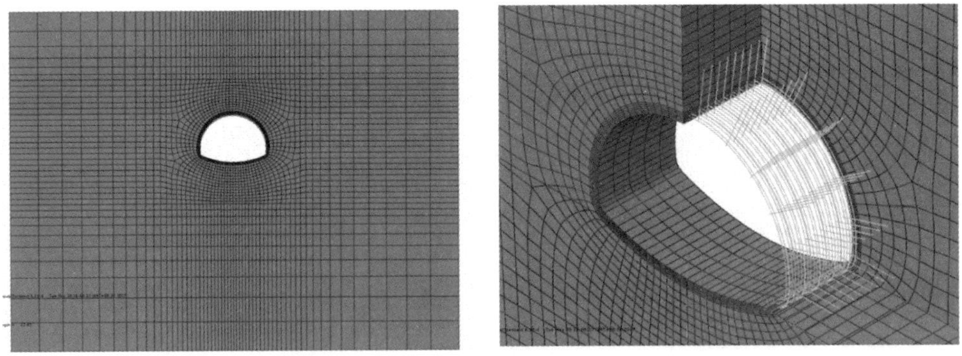

(a) 整体计算模型　　(b) 模型局部剖切

图 6.15　两车道 Pushover 计算模型

两侧 X 方向为人工黏弹性边界，前后面控制约束 Z 方向位移，模型底部约束 X、Y 和 Z 三个方向位移。围岩采用 Mohr-Coulomb 本构模型，混凝土采用弹塑性损伤(CDP)本构模型，钢筋和锚杆采用桁架单元、型钢支撑采用梁单元模拟。

3. 结果分析

对设计规范两车道隧道的 Pushover 分析数据进行整理和汇总，其结果如图 6.16 所示。按照设计参数的两车道钢筋混凝土隧道在地震荷载作用下，内力响应最明显的位置主要分布在横断面的左拱脚和右拱肩附近，该两点内侧混凝土承担压应力，外侧承担拉应力，以发生拉应力损伤为主；钢筋受力也表现了一致的

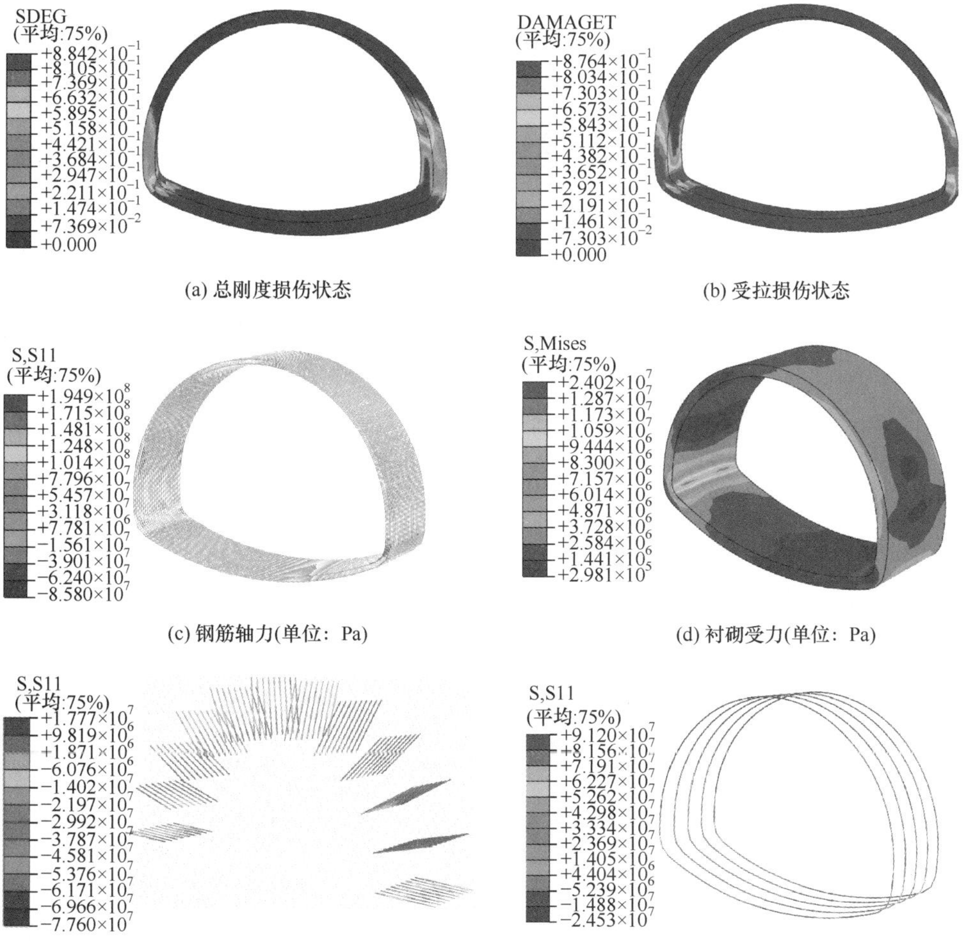

(a) 总刚度损伤状态　(b) 受拉损伤状态

(c) 钢筋轴力(单位：Pa)　(d) 衬砌受力(单位：Pa)

(e) 锚杆轴力(单位：Pa)　(f) 钢拱架轴力(单位：Pa)

图 6.16　两车道结构受力结果

受力特性，在该两处也是内侧受压，外侧受拉。随着推覆位移的进一步增加，衬砌结构首先会在左拱脚处材料达到极限承载力，导致结构发生塑性损伤，进而使结构发生严重的破坏。

经过对两车道隧道推覆分析的数据计算分析可知，混凝土强度、钢筋、锚杆和型钢支撑均满足强度验算要求，性能要求 3 的变形验算要求值为 11.5‰(<15‰)，并且结构还有很高的安全储备，在初步设计中是合理的，表明本书提出的隧道结构静力弹塑性分析方法在实际工程运用中具有很好的适用性，提出的性能指标是合理可行的。

6.5.2　三车道隧道衬砌设计参数验算

1. 工况设计

不同围岩级别的三车道隧道衬砌设计参数和材料参数见表 6.16 和表 6.17。

表 6.16　三车道隧道复合式衬砌的设计参数

围岩级别	初期支护								二次衬砌厚度/cm	
	喷射混凝土厚度/cm		锚杆参数/m			钢筋网间距/cm	钢架参数		拱、墙混凝土	仰拱混凝土
	拱、墙	仰拱	位置	长度	间距		间距/m	断面高度/cm		
I	5～8	—	局部	2.0～3.5	—	—	—		30～35	—
II	8～12	—	局部	2.0～3.5			—		30～35	—
III	12～22	—	拱、墙	2.5～3.5	1.0～1.2	拱、墙@25×25	拱、墙 1.0～1.2	0～16	35～45	
	拱、墙	仰拱	位置	长度	间距		间距/m	断面高度/cm		
IV	18～26		拱、墙	3.0～3.5	0.8～1.2	拱、墙@20×20	拱、墙 0.8 ~ 1.2	12～20	45～50 钢筋混凝土	0～50
V	22～28	0～28	拱、墙	3.5～4.0	0.5～1.0	拱、墙@20×20	拱、墙、仰拱 0.5～1.0	16～22	50～60 钢筋混凝土	50～60 钢筋混凝土
VI	通过试验、计算确定									

注：①有地下水时可取大值，无地下水时可取小值；②采用钢架时，宜选用格栅钢架；③喷射混凝土厚度小于 18cm 时，可不设钢架；④ “0～” 表示可设可不设，要设时，应满足最小厚度要求。

表 6.17　三车道隧道衬砌材料种类及强度等级

隧道或明洞	围岩级别	地震动峰值加速度		
		0.10g(0.15g)	0.20g(0.30g)	0.40g
隧道衬砌	III	C25 混凝土或钢筋混凝土	C30 钢筋混凝土	C30 钢筋混凝土
	IV	C25 钢筋混凝土	C30 钢筋混凝土	C30 钢筋混凝土
	VI、V	C25 钢筋混凝土	C30 钢筋混凝土	C30 钢筋混凝土
拱形明洞	拱圈	C25 混凝土	C30 拱圈用钢筋混凝土	C30 拱圈用钢筋混凝土
	单压明洞外墙	C25 混凝土	C30 混凝土	C30 钢筋混凝土
棚式明洞顶梁		C25 钢筋混凝土	C25 钢筋混凝土	C30 钢筋混凝土
外支承结构		C25 混凝土	C25 钢筋混凝土	C30 钢筋混凝土

注：①棚式明洞的衡重式边墙，在设防烈度为 8 度及 9 度地震区采用 C25 混凝土。
②浅埋隧道均应采用钢筋混凝土。

本次计算选择最为不利的情况进行分析：围岩级别选择 V，喷射混凝土厚度选择 22cm；二次衬砌材料为 C30 混凝土，厚度为 50cm，钢筋选择 22mm，间距为 20cm×20cm；锚杆直径 22mm，长度取 3.5m，纵向间距 0.5m；钢拱架间距为 1.0m，断面高度为 20cm；地震动峰值加速度为 0.40g(对应的推覆位移选择 17.86cm)；隧道埋深选择 15m。

2. 计算模型建立

依据上述计算工况，建立的计算模型如图 6.17 所示。模型边界条件为：模型两侧 *X* 方向为人工黏弹性边界，前后面控制约束 *Z* 方向位移，模型底部约束 *X*、

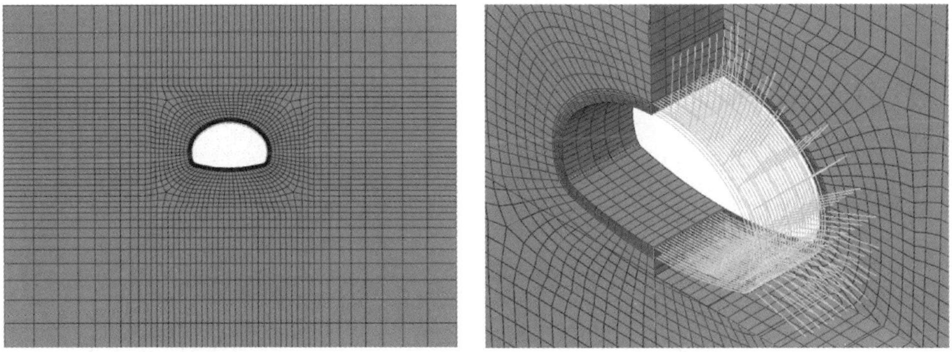

(a) 整体计算模型　　(b) 模型局部剖切

图 6.17　三车道 Pushover 计算模型

Y 和 Z 三个方向位移。围岩采用 Mohr-Coulomb 本构模型，混凝土采用弹塑性损伤(CDP)本构模型，钢筋和锚杆采用桁架单元、型钢支撑采用梁单元模拟。

3. 结果分析

对设计规范三车道隧道的 Pushover 分析数据进行整理和汇总,其结果如图 6.18 所示。按照设计参数的两车道钢筋混凝土隧道在地震荷载作用下，内力响应最明显的位置主要分布在横断面的左拱脚和右拱腰附近，该两点内侧混凝土承担压应力，外侧承担拉应力，以发生拉应力损伤为主；钢筋受力也表现了一致的受力特性，在该两处也是内侧受压，外侧受拉。随着推覆位移的进一步增加，衬砌结构首先会在左拱脚处材料达到极限承载力，导致结构发生塑性损伤，进而发生严重的破坏现象。

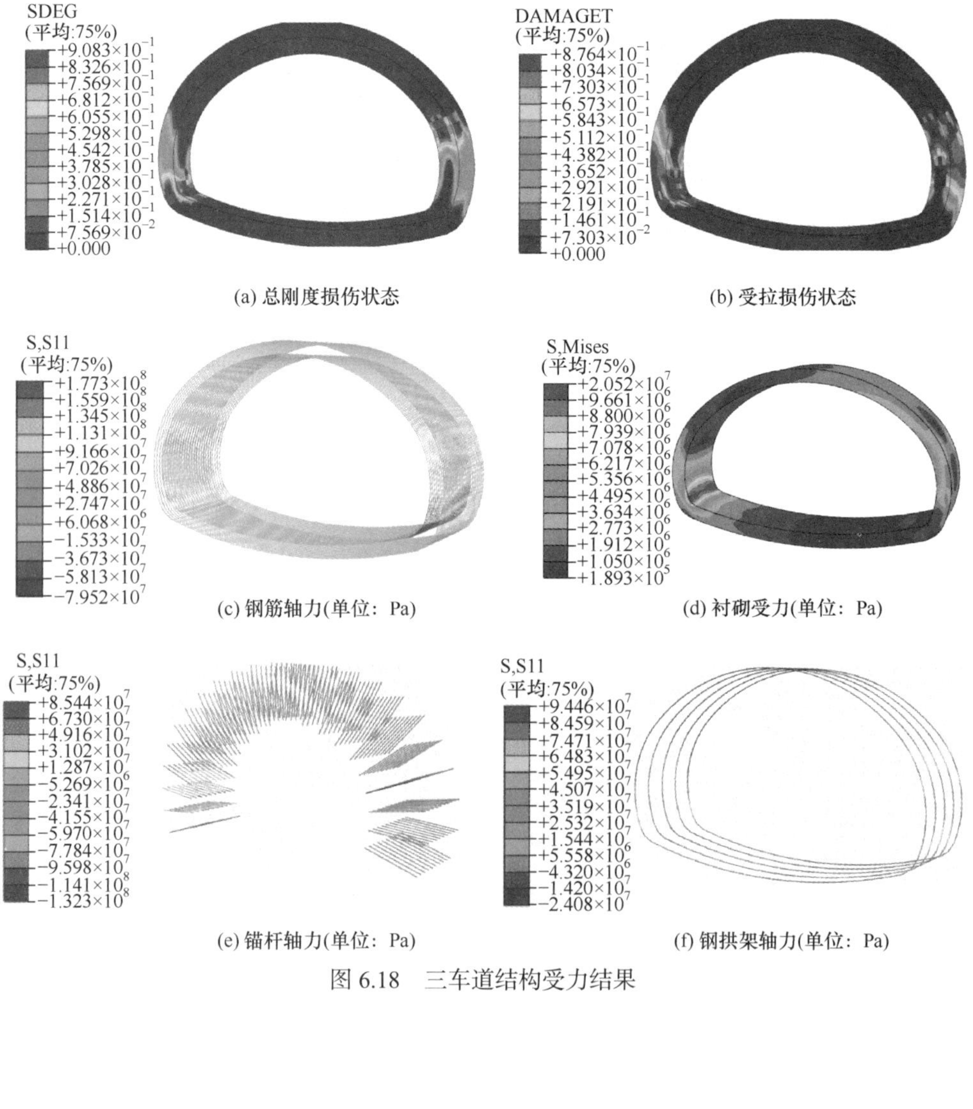

(a) 总刚度损伤状态　(b) 受拉损伤状态
(c) 钢筋轴力(单位：Pa)　(d) 衬砌受力(单位：Pa)
(e) 锚杆轴力(单位：Pa)　(f) 钢拱架轴力(单位：Pa)

图 6.18　三车道结构受力结果

经过分析三车道隧道推覆数据可知，混凝土强度、钢筋、锚杆和型钢支撑均满足强度验算要求，性能要求 3 的变形验算要求值为 12.61‰(<15‰)，并且结构还有很高的安全储备，在初步设计中是合理的，表明本书提出的隧道结构静力弹塑性分析方法在实际工程运用中具有很好的适用性，提出的性能指标是合理可行的。

参考文献

[1] 姚毅超, 董正方, 王君杰. 盾构隧道的反应位移法与抗震性能指标[J]. 中国科技论文, 2012, (5): 334-338.

[2] 郑建波. 钢筋混凝土框架结构基于位移的抗震性能指标研究[D]. 上海: 同济大学, 2009.

[3] 管民生. 基于性能的钢筋混凝土框架结构抗震性能评价方法与应用研究[D]. 广州: 华南理工大学, 2011.

[4] 董正方, 王君杰, 姚毅超, 等. 城市轨道交通地下结构抗震性能指标体系研究[J]. 地震工程与工程振动, 2014, 34(S1): 699-705.

[5] 董正方. 轨道交通地下结构横向抗震设计方法与性能指标研究[D]. 上海: 同济大学, 2012.

[6] 崔臻, 盛谦, 冷先伦, 等. 基于增量动力分析的大型地下洞室群性能化地震动力稳定性评估[J]. 岩石力学与工程学报, 2012, 31(4): 703-712.

[7] 王文晖. 地下结构实用抗震分析方法及性能指标研究[D]. 北京: 清华大学, 2013.

[8] 董正方, 王君杰, 姚毅超. 城市轨道交通矩形地下结构层间位移角研究[J]. 地下空间与工程学报, 2014, 10(S2): 1848-1852.

[9] 郑颖人. 岩土塑性力学原理: 广义塑性力学[M]. 北京: 中国建筑工业出版社, 2002.

[10] 乔普拉, 谢礼立. 结构动力学: 理论及其在地震工程中的应用[M]. 2 版. 北京: 高等教育出版社, 2007.

[11] 陶连金, 王文沛, 张波, 等. 地铁地下结构抗震设计方法差异性规律研究[J]. 土木工程学报, 2012, (12): 170-176.

[12] 刘晶波, 王文晖, 赵冬冬. 地下结构横截面抗震设计分析方法综述[J]. 施工技术, 2010, 39(6): 91-95.

[13] 董正方, 李凤丽, 王君杰, 等. 城市轨道交通盾构隧道的横向抗震设计[J]. 中国科技论文, 2015, 10(7): 821-824.

[14] 中华人民共和国住房和城乡建设部，中华人民共和国国家质量监督检验检疫总局. 建筑抗震设计规范[S]. GB 50011—2010. 北京: 中国建筑工业出版社, 2019.

第 7 章　典型隧道结构抗震计算算例

7.1　修正静力法算例

7.1.1　工程背景

本算例对双线公路隧道采用修正静力法进行抗震计算。该隧道处于 V 级围岩中，衬砌断面尺寸如图 7.1 所示，算例中分别选用埋深 5.8m(50%洞跨)、34.7m(3 倍洞跨)、69.4m(6 倍洞跨)三种工况，说明上覆土柱计算高度 H_v 的取值方法，计算模型取衬砌断面中轴线，如图 7.2 所示，计算简图如图 7.3 所示。

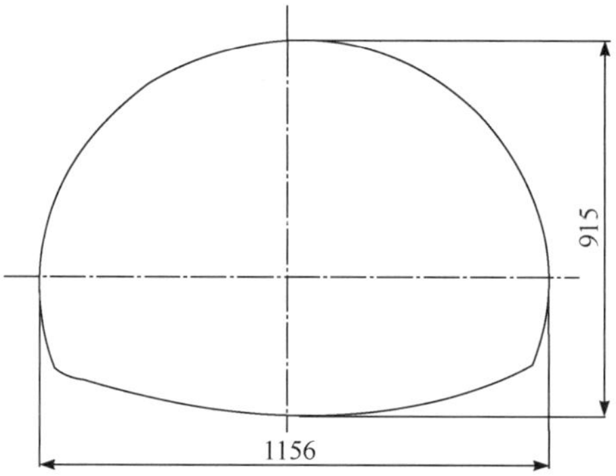

图 7.1　衬砌断面尺寸示意图(单位：cm)

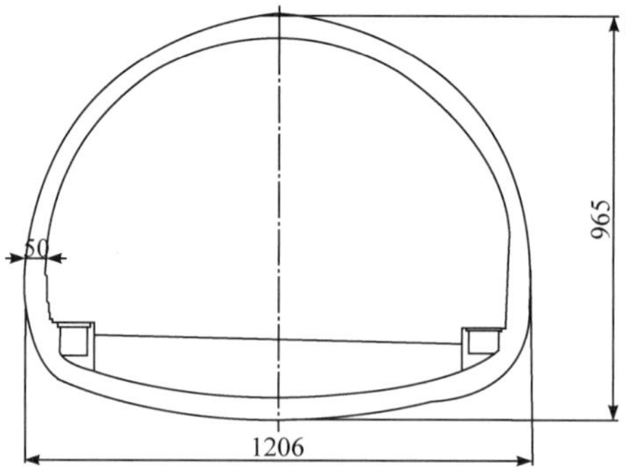

图 7.2　衬砌断面中轴线示意图(单位：cm)

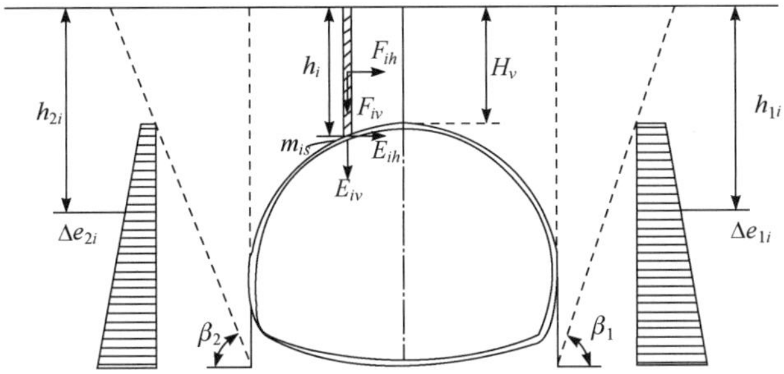

图 7.3　静力法计算简图

采用通用有限元软件(ANSYS)进行计算，计算模型为荷载-结构模型，隧道衬砌采用梁单元模拟，衬砌与围岩之间的相互作用采用弹簧单元模拟，模型中梁单元共计 80 个，弹簧单元 160 个，其中轴向弹簧和切向弹簧各 80 个，有限元计算模型如图 7.4 所示。

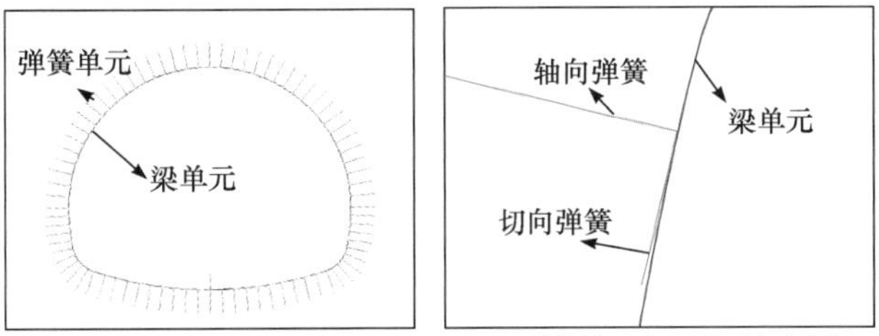

(a) 梁-弹簧模型　　(b) 弹簧单元和梁单元细部图

图 7.4　修正静力法计算模型

7.1.2　计算参数

1. 材料参数

隧道衬砌采用 C40 钢筋混凝土，其材料参数按照《公路隧道设计细则》(JTG/T D70—2010)选取，如表 7.1。

表 7.1　衬砌材料参数表

材料	弹性模量/GPa	密度/(kg/m³)	泊松比
混凝土(衬砌)	35.5	2500	0.2

围岩参数按照《公路隧道设计规范 第一册 土建工程》(JTG 3370.1—2018)选取，如表 7.2 所示。

表 7.2　围岩材料参数表

材料	弹性模量/GPa	密度/(kg/m³)	弹性抗力系数/(MPa/m)	计算摩擦角 φ_g /(°)	内摩擦角 θ_0 /(°)
V级围岩	1	1800	100	45	22.5

2. 地震动参数

计算时设地震烈度：8 度(仅考虑水平地震作用)。

设计地震动峰值加速度为 0.3g。

地震角：$\theta = 4.5°$。

工程场地：II 类。

结构抗震重要性系数：$C_i = 1.0$。

重要性修正系数：1.0。

由《公路隧道抗震设计规范》(JTG 2232—2019)表 A.1.5 可知，上覆土柱计算高度由隧道洞跨及围岩条件确定，本例中隧道为 V 级围岩双车道隧道，三种不同埋深工况中 H_v 均取为 3 倍洞跨。

7.1.3 计算过程

1. 衬砌自重地震惯性力

工程场地为 II 类场地，场地调整系数 C_s=1.0，结构抗震重要性系数取 C_i=1.0，水平向基本地震动加速度 $A = 0.3g$。

故衬砌自重水平地震惯性力为

$$E_{ih} = A_h m_{is} = C_i C_s A m_{is} = 0.3 g m_{is}$$

2. 上覆土柱地震惯性力

地震时内、外侧土体计算摩擦角为

$$\varphi_1 = \varphi_g - \theta = 45° - 4.5° = 40.5°$$

$$\varphi_2 = \varphi_g + \theta = 45° + 4.5° = 49.5°$$

地震时内、外侧土体内摩擦角为

$$\theta_1 = \theta_0 - \theta = 22.5° - 4.5° = 18°$$

$$\theta_2 = \theta_0 + \theta = 22.5° + 4.5° = 27°$$

地震时内、外侧土体产生最大推力时破裂角为

$$\tan\beta_1 = \tan\varphi_1 + \sqrt{\frac{(\tan^2\varphi_1 + 1)(\tan\varphi_1 - \tan\alpha)}{\tan\varphi_1 - \tan\theta_1}}$$

$$= \tan 40.5° + \sqrt{\frac{(\tan^2 40.5° + 1)(\tan 40.5° - \tan 0°)}{\tan 40.5° - \tan 18°}} = 2.525$$

$$\tan\beta_2 = \tan\varphi_2 + \sqrt{\frac{(\tan^2\varphi_2 + 1)(\tan\varphi_2 + \tan\alpha)}{\tan\varphi_2 - \tan\theta_2}}$$

$$= \tan 49.5° + \sqrt{\frac{(\tan^2 49.5° + 1)(\tan 49.5° + \tan 0°)}{\tan 49.5° - \tan 27°}} = 3.221$$

常时内、外侧土体产生最大推力时破裂角为

$$\tan\beta=\tan\varphi_g+\sqrt{\frac{(\tan^2\varphi_g+1)(\tan\varphi_g+\tan\alpha)}{\tan\varphi_g-\tan\theta_0}}$$

$$=\tan45°+\sqrt{\frac{(\tan^2 45°+1)(\tan45°+\tan0°)}{\tan45°-\tan22.5°}}=2.847$$

地震时内、外侧土体侧压力系数为

$$\lambda_1=\frac{(\tan\beta_1-\tan\varphi_1)(1-\tan\theta_1\tan\theta)}{(\tan\beta_1-\tan\alpha)[1+\tan\beta_1(\tan\varphi_1-\tan\theta_1)+\tan\varphi_1\tan\theta_1]}$$

$$=\frac{(2.525-\tan40.5°)(1-\tan18°\tan4.5°)}{(2.525-\tan0°)[1+2.525\times(\tan40.5°-\tan18°)+\tan40.5°\tan18°]}=0.247$$

$$\lambda_2=\frac{(\tan\beta_2-\tan\varphi_2)(1-\tan\theta_2\tan\theta)}{(\tan\beta_2+\tan\alpha)[1+\tan\beta_2(\tan\varphi_2-\tan\theta_2)+\tan\varphi_2\tan\theta_2]}$$

$$=\frac{(3.221-\tan49.5°)(1-\tan27°\tan4.5°)}{(3.221-\tan0°)[1+3.221\times(\tan49.5°-\tan27°)+\tan49.5°\tan27°]}=0.164$$

常时土体侧压力系数为

$$\lambda=\frac{\tan\beta-\tan\varphi_g}{(\tan\beta_g-\tan\alpha)[1+\tan\beta(\tan\varphi_g-\tan\theta_0)+\tan\varphi_g\tan\theta_0]}$$

$$=\frac{2.847-\tan45°}{(2.847-\tan0°)[1+2.847\times(\tan45°-\tan22.5°)+\tan45°\tan22.5°]}=0.210$$

将上述各参数及围岩容重 $\gamma=18\text{kN/m}^3$ 、隧道洞跨 $B=11.56\text{m}$ 代入下面公式计算任一上覆土柱的地震惯性力，其中 A_h 计算同前。

上覆土柱垂直土压力：

$$Q_i=\frac{\gamma}{2}[2h_iB-(\lambda_1h_i^2+\lambda_2h_i^2)\tan\theta_0]$$

上覆土柱水平地震作用：

$$F_{ih}=A_hQ_i$$

有限元计算时,将上覆土柱水平地震惯性力按图 7.5 所示力的平移原理进行处理。

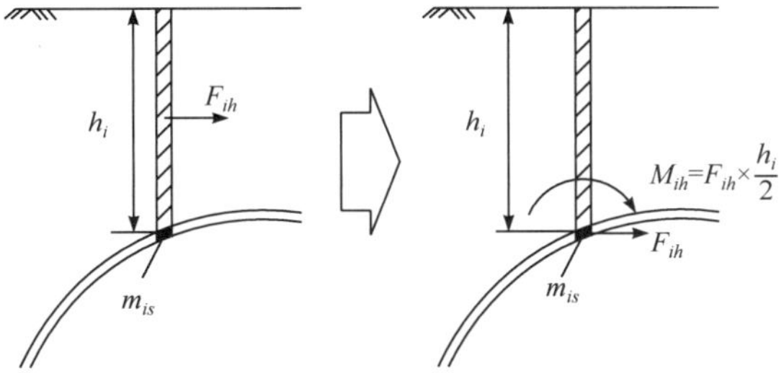

图 7.5　上覆土柱水平地震惯性力的平移

3. 地震时侧向土压力增量

将结构抗震重要性修正系数 $C_i=1.0$，场地调整系数 $C_s=1.0$，地震时内、外侧土体侧压力系数 λ_1、λ_2，常时土体侧压力系数 λ，围岩容重 γ 代入下面公式计算地震时侧向土压力增量。

内侧土压力增量：

$$\Delta e_{1i}=C_iC_s\gamma h_{1i}(\lambda_1-\lambda)$$

外侧土压力增量：

$$\Delta e_{2i}=C_iC_s\gamma h_{2i}(\lambda_2-\lambda')$$

将计算出的三部分地震荷载施加在如图 3.20(a)所示的梁-弹簧模型中求出结构内力。

4. 计算结果

图 7.6 为修正静力法计算衬砌在地震作用下的弯矩和轴力，图 7.6(a)中上半部分的衬砌弯矩出现锯齿状，是由计算中将上覆土柱地震惯性力简化为节点力和节点弯矩所致，根据反应位移法、时程分析法及振动台试验结果中拱圈共轭 45°方向交替出现内力峰值这一分布特征，绘出其内力包络图如图 7.7 所示。将该包络图各相应点的内力值与常时荷载作用的内力值进行叠加，取最不利结果进行抗震设计。

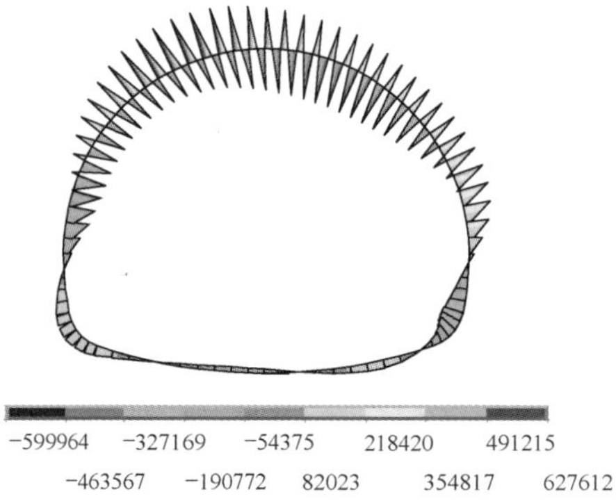

(a) 弯矩(单位：N·m)

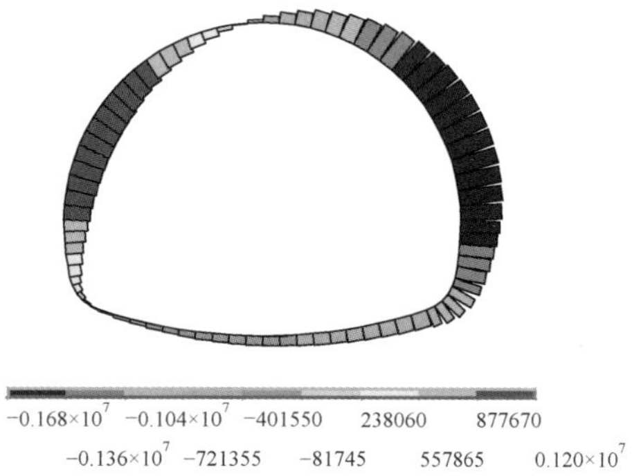

(b) 轴力(单位：N)

图 7.6 衬砌横断面有限元计算结果

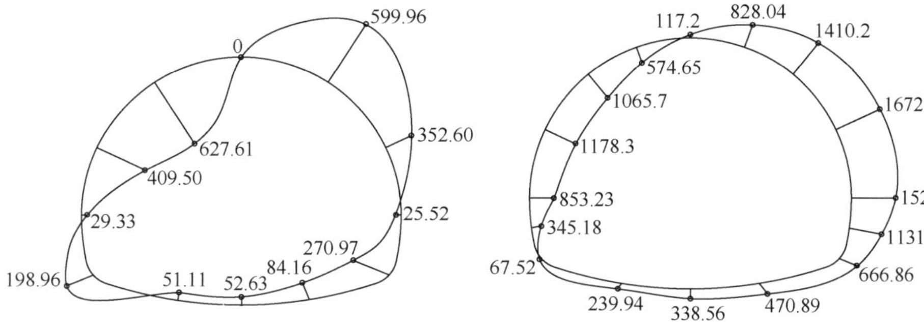

(a) 弯矩(单位：kN·m)　(b) 轴力(单位：kN)

图 7.7　衬砌横断面内力包络图

7.2　反应位移法算例

7.2.1　工程背景

某盾构隧道所处地层如图 7.8 所示，地层参数如表 7.3 所示，地表至隧道中心距离为 34.8m，圆形断面衬砌外径为 12.8m，衬砌厚度为 0.55m，幅宽为 2m，衬砌混凝土容重 $26kN/m^3$，弹性模量为 $3.5\times10^7kN/m^2$，衬砌环间接头通过 25 根 8.8 级 M36 螺栓连接，其中单根螺栓的张拉刚度 k_j=2.1×10^5kN/m，根据地质勘探资料，此工程场地为 II 类场地，抗震设防烈度为 VII 度，参考《中国地震动参数区划图》，此场地地震动峰值加速度为 0.10g。地层、衬砌详细参数如表 7.3～表 7.5 所示。

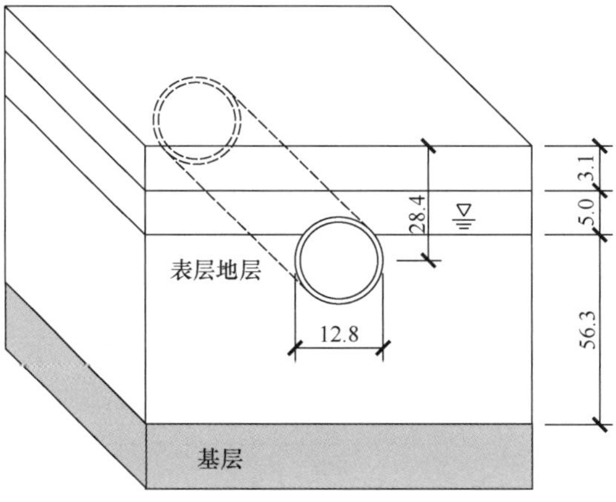

图 7.8　盾构隧道示意图(单位：m)

表 7.3　地层参数 1

土层	厚度/m	剪切波速度/(m/s)	密度/(kg/m^3)
杂填土	9.5	104	1850
中密卵石	18.3	366.5	2200
密实卵石	36.6	438.5	2300
中风化泥岩	—	704	2300

表 7.4　地层参数 2

参数	表层	基层
厚度/m	64.4	—
地层剪切波速(地震时)/(m/s)	166.7(133.4)	704(704)
剪切模量(地震时)/(kN/m^2)	61260(153600)	1140000(1140000)
侧压力系数	0.25(取隧道所在层)	—
泊松比	0.2	0.24
地层固有周期	0.90s	—

注：地震时，表层地层的剪切波速度和剪切模量应做相应折减，一般折减系数取为 0.8。

表 7.5　隧道衬砌参数

隧道	中心深度	34.8m
	覆土深度	28.4m
衬砌	管片种类	钢筋混凝土平板形管片
	外径	12.8m
	内径	11.70m
	厚度	0.55m
	单位体积容重	26kN/m^3
	弹性系数	3.5×10^7kN/m^2
	幅宽	2m
	计算半径	6.125
接头	连接方式	弯螺栓
	断面内个数	25
	单个螺栓拉伸刚度	2.10×10^5kN/m
	整环螺栓的拉伸刚度	5.25×10^5kN/m

1. 横向反应位移法计算

盾构隧道横断面地震内力近似计算公式如下：

$$M(\theta)=1.3\times\frac{3\pi E_s I_s}{2RH}U_h\sin\left(\frac{\pi H_c}{2H}\right)C\sin 2\theta$$

$$Q(\theta)=-1.3\times\frac{3\pi E_s I_s}{R^2 H}U_h\sin\left(\frac{\pi H_c}{2H}\right)C\cos 2\theta$$

$$N(\theta)=-1.3\times\frac{3\pi E_s I_s}{R^2 H}U_h\sin\left(\frac{\pi H_c}{2H}\right)\left(1+\frac{G_G R^3}{6E_s I_s}\right)C\sin 2\theta$$

$$C=\frac{4(1-\nu_G)G_G R^3}{(3-2\nu_G)G_G R^3+6(3-4\nu_G)E_s I_s}$$

根据地质勘探资料，此工程场地为 II 类场地，抗震设防烈度为 VII 度，参考《中国地震动参数区划图》，此场地地震动峰值加速度为 0.10g，地表最大位移参照前述公式进行计算：

$$u_{\max}=F_u\cdot u_{\max\text{II}}=F_u\cdot F_{uh\text{II}}\cdot A_{h\text{II}}=1\times1/15\times1=0.067(\text{m})$$

将各计算参数代入上述公式中，计算得到地震作用下横断面内力如表 7.6 所示。

表 7.6　地震作用下管片内力

断面角度/(°)	弯矩/(kN·m)	轴力/kN	剪力/kN
0	0	0	129.87
10	135.97	574.54	122.05
20	255.55	1079.85	99.52
30	344.35	1455.04	64.99
40	391.65	1654.92	22.64
50	391.76	1655.38	–22.43
60	344.66	1456.38	–64.81
70	256.04	1081.90	–99.38
80	136.56	577.05	–121.98
90	0	0	–129.87
100	–135.37	–572.02	–122.12

续表

断面角度/(°)	弯矩/(kN·m)	轴力/kN	剪力/kN
110	−255.07	−1077.80	−99.65
120	−344.03	−1453.71	−65.17
130	−391.54	−1654.45	−22.84
140	−391.87	−1655.84	22.23
150	−344.98	−1457.72	64.63
160	−256.52	−1083.95	99.25
170	−137.16	−579.56	121.90
180	0	0	129.87

注：断面角度从拱顶开始按顺时针方向取值。

根据表 7.6 绘出隧道横断面内力分布图，如图 7.9 所示。

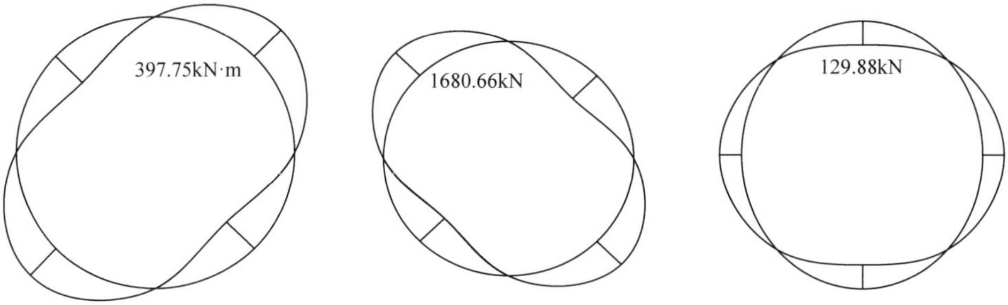

(a) 弯矩　　(b) 轴力　　(c) 剪力

图 7.9　地震作用下管片内力图

2. 纵向反应位移法计算

ϕ为中性轴与隧道中心水平线的夹角，如图 7.10 所示。

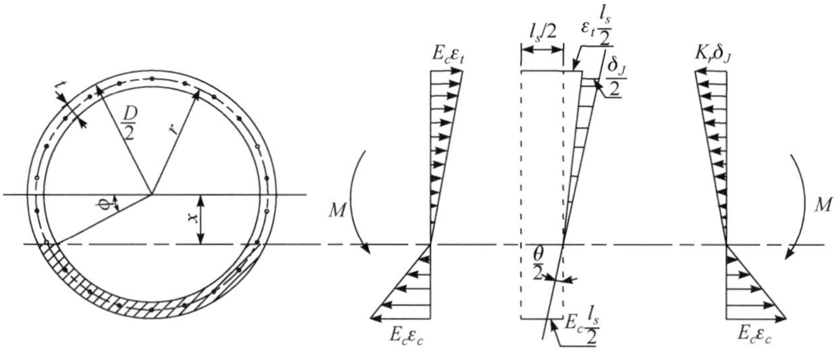

图 7.10　等效弯曲刚度计算示意图

根据公式：

$$\phi+\cot\phi=\pi\left(0.5+\frac{K_J}{E_sA_s/l_s}\right)=\pi\left(0.5+\frac{20\times4.0\times10^5}{7.4\times10^8/2}\right)=1.64$$

求出 $\phi=0.995$ 。

盾构隧道的等效抗压刚度、等效抗拉刚度、等效抗弯刚度分别为

$$(EA)_{\text{eq}}^C=E_sA_s=3.5\times10^7\times(6.4^2-5.85^2)\times3.14=7.4\times10^8(\text{kN})$$

$$(EA)_{\text{eq}}^T=\frac{E_sA_s}{1+\dfrac{E_sA_s}{l_sK_J}}=\frac{7.4\times10^8}{1+\dfrac{7.4\times10^8}{2\times5.25\times10^6}}=1.04\times10^7(\text{kN})$$

$$\begin{aligned}(EI)_{\text{eq}}&=\frac{\cos^3\phi}{\cos\phi+(\pi/2+\phi)\sin\phi}E_sI_s\\&=\frac{\cos^3 0.995}{\cos0.995+\left(\dfrac{\pi}{2}+0.995\right)\sin0.995}\times3.5\times10^7\times397.6\\&=1.39\times10^{10}(\text{kN}\cdot\text{m}^2)\end{aligned}$$

7.2.2　地震作用下各参数计算

地层固有周期：

$$T_G=\sum\frac{4H_i}{V_{si}}=\frac{4\times9.5}{104.0}+\frac{4\times18.3}{366.5}+\frac{4\times36.6}{438.5}=0.90(\text{s})$$

$$T_s=1.25\times T_G=1.25\times0.90=1.125(\text{s})$$

根据地质勘探资料此工程场地为 II 类场地，抗震设防烈度为 VII 度，参考《中国地震动参数区划图》，场地地震动峰值加速度为 0.10g，地表最大位移参照前述公式进行计算：

$$u_{\max}=F_u\cdot u_{\max\text{II}}=F_u\cdot F_{uh\text{II}}\cdot A_{h\text{II}}=1\times1/15\times1=0.067(\text{m})$$

隧道轴线处位移：

$$u(34.8)=u_{\max}\left(1-\frac{1}{3}\sin\frac{\pi z}{2H}\right)=0.067\times\left[1-\frac{1}{3}\sin\left(\frac{\pi\times34.8}{2\times64.4}\right)\right]=0.07(\text{m})$$

表层地层和地震设计基准面地层的地震波波长：

$$L_1=v_1\cdot T_s=166.7\times1.125=187.5(\text{m})$$

$$L_2=v_2\cdot T_s=704\times1.125=792(\text{m})$$

等效地震波波长：

$$L = \frac{2L_1L_2}{L_1 + L_2} = 303.2\text{m}$$

7.2.3　纵向最大拉、压轴力计算

设地震波的传播方向与隧道轴线夹角为ϕ，当ϕ为 45°时，隧道所受轴力最大，此时隧道轴线处地层水平位移为

$$U'_{hc} = u(34.8) / \sqrt{2} = 0.05 / \sqrt{2} = 0.035(\text{m})$$

波长为

$$L' = \sqrt{2}L = \sqrt{2} \times 303.2 = 428.8(\text{m})$$

$$\begin{aligned} N_{T\max} &= \beta_T \alpha_T \frac{2\pi U'_{hc}}{L'} (EA)_{\text{eq}}^C \\ &= 0.0626 \times 0.933 \times \frac{2 \times \pi \times 0.035}{428.8} \times 1.03 \times 10^7 \\ &= 308.4(\text{kN}) \end{aligned}$$

$$\begin{aligned} N_{C\max} &= \beta_C \alpha_C \frac{2\pi U'_{hc}}{L'} (EA)_{\text{eq}}^C \\ &= 1.7242 \times 0.189 \times \frac{2 \times \pi \times 0.035}{428.8} \times 7.4 \times 10^8 \\ &= 123.6 \times 10^3(\text{kN}) \end{aligned}$$

式中

$$\alpha_T = \frac{1}{1 + \left(\dfrac{2\pi}{\lambda_T L'}\right)^2} = \frac{1}{1 + \left(\dfrac{2\pi}{0.077 \times 303.2}\right)^2} = 0.932$$

$$\alpha_C = \frac{1}{1 + \left(\dfrac{2\pi}{\lambda_C L'}\right)^2} = \frac{1}{1 + \left(\dfrac{2\pi}{0.001 \times 303.2}\right)^2} = 0.002$$

$$\lambda_T = \sqrt{\frac{K_l}{(EA)_{\text{eq}}^T}} = \sqrt{\frac{6.126 \times 10^4}{1.03 \times 10^7}} = 0.077$$

$$\lambda_C = \sqrt{\frac{K_l}{(EA)_{\text{eq}}^C}} = \sqrt{\frac{6.126 \times 10^4}{7.4 \times 10^8}} = 0.009$$

$$\beta_T = \frac{(EA)_{eq}^T}{(EA)_{eq}^C}\frac{\alpha_T}{\alpha_C}\left[1+\frac{\cos(2\pi\eta / L')}{\cos(\lambda_T\eta)}\right] = 11.98$$

$$\beta_C = 1+\frac{\cos(2\pi\eta / L')}{\cosh[\lambda_C(L'/2-\eta)]} = 1.46$$

η 由下式迭代计算：

$$\frac{2\pi}{\lambda_T L'}\alpha_T \tanh(\lambda_T\eta)+\frac{2\pi}{\lambda_C L'}\alpha_C \tanh\left[\lambda_C\left(\frac{L'}{2}-\eta\right)\right]=(\alpha_T-\alpha_C)\tan\left(2\pi-\frac{\eta}{L'}\right)$$

$$\eta = 36.4$$

注：在条件允许时，地层弹簧刚度 K_l 应根据土的动力特性通过现场试验或采用计算方法确定，此外也可参照经验公式 $K_l = 1.0G_G$，此处按照该公式计算(地层剪切模量 G_G 一般由地质勘探资料获得，也可参照经验公式 $G_G = \rho v_1^2$ 计算(V_1 指波速)，本算例按照此公式计算：$G_G = \rho v_1^2 = 2500\times 277.2^2 = 1.92\times 10^5\text{kN/m}^2$

7.2.4 纵向最大弯矩计算

当地震波的传播方向与隧道轴向一致，即ϕ为 0°时，衬砌结构将产生最大弯矩，其值为

$$\begin{aligned}M_{\max} &= \alpha_M \frac{4\pi^2 U_{hc}}{L^2}(EI)_{eq}\\ &= 0.961\times\frac{4\times\pi^2\times 0.05}{303.2^2}\times 7.3\times 10^8\\ &= 15.19\times 10^3(\text{kN}\cdot\text{m})\end{aligned}$$

式中

$$\alpha_M = \frac{1}{1+\left(\dfrac{2\pi}{\lambda_M L}\right)^4} = \frac{1}{1+\left(\dfrac{2\pi}{0.046\times 303.2}\right)^4} = 0.960$$

$$\lambda_M = \sqrt[4]{\frac{K_t}{(EI)_{eq}}} = \sqrt[4]{\frac{6.126\times 10^4}{1.4\times 10^{10}}} = 0.046$$

注：在条件允许时，地层弹簧刚度 K_t 应根据土的动力特性通过现场试验或采用计算方法确定，此外也可参照经验公式取 $K_t = 1.0G_G$，此处按照此公式计算。

7.3　时程分析法算例

7.3.1　计算模型

本算例为一条双线公路隧道的抗震计算，衬砌尺寸示意图如图 7.11 所示；采用通用有限元软件 ANSYS/LS-DYNA 对其建立三维有限元模型,并进行动力时程计算，其中，围岩采用实体单元模拟，衬砌采用壳单元模拟，取横断面中轴线建模，断面宽 11.56m、高 9.15m，如图 7.12 所示。围岩及衬砌有限元模型如图 7.13 所示，隧道埋深为 34.68m(3 倍洞跨)，围岩水平向边界距离隧道边墙 52m(4.5 倍洞跨)，模型底部地震波输入基准面距离隧道底部 54.9m(6 倍洞高)，满足时程分析法中计算模型边界不小于 3 倍宽(高)的取值要求，纵向取 100m，模型中实体单元共计 11160 个，壳单元共计 250 个。

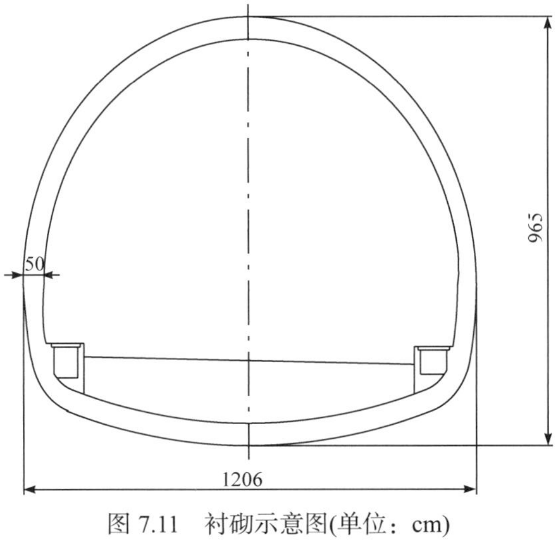

图 7.11　衬砌示意图(单位：cm)

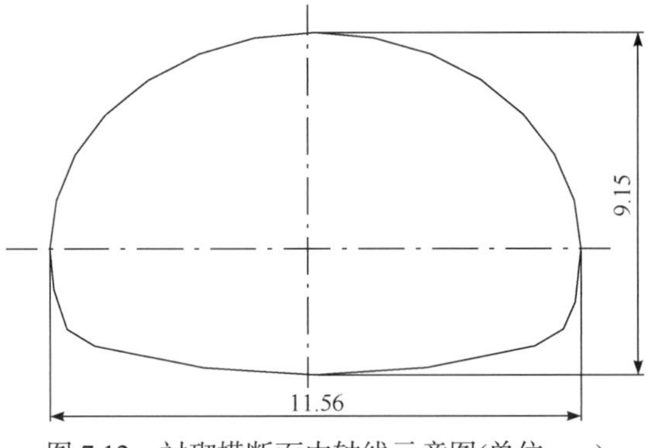

图 7.12　衬砌横断面中轴线示意图(单位：m)

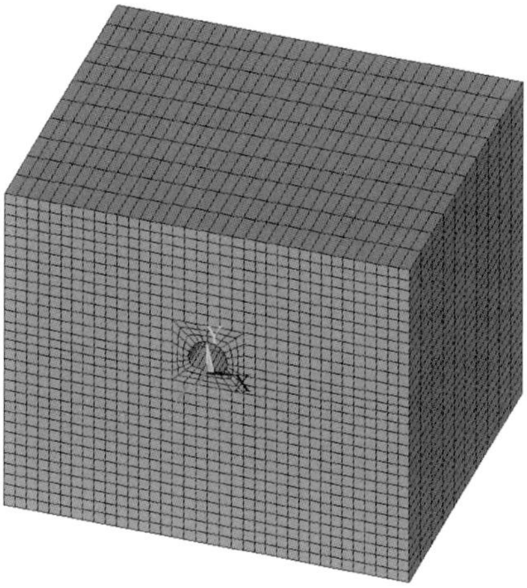

(a) 围岩有限元模型

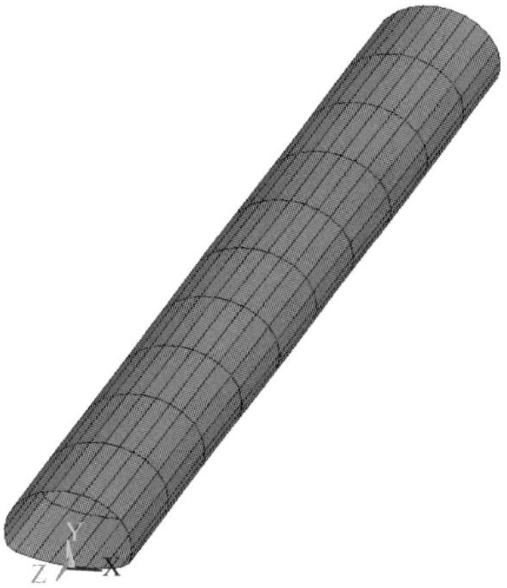

(b) 衬砌有限元模型

图 7.13　有限元计算模型

7.3.2　计算参数

隧道衬砌选用 C40 钢筋混凝土，其材料参数按照《公路隧道设计规范》(JTG 3370.1—2018)选取，具体如表 7.7 所示。

表 7.7　衬砌材料参数表

材料	弹性模量/GPa	容重/(kN/m³)	泊松比
混凝土(衬砌)	35.5	2500	0.2

算例中隧道围岩性质均一，按照围岩等级划为 V 级围岩，参数按照《公路隧道设计规范》(JTG 3370.1—2018)选取，具体如表 7.8 所示。

表 7.8　围岩材料参数表

材料	弹性模量/GPa	密度/(kg/m³)	泊松比
V 级围岩	1	1800	0.4

按照《公路隧道设计细则》要求，时程分析法计算选用的地震动时程曲线不得少于三条，本算例选取峰值加速度为 $0.3g$ 的人工合成地震波、Elcentro 地震波和汶川地震波，其中汶川地震波选用宝兴地震局台站记录的数据，其峰值加速度为 $289\mathrm{cm/s^2}$，与峰值加速度 $0.3g$ 较为接近，三组地震波波形如图 7.14 所示。

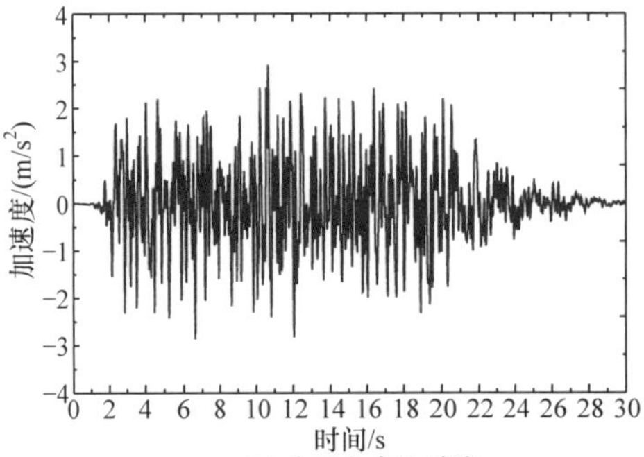

(a) 人工合成地震波

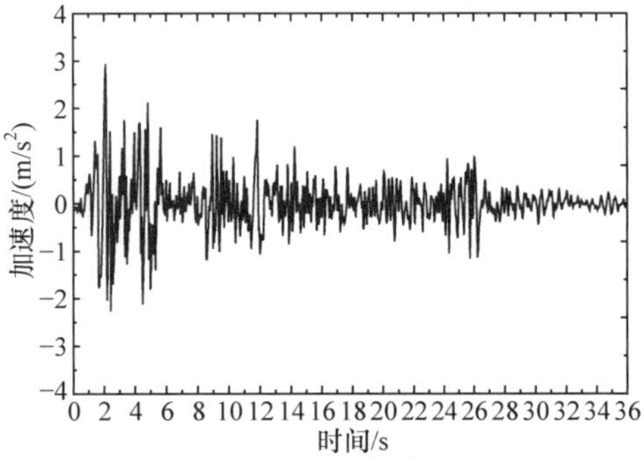

(b) Elcentro地震波

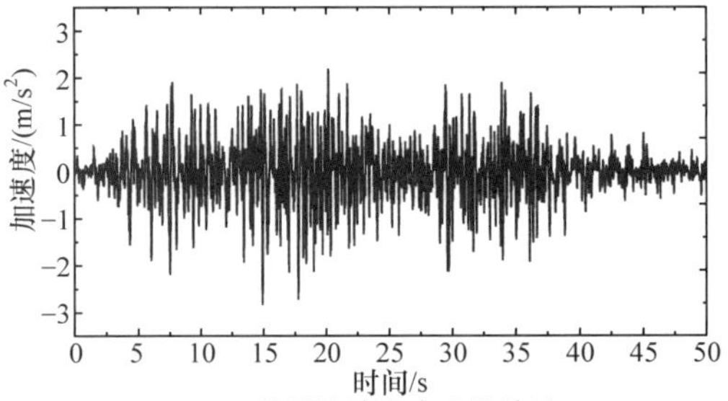

(c) 汶川地震波(宝兴地震局)

图 7.14　输入三组地震波时程曲线

7.3.3　计算结果

采用上述三组地震波作为输入地震动对围岩及隧道三维有限元模型进行时程分析计算，可获得任一衬砌单元在地震荷载作用下的内力时程，以及整个隧道断面在地震动持续时间内的内力峰值分布，以图 7.15 所示断面为例进行说明。

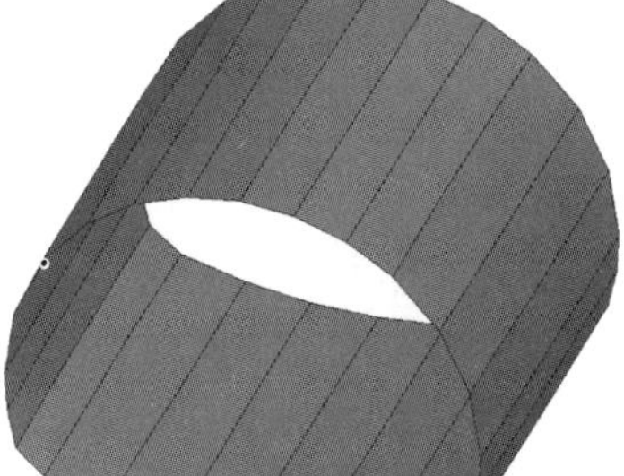

(a) 示例断面模型

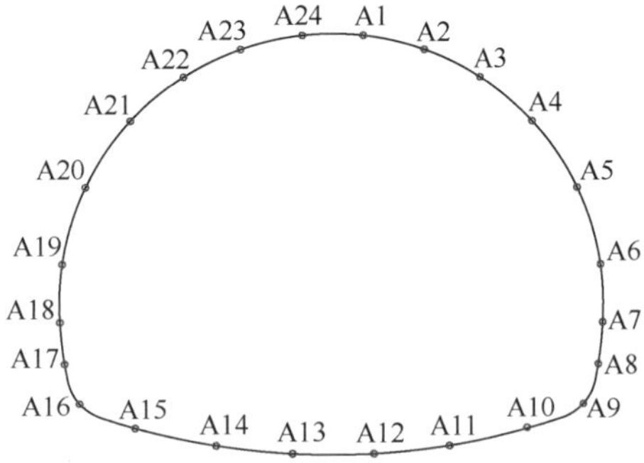

(b) 示例断面测点分布

图 7.15　示例断面模型及测点分布图

动力时程计算完成后，选取图 7.15(a)所示中间断面，壳单元共计 24 个(图 7.15(b))，提取每个单元的内力时程曲线，并取其峰值作为设计用断面地震内力。以 Elcentro 地震波作用下 A4、A9、A16、A21 四个单元为例，其弯矩及轴力时程曲线如图 7.16 和图 7.17 所示。

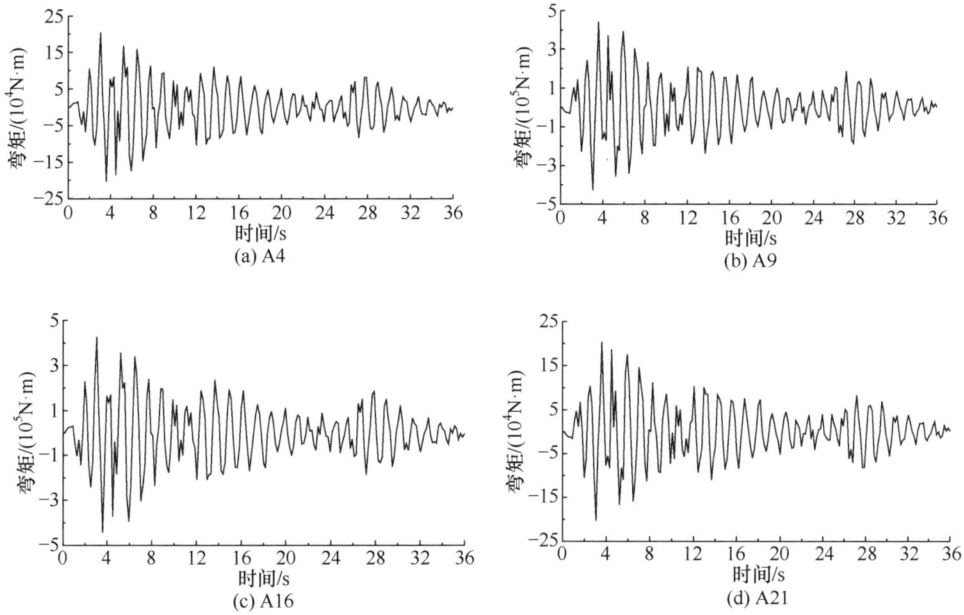

图 7.16　示例单元地震作用下弯矩时程曲线

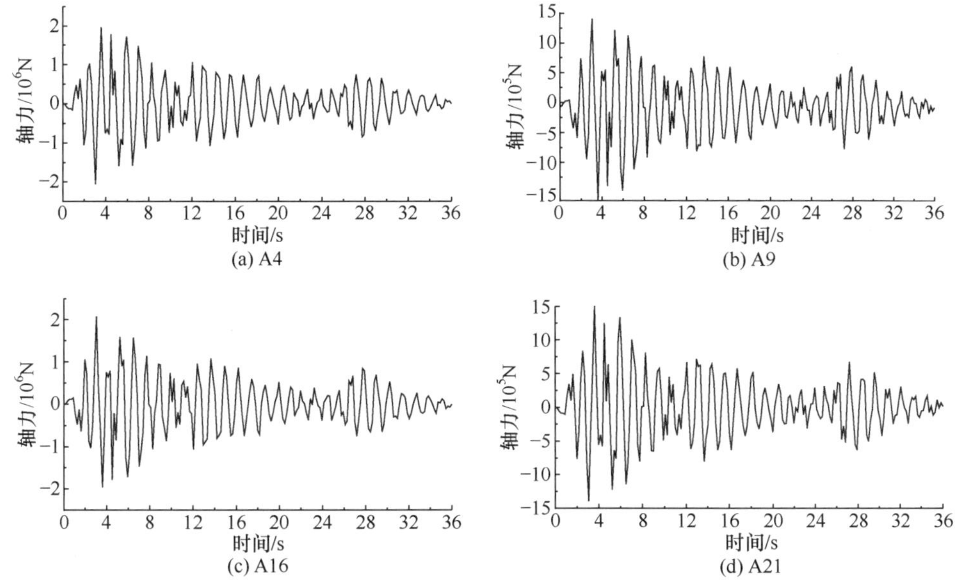

图 7.17　示例单元地震作用下轴力时程曲线

采用同样的方法可以获得整个断面各相应单元的弯矩和轴力峰值，将其绘成图 7.18～图 7.20 所示的隧道断面地震内力图，由图可知，人工合成地震波作用下衬砌内力较其他地震波作用下大，因此按照取包络值设计的原则，选用衬砌最大地震内力与常时荷载作用下衬砌内力的叠加值进行抗震设计。

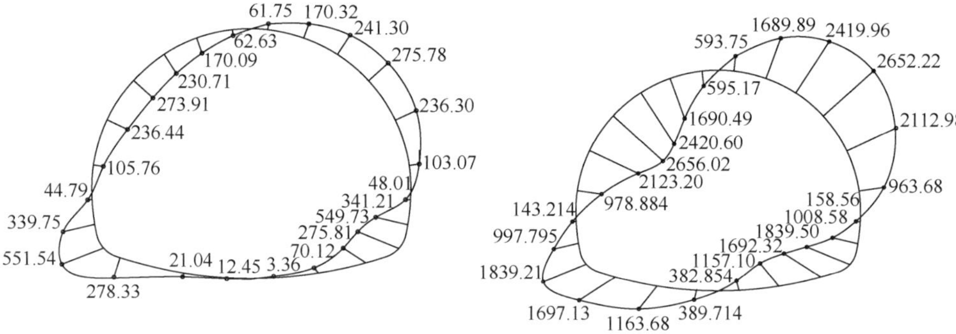

(a) 弯矩(单位：kN·m) (b) 轴力(单位：kN)

图 7.18 人工合成地震波作用下衬砌内力

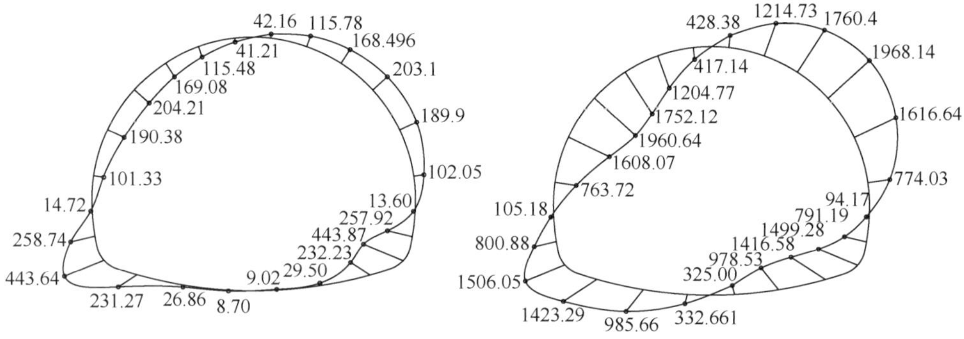

(a) 弯矩(单位：kN·m) (b) 轴力(单位：kN)

图 7.19 Elcentro 地震波作用下衬砌内力

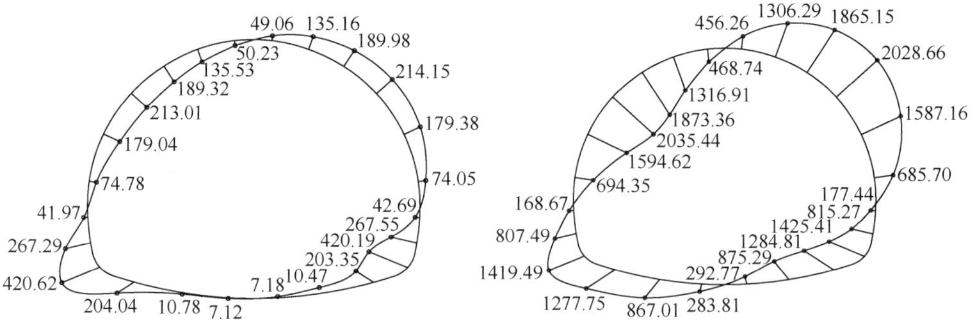

(a) 弯矩(单位：kN·m) (b) 轴力(单位：kN)

图 7.20 汶川地震波作用下衬砌内力

综上可知，时程分析法可获得所有单元地震波作用过程中各时刻的内力，能获得较高的计算精度，但计算及提取断面峰值内力需处理大量数据，过程烦琐，对计算人员能力要求较高，在现有条件下，广泛推广使用还存在一定困难。

第 8 章　隧道结构抗断设计方法及应用

8.1　活动断层区隧道结构抗断设计对策

活动断层对深埋隧道工程的影响主要表现在两个方面，即活动断层对地应力场的影响和活动断层运动模式对隧道围岩稳定性的影响[1]。其中活动断层的运动模式是影响工程稳定性及安全性的重要因素。断层运动形式可以分为黏滑和蠕滑两种，地震时断层快速破裂就是一种黏滑错动，蠕滑是不伴随地震的断裂缓慢错动，它是弹性应变积累和地震形成的抑制因素。黏滑对地下工程的影响主要表现为：岩体振动引起的破坏(即抗震问题)、断层活动造成的破坏(即抗断问题)。针对活动断层蠕滑引起的深埋隧道工程抗断问题的研究，国内外还不多见，相应的抗断防护设计实例也很少。

Caulfield 等[2]在美国加利福尼亚南部的克莱尔蒙特输水压力隧道工程中，采取了扩大隧道断面尺寸、减小衬砌节段长度及节段间设置剪切缝的抗断措施。Russo 等[3]在土耳其 Bolu 公路隧道工程中提出了隧道衬砌节间采用刚度相对较小的柔性连接的抗断防护设计。Shahidi 等[4]在希腊的 Koohrang-III 输水压力隧道工程中也采用了相同的设计方法。国内乌鞘岭铁路隧道建设中也遇到穿越活动断层的问题，梁文灏等[5]采取了扩大断面尺寸的抗断措施。

纵观国内外穿越活动断层隧道工程设计经验，隧道工程抗断防护设计可以归纳为超挖设计、铰接设计及隔离消能设计三大类[6]。

8.1.1　超挖设计

超挖设计(图 8.1)理念，即根据活动断层可能的错动量，扩大隧道断面尺寸。在断层错动时，扩大的隧道断面尺寸可以保证隧道断面的净空面积；尽可能减小错动导致的隧道结构破坏。超挖量主要依据活动断层的错动方式及错动量确定。

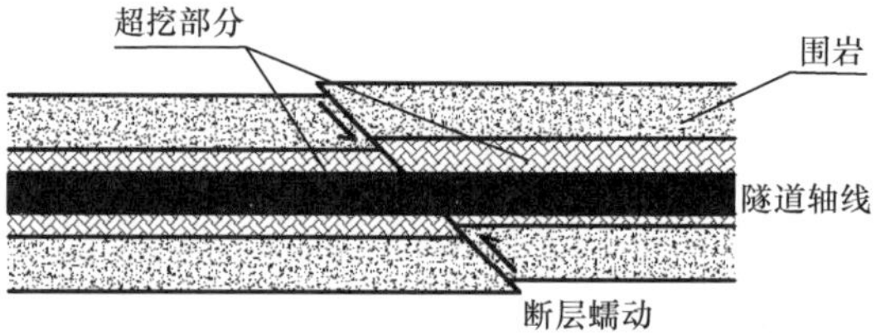

图 8.1　超挖设计

超挖设计已在美国旧金山海湾区快速运输系统的伯克利希尔斯隧道得到了应用[7]。在伯克利希尔斯隧道工程中，直径为 20ft①(横跨起拱线 6.096m)的马蹄形隧道在掘进时穿过了 Hayward 断层，其中有一 S 形断层位移。该隧道直径超挖了 1ft(0.3048m)，可采用扩大断面的方法，并且将隧道用中心距为 2ft(0.6096m)埋在已浇筑混凝土内的钢肋加以衬砌。Tom Kuesel 认为："这种结构在横穿隧道的断层位移过程中允许肋间相对运动，即使混凝土衬砌有严重的裂缝，隧道的横断面也没有变形"。这一段隧道中的轨道是铺设在必要时能够取出重新铺轨的木质轨枕(枕木)上的，即使在隧道轴线上发生偏转，也能调整成"平缓的 S 形线"。Hayward 断层每年的蠕动量为 1ft 的几分之一。为了确定断层位移对衬砌的影响方式，在安装以后的 25 年对衬砌进行了检验。由于衬砌总是要收缩，钢肋的存在会导致混凝土产生裂缝。已经发现，要将钢肋周围因混凝土收缩产生的裂缝与地震活动引起的裂缝区别开来很难。火车一直以每小时 80mile(128.75km)的速度在隧道中运行，至今没有遇到任何困难。

超挖设计应用的另一个例子是国内的乌鞘岭隧道[8]，如图 8.2 所示。

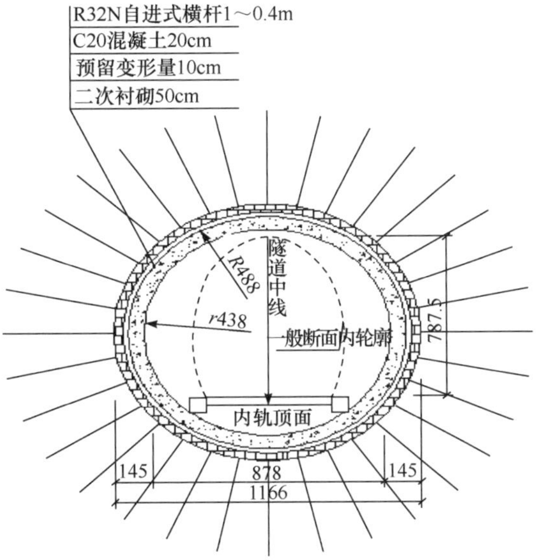

图 8.2　F7 活动性断层带衬砌断面示意图(单位：cm)

乌鞘岭隧道经过地区褶皱构造和断裂构造发育，断裂构造主要为区域性大断裂，由南向北依次分布有 F4、F5、F6、F7 断层，其中 F7 断层为本隧道遇到的最复杂的断层，断层走向为北西西向，倾向南，倾角 70°，前期为逆断层，后期表

① 1ft=0.3048m。

现为左旋逆走滑断层。断带物质主要由断层泥砾及碎裂岩组成，松散破碎，风化严重。该断层为工程活动性断层，全新世的平均水平滑动速率为 2.08～2.5mm/年，平均垂直滑动速率为 0.06～0.027mm/年。F7 活动性断层地段属地震多发带，具有准周期性，最大震级为 8.5 级左右，隧道通过工程活动性断层，受构造挤压影响，残余应力较大。为适应工程地质和水文地质条件，该活动断层段按圆形结构断面进行设计，每隔 25m 设一道变形缝。内轮廓直径为 8.76m(预留活动性断层预计的百年位移量)，采用钢筋混凝土衬砌结构。

超挖设计的又一典型示例即国内嘎隆拉隧道(图 8.3)。在断层错动时，扩大的隧道断面尺寸可以保证隧道断面的净空面积；尽可能减小错动导致隧道结构破坏。超挖量主要依据活动断层的错动方式及错动量确定。由于西藏地震局的地质构造分析资料中仅提供了嘎隆拉隧址区主断裂预计的年位错量，没有分析次级断裂的位错量，而据日本学者松田时彦[9]的研究报道，北美一地震断层的例子，在那里即使离主断层 5～6km 以上的次级断层，在地震时的位移量也常达主断层位移量的 20%以上。因此，保守地确定嘎隆拉隧道轴线穿越的次级断层的年位错量为主断层年位错量的 60%，即次级断层的年位错量为 3mm/年，百年位错量为 30cm，断层影响带宽度为 100m。

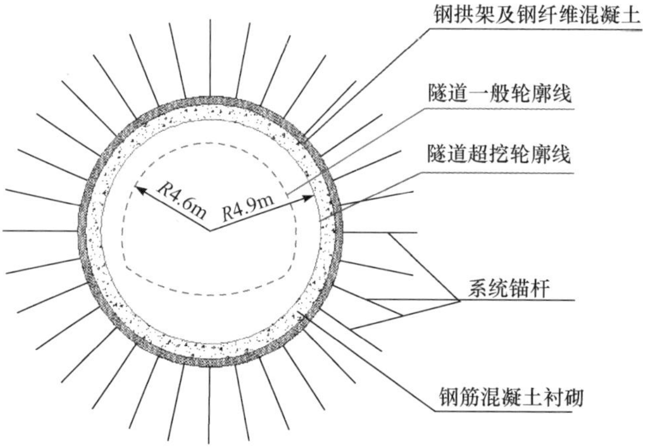

图 8.3　嘎隆拉隧道超挖设计概念图

8.1.2　铰接设计

铰接设计(图 8.4)，即尽量减小隧道节段长度，使断层带及其两侧一定范围内的节段保持相对独立，各刚性隧道节段间采用刚度较小的柔性连接。在断层错动时，破坏集中在连接部位或结构的局部，而不会导致结构整体性破坏。

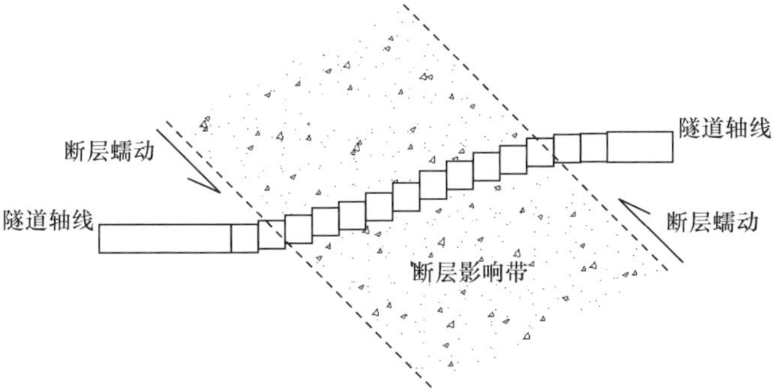

图 8.4　铰接设计

1. 土耳其 Bolu 公路隧道

在 1999 年土耳其 Bolu 隧道建设之前，世界上几乎没有应对突发断层错动的公路隧道结构设计实例。土耳其 Bolu 隧道是一座长 3km 的双洞高速公路隧道，隧道轴线穿越 Zekidagi 和 Bakacak 活动断层。其中，Zekidagi 活动断层在左洞桩号 62+430 和右洞桩号 52+350 处与隧道轴线接近正交，影响范围为 25～30m，在 6～6.25 级地震时潜在的错动位移为 0.15～0.25m，Bakacak 活动断层在两处与隧道轴线呈 40°相交，分别是左洞桩号 62+800 和 62+900 及右洞桩号 52+730～52+800，影响范围约 100m。在 6～6.25 级地震时潜在错动位移达 0.5m。

穿越活动断层带时，采用了铰接设计的理念，即减小衬砌节段的长度，使得断层带及其边界外一定范围内的衬砌结构保持相对独立，在节段间设置刚度相对较小的连接，使得在断层错动时，力学行为主要发生在连接部位。在此情况下，断裂错动引发的破坏主要发生在衬砌结构较小的范围内，不会导致大面积的衬砌结构破坏。

基于衬砌节长宽比为 1/3～1/2 的考虑，衬砌节长度设计为 4.4m，两侧设置 BPT(阶梯导坑，混凝土回填)衬砌结构为三层：①锚杆+40cm 喷射钢纤维混凝土；②80cm 钢纤维混凝土(弹性模量 E=40MPa)；③60cm 钢筋混凝土。仰拱采用钢筋混凝土浇筑。穿越断层带时隧道衬砌结构设计如图 8.5 所示。

2. 美国加利福尼亚州克莱尔蒙特新建输水隧道

2004 年，在美国加利福尼亚州克莱尔蒙特新建输水隧道建设中也遇到了活动断层——Hayward 活动断层。Hayward 活动断层与新建克莱尔蒙特隧道轴线接近正交，影响范围约 280m。地质专家预计在超越概率为 16%的 7 级地震作用下，其可能发生的动位移在水平方向约 2.3m，竖向位移为水平位移的 10%，即 0.23m。Hayward 活动断层的蠕动量为 4.5～6.4mm/年，50 年内总的蠕动量达 0.3m。

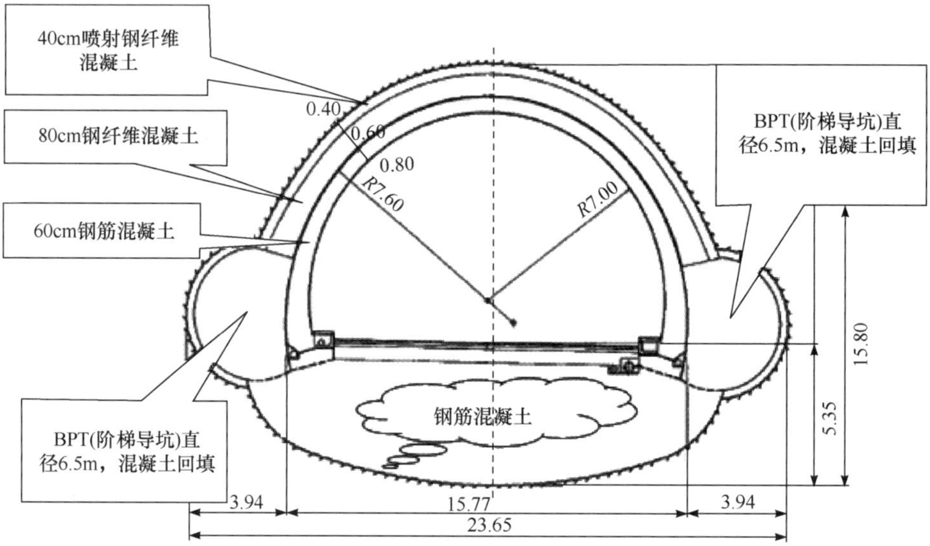

图 8.5　土耳其 Bolu 隧道抗断设计示意图(单位：m)

针对这种复杂的地质条件，设计者采用了扩大隧道断面尺寸和铰接设计相结合的设计理念，同时由于是输水隧道，采取了隧道内设置钢管的工程措施。扩大断面尺寸使得断层错动时，隧道的净空面积得到满足，铰接设计使破裂发生在连接部位以尽可能减小破坏发生的范围，钢管的设置使得输水工作正常进行。隧道施工过程示意图及相关衬砌结构设计图如图 8.6 所示。

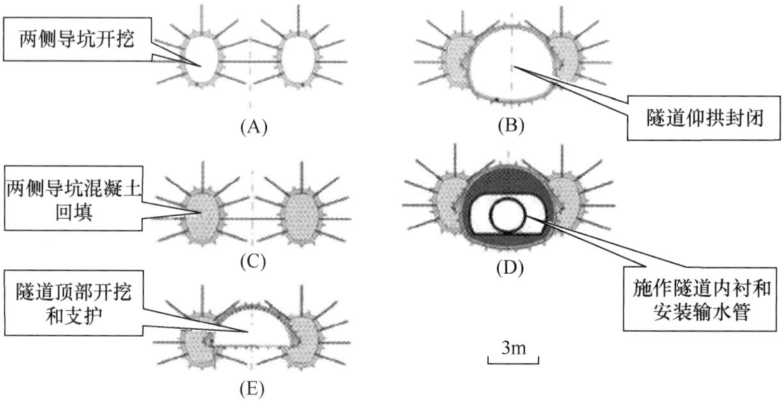

(a) 隧道施工过程

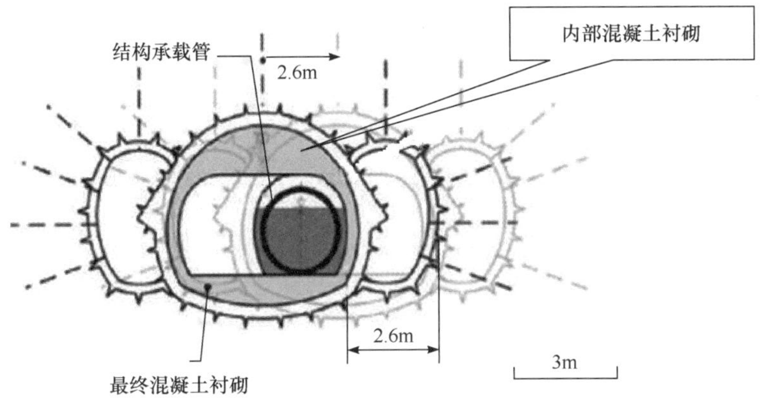

(b) 隧道衬砌剖面图

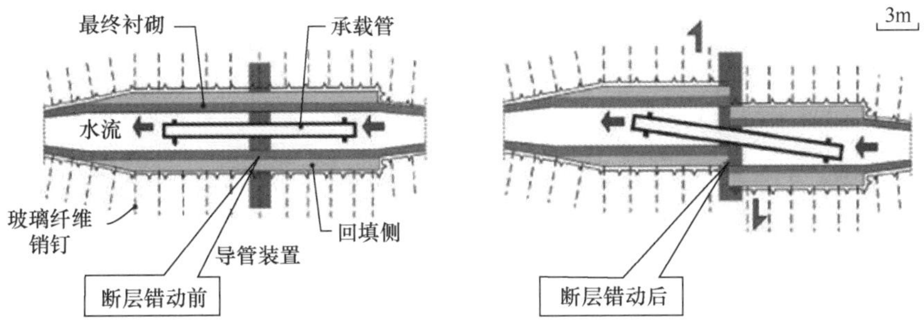

(c) 隧道纵向剖面图

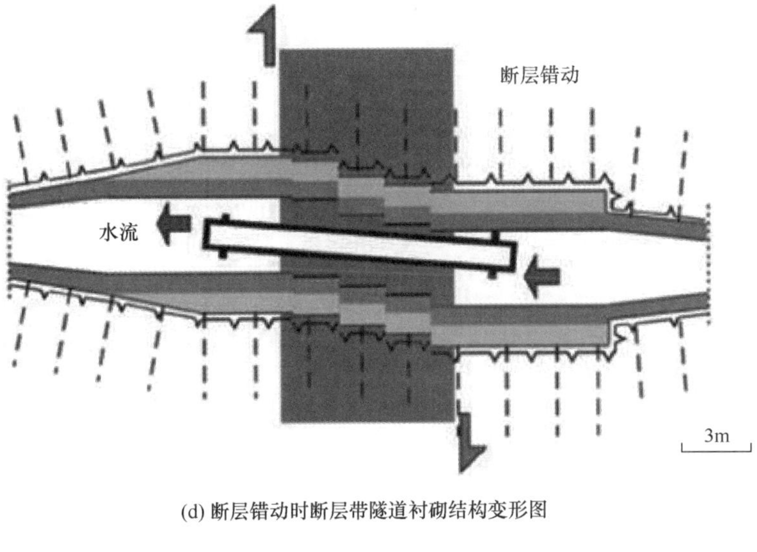

(d) 断层错动时断层带隧道衬砌结构变形图

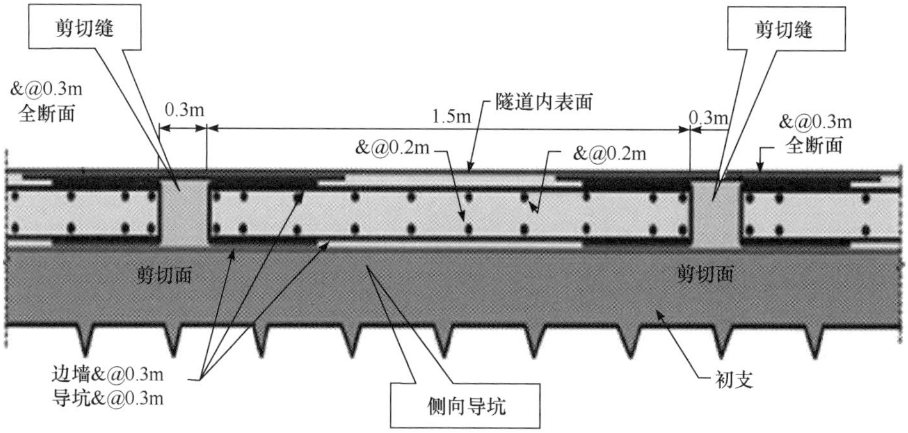

(e) 隧道衬砌节段之间连接设计图

图 8.6　美国加利福尼亚州克莱尔蒙特新建输水隧道抗断设计(@前面代表钢筋直径数值，后面数值代表间距)

3. 伊朗 Koohrang-III 输水隧道

在伊朗中部的 Koohrang-III 输水隧道的建设中也遇到穿越活动断层的难题。该输水隧道长 23.4km、直径 4.0m。要穿越四条活动断裂，其中最大的是 Zarab 活动断层，其与隧道轴线呈 85°相交，影响范围为 300m，其百年蠕动量达 0.37m。采用的结构形式为钢衬混凝土，节段间采用柔性连接。隧道衬砌结构设计如图 8.7 所示。

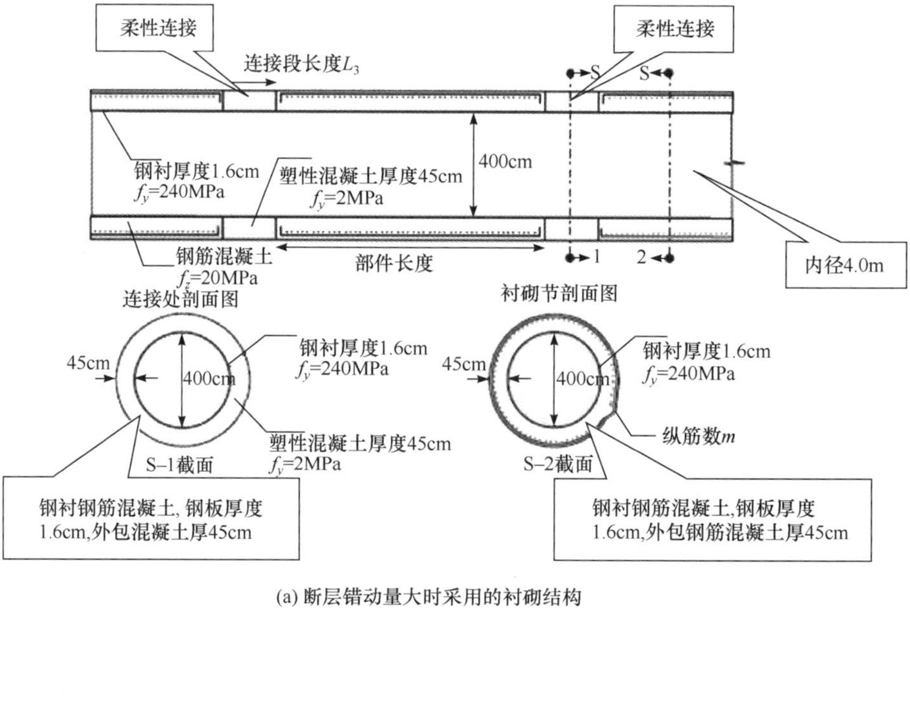

(a) 断层错动量大时采用的衬砌结构

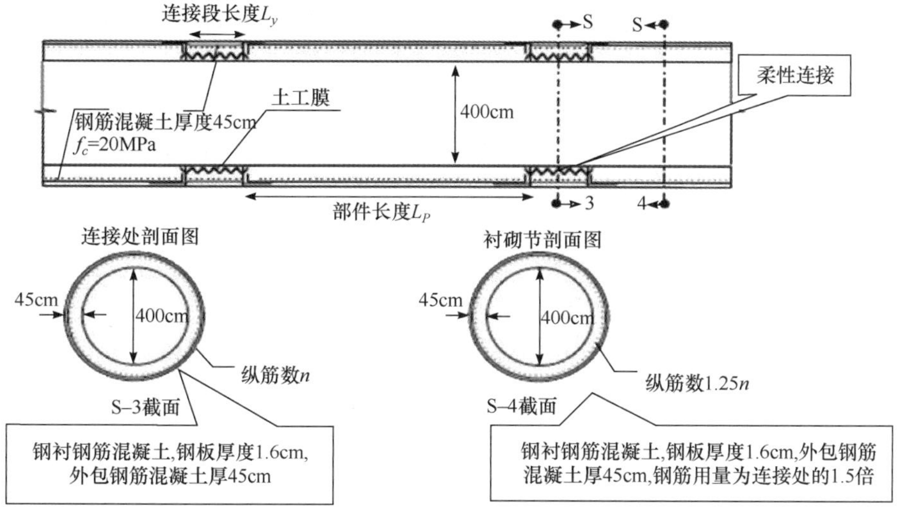

(b) 断层错动量小时采用的衬砌结构

图 8.7 伊朗 Koohrang-III 输水隧道抗断设计

8.1.3 隔离消能设计

隔离消能设计理念，即采用钢筋混凝土复合衬砌，由初期支护、二次衬砌和中间回填柔性材料组成；其设计思路是外柔内刚，尽可能地将层蠕变和地震引起突变的位移吸收消化在初期支护和中间的缓冲层上，从而不影响二次衬砌的正常使用功能[6, 8](图 8.8)。

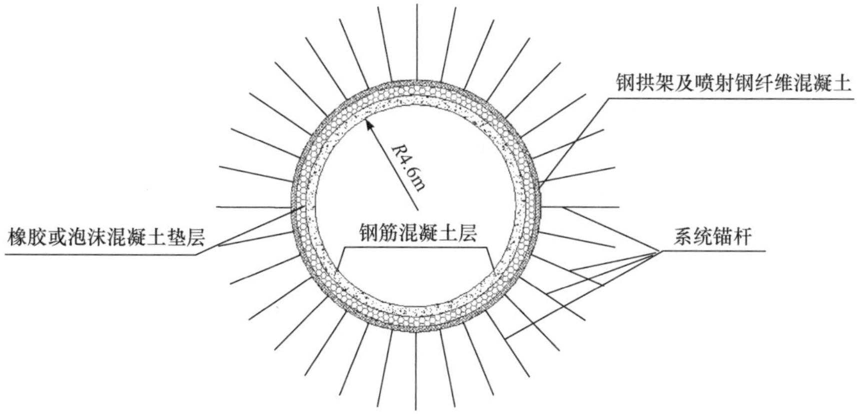

图 8.8 隔离消能设计概念图

综上，超挖设计、铰接设计、隔离消能设计的适用范围如下：

(1) 在活动断层错动形式及错动量不能完全确定的情况下，超挖设计无疑是最有效的抗断防护对策，尤其是公路隧道；但如果隧道通过断层带的区间较长，则扩大横断面开挖面积会使得工程成本增加很多。因此，超挖设计适用于断层带宽度较小的情况。

(2) 铰接设计适合于隧道开挖前没有探明活动断层或隧道具有很大断面面积的情况。在以往的隧道抗断设计中，往往依据工程经验，没有可供设计人员参考使用的计算方法，因此铰接设计中隧道节段长度、节段间连接处抗剪刚度的确定方法有待于更深入的研究。

(3) 在隧道抗断设计措施中往往采用多种设计理念相结合的方法，以尽可能保证隧道工程的安全，如本节提到的美国加利福尼亚州克莱尔蒙特新建输水隧道就是采用超挖设计和铰接设计相结合的方法，土耳其 Bolu 隧道采用的是铰接设计和隔离消能设计相结合的方法。

8.2　某隧道抗断结构设计及计算示例

8.2.1　工程背景

以嘎隆拉隧道为例，该隧道经地质调查研究表明，近场区发育有规模不等的 9 条断裂，主要为北西向嘉黎断裂带和北东向墨脱断裂带的组成部分。其中，嘉黎断裂带的嘎隆寺断裂和墨脱断裂带的扎木-马尼翁断裂中，南段为全新世活动断裂，其他断裂均为晚更新世活动断裂。根据区域地震活动与断裂构造的关系，扎木-马尼翁断裂南段具备发生 8 级以上地震、嘎隆寺断裂等具备发生 7～7.5 级地震的构造条件。隧道附近地块不甚完整，断裂比较发育，应考虑嘎隆寺断裂(F1)和扎木-马尼翁断裂(F6)北段的近地表活动(包括地震地表破裂)对工程结构的突发性和持续性破坏(图 8.9)：

(1) 嘎隆寺断裂为全新世断裂，发育有较宽的断层破碎带，由多个断面组成，主断面位于隧道进口附近，走向 300°左右，倾向北，倾角 70°～80°，以水平走滑活动为主，平均滑动速率不超过 5mm/年，百年平均位错量不大于 0.5m，可按此考虑该断裂的持续性破坏(工程施工时进一步确定主断面的精确位置和宽度)。

(2) 根据区域地震构造与断裂活动性研究结果，嘎隆寺断裂可发生 7～7.5 级地震，根据邓起东于 1992 年统计得到的青藏地区走滑断层的震级-位错关系 $M=7.13+0.68\lg D$ 估计，嘎隆寺断裂潜在的地表突发错动量最大为 3.5m，在隧道建设和维护过程中应按此考虑该断裂地震可能的地表破裂影响。

(3) 嘎隆寺断裂还具有垂直活动分量，可按水平分量的 1/2～2/3 考虑设防。

(4) 扎木-马尼翁断裂北段为晚更新世活动断裂，走向 20°，近直立(倾角 80°以上)，以正断层活动为主，距离隧道最近为 300m，可不考虑其对隧道近地表地震破裂作用。

(5) 由于隧道处在通麦—嘎隆寺断裂及岗日嘎布山南麓山前断裂带两大区域性断裂的夹持部位，洞身围岩发育有次级的小断层，调查发现共有 7 条，其中有四条断层对 V 线隧道围岩有一定的影响，分别是 F7(VK48+900)、F6(VK50+010)、F5(VK50+020)、F1(VK50+840)，均属压扭性质；上述断层在隧道范围影响长度 30～100m，围岩震探纵波波速较低，围岩级别较低。

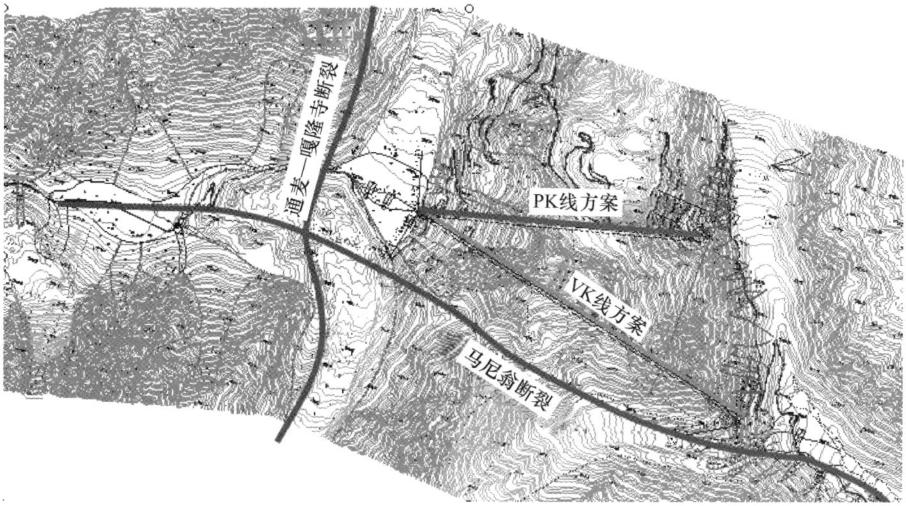

图 8.9　嘎隆拉隧道及其附近断裂位置图

由以上分析不难看出，嘎隆拉隧道设计中应假设这些次生断层也是潜在的活动断层，有针对性地采取抗错断设计措施，以尽可能减小断层活动导致的隧道结构破坏。本书针对嘎隆拉隧道的具体情况，重点对铰接设计进行详细介绍。

8.2.2　按铰接设计进行隧道抗断设计

铰接设计(图 8.4)，即尽量减小隧道节段长度，使断层带及其两侧一定范围内的节段保持相对独立，各刚性隧道节段间采用刚度较小的柔性连接。在断层错动时，破坏集中在连接部位或结构的局部，而不会导致结构整体性破坏。

1. 用荷载-结构法进行铰接设计

1) 基本理论分析

荷载-结构模式认为围岩对支护结构的作用只是产生作用在结构上的荷载(包括主动的围岩压力和被动的弹性抗力)，以此来计算支护结构在荷载作用下产生的内力和变形。荷载-结构模式是仿效地面结构的计算模式，即将荷载作用在结构上，用一般结构力学的方法进行计算。

(1) 断层错动时隧道轴线变形特征。

一般认为，若隧道处于活动断层区段，一般很难于震灾后幸免，因此工程选线时尽量避免与断层相交[10]。若因线型限制必须穿越活动断层区，应尽量保持与断层正交，以尽量减小隧道受影响的范围。在此，可以假定活动断层走向与隧道轴线正交。当走滑断层错动时，认为错动位移主要发生在水平向，竖向位移不予考虑。断层破碎带土体剪应变(γ)可以合理地假定为预计的错动量与断层在隧道轴线水平向宽度的比值[3]，即

$$\gamma = \frac{\Delta u}{l} \tag{8-1}$$

式中：

γ ——断层错动时断层带土体发生的剪应变；

Δu ——断层错动量；

l ——断层在隧道轴线水平向宽度。

断层错动时，在侧向变形土体的作用下，隧道轴向薄弱环节——连接处破坏之前，隧道将如一个弯曲的梁承受变形土体的剪切、弯曲作用(图 8.10)。一旦连接处剪应力达到抗剪强度而破坏，各隧道节段将相对独立地在侧向土体作用下运动(图 8.11)。

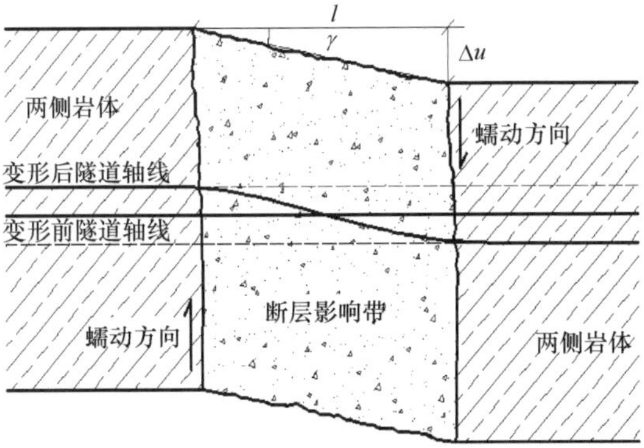

图 8.10　连接破坏前隧道轴线变形

(2) 隧道节段长度及节段间连接抗剪刚度的确定方法。

① 断层错动时隧道两侧土压力分析。

断层错动时，隧道两侧土压力与土体的变形密切相关，而土体压缩变形主要由每个隧道节的长度l决定，已知断层破碎带土体剪应变为γ(图 8.12(a))，因为隧道衬砌节的剪切刚度相比两侧变形土体大很多，可以忽略隧道节段发生的剪应变，而假设此时隧道两侧变形土体压应变为$\varepsilon_0 = \frac{\gamma \cdot l}{d}$($d$为隧道横断面宽度)。则隧道两

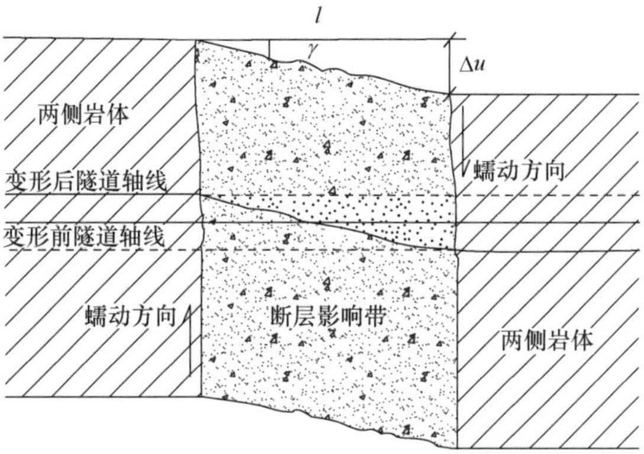

图 8.11　连接破坏后隧道轴线变形

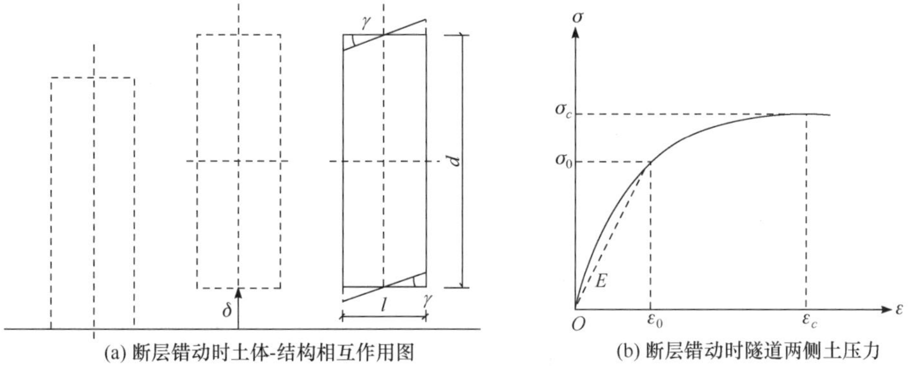

图 8.12　断层错动时衬砌两侧土压力

侧土压力可以根据已知的应变 ε_0，通过深部土体的应力-应变曲线线性插值得到，即 σ_0 (图 8.12(b))。

② 隧道节段长度的确定。

在确定了断层错动时隧道两侧土压力 σ_0 的基础上，断层错动时隧道断面附加内力可以通过一个等效模型来计算，等效模型如图 8.13 所示。显然，断层错动时隧道断面的内力为正常使用状态时的内力与断层错动时产生的附加内力之和，设计的隧道节段长度必须保证断层错动时衬砌结构内力在容许范围内，并保证一定的安全系数。

③ 隧道节段间连接处剪切刚度的确定。

连接处设计抗剪刚度可以通过一个等效的三维弹性模型来确定(图 8.14)。

在等效模型中，隧道结构用弹性壳单元模拟，土体用压缩弹簧模拟，土弹簧刚度参考围岩抗力系数确定，断层错动位移逐步施加于梁的两端。隧道节段间连接处剪切刚度的设计原则是使隧道衬砌结构横向过载破坏或隧道轴线两端弯曲失效之前发生剪切失效。

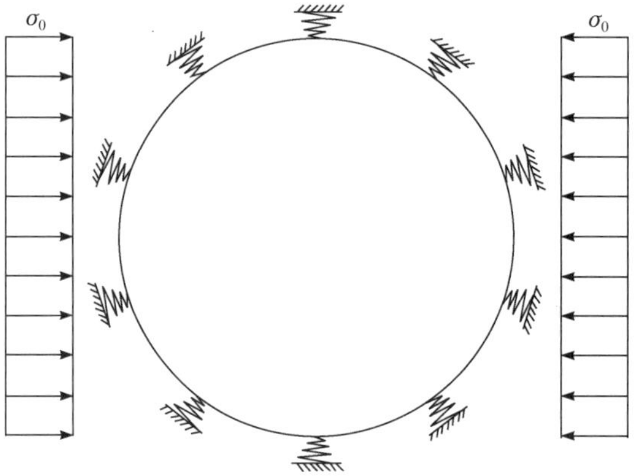

图 8.13 隧道断面附加内力的计算模型

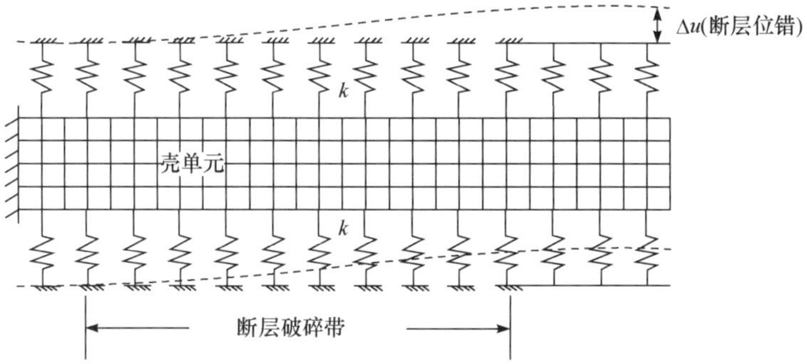

图 8.14 确定连接处剪切刚度的计算模型

连接处的剪切刚度计算公式为 $K_\gamma = G_\gamma \cdot A$，式中 G_γ 为混凝土的剪切模量，按《公路隧道设计规范》(JTG 3370.1—2018)可得 $G_\gamma = 0.4E_c$，其中 E_c 为混凝土的受压弹性模量；A 为断面剪切面积。可以看出，连接处的剪切刚度在混凝土材料弹性模量一定的情况下，仅与衬砌的厚度有关，连接处的衬砌厚度越大，其剪切刚度越大，确定连接处的剪切刚度，则只需要确定连接处的衬砌厚度。

(3) 连接处剪切失效后隧道节段的运动特征。

前文已经阐述，断层错动时，一旦连接处剪应力达到抗剪强度而破坏，变形土体会剪切隧道并使隧道节段旋转。各隧道节段发生旋转，会导致隧道结构在轴向不连续，这与铰接设计的初衷不相符。因此，连接处剪切失效后，隧道节段在周围变形土体作用下是否发生旋转很重要。

在假设断层破碎带土体剪应变 γ 的前提下，断层蠕动时单元土体位移为侧向位移 δ 和剪应变 γ (图 8.15)。如果隧道结构抵抗土体剪应变 γ，则土体与结构相互作用会剪切和旋转隧道节段。若隧道节段发生旋转，在轴向和横向相对土体滑移，则必须克服土体与结构间的摩擦力。在大断面的隧道结构中，这种情况不可能发生，这一点在下面的分析中可以得到论证。

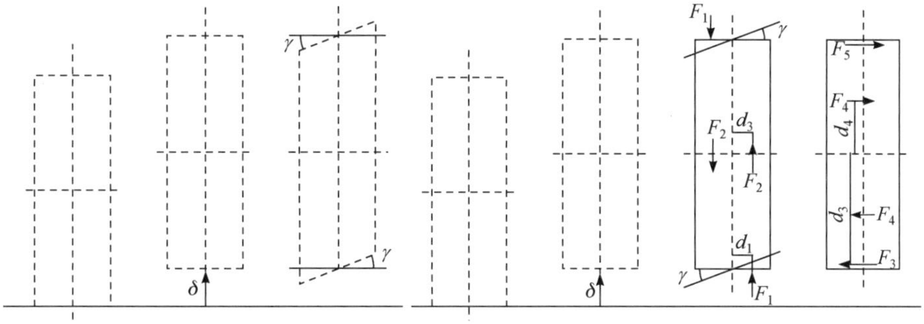

(a) 断层带中自由土体的运动　(b) 诱发和抑制隧道节段旋转的力

图 8.15　连接破坏后隧道衬砌节的运动特征

假设隧道衬砌与周围土体的相互作用遵循 Mohr-Coulomb 法则，则诱发隧道节段旋转的力和抑制隧道节段旋转的力分别如下(图 8.15)。

① 诱发隧道节段旋转的力。

在隧道节段四周变形土体的作用下，诱发隧道节段旋转的弯矩 M_a 为

$$\begin{gathered} M_a = 2(F_1 d_1 + F_2 d_2) \\ d_1 = d_2 = l/4 \end{gathered} \tag{8-2}$$

式中：

l——隧道节段长度；

F_1——隧道节段两侧变形土体压力；

F_2——隧道节段上、下土体与隧道结构间的摩擦力沿隧道横向的分量。

② 抑制隧道节段旋转的力。

在隧道节段与周围变形土体间摩擦力的作用下，抑制隧道节段旋转的弯矩 M_p 为

$$\begin{gathered} M_p = 2(F_3 d_3 + F_4 d_4) \\ d_3 = w/2, \quad d_4 = w/4 \end{gathered} \tag{8-3}$$

式中：

F_3——隧道节段两侧变形土体与隧道结构间的摩擦力，$F_3 = F_1 \mu$，μ为土与结构间的摩擦系数；

F_4——隧道节段上、下土体与隧道结构间摩擦力沿隧道轴向的分量。

w——隧道断面宽度，参考国外设计经验，一般 $w = (2\sim3)l$。

通过计算可知，在断层错动时，诱发隧道节段旋转的弯矩 M_a 小于理论上抑制其旋转的弯矩 M_p，即 $M_a < M_p$。

因此，隧道节段间的连接剪切失效后，隧道节段相对独立地在周围土体的作用下发生剪切变形，不会发生旋转，从而不会影响隧道结构轴向的连续性。

2) 计算方法在依托工程中的应用

(1) 衬砌节段长度的计算。

在计算衬砌节段长度时，由于隧道衬砌采用复合式衬砌，假定二次衬砌不承受围岩压力，仅作为安全储备。

① 计算模型及程序编制。

计算采用有限元软件 ANSYS 进行。在计算中，隧道衬砌结构选取梁单元(Beam3)模拟，围岩弹性抗力用杆单元(Link10)模拟。

在用 ANSYS 进行编程计算时，有两大难点，其一是 ANSYS 默认施加的压力垂直于受力体，其二是围岩压力与荷载位置相关。为解决这两个难题，同时增加程序的通用性，采用 ANSYS 的参数化高级设计语言，同时利用静力等效原则，将压力转化为相应的节点荷载(图 8.16)。

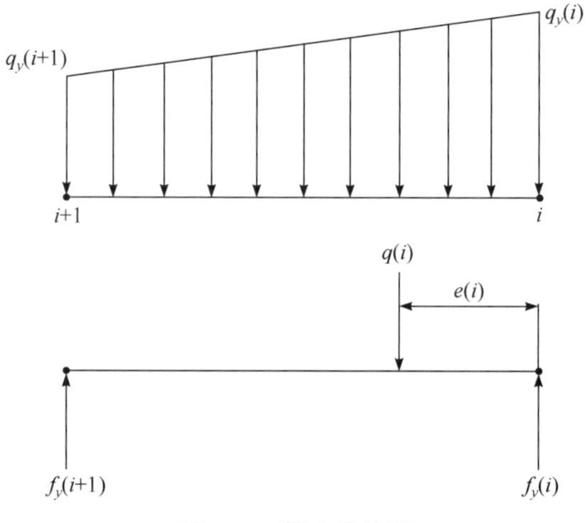

图 8.16　静力等效图

隧道衬砌受到的通常是左右对称的围岩压力，因此在拱圈划分网格时分成偶数个单元。杆单元的长度不影响计算结果，为此，简单起见，把它的长度取为 1m。

把拱顶的圆心作为整体坐标系的原点，X 轴水平，Y 轴竖直。拱圈的 3 个圆心位置设为局部坐标系的原点，则拱顶的局部坐标系与整体坐标系重合。找到局部坐标系的原点在整体坐标系下的坐标，输入参数，则整个模型自动生成。梁单元和杆单元的节点和单元编号都是按顺序编号的，拱顶的起拱点为第 1 号节点，然后逆时针形成整个拱圈(梁单元标号也按这个顺序)，杆单元的节点和单元对应按此顺序编号。

$$e(i)=\frac{[2q_y(i+1)+q_y(i)]\cdot \text{abs}[n_x(i+1)-n_x(i)]}{3[q_y(i)+q_y(i+1)]} \tag{8-4}$$

式中：

$n_x(i)$——i 节点的 x 坐标值；

$e(i)$——偏心距。

$$q(i)=\frac{[q_y(i)+q_y(i+1)]\cdot \text{abs}[n_x(i+1)-n_x(i)]}{2} \tag{8-5}$$

为该段直梁竖向的合力。

$$f_y(i)=\frac{\{\text{abs}[n_x(i+1)-n_x(i)]-e(i)\}\cdot q(i)}{\text{abs}[n_x(i+1)-n_x(i)]} \tag{8-6}$$

为施加在 i 节点上的竖向等效节点力。

$$f_y(i+1)=\frac{e(i)\cdot q(i)}{\text{abs}[nx(i+1)-nx(i)]} \tag{8-7}$$

为施加在 $i+1$ 节点上的竖向等效节点力。

支护结构除受围岩的主动压力，还受围岩抗力作用，这是地下结构区别于地面结构的重要特征之一。因此，如何在支护结构设计计算中科学合理而又简单实用地考虑围岩抗力，是地下结构与围岩相互作用的重要研究内容之一。下面首先介绍弹性杆单元与围岩的等效原理。

如图 8.17 中 a、b 所示，均布荷载下单位面积地层的弹性抗力 q 和杆(杆单元)集中受力 F 分别为

$$q=k_0\Delta l \tag{8-8}$$

$$F=\frac{EA\Delta l}{l} \tag{8-9}$$

式中：

k_0——弹性抗力系数，是表征地层抵抗物体向地层方向变形能力的指标，定义为使地层产生一个单位垂向变形所需要的力；

Δl——地层表面位移；

A——杆的横断面面积；

l——杆的长度。

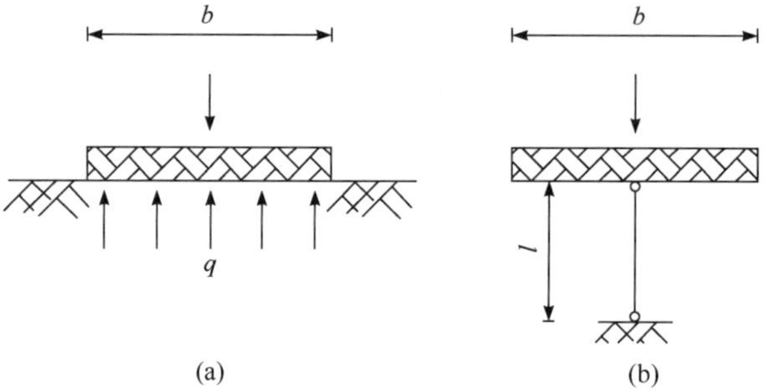

图 8.17　弹性抗力示意图

依据图 8.17，单位宽度(宽度为 1)条件下地层弹性抗力等效成集中力时有

$$k_0 \Delta l b = \frac{EA\Delta l}{l} \tag{8-10}$$

因此，杆单元的弹性模量与地层抗力系数的关系为

$$E = \frac{k_0 b l}{A} \tag{8-11}$$

根据《公路隧道设计规范》(JTG 3370.1—2018)结构计算规定：当轴向力偏心矩 $e_0 \leqslant 0.20h$ (h 为衬砌厚度)时，由材料抗压强度控制结构承载能力，应按式(8-12)进行安全系数计算：

$$KN \leqslant \varphi \alpha R_a bh \tag{8-12}$$

式中：

R_a(= 28.1MPa)——C30 混凝土的弯曲抗压极限强度；

K——安全系数(MPa/m)；

b——衬砌宽度(m)；

h——衬砌厚度(m)；

φ——构件纵向弯曲系数，对于贴壁式隧道衬砌、明洞拱圈及墙背紧密回填的边墙，可取 $\varphi = 1$；

α——轴向力的偏心影响系数。

当轴向力偏心矩 $e_0 \geqslant 0.20h$ 时，由材料抗拉强度控制结构承载能力，应按式 (8-13)进行安全系数计算：

$$KN \leqslant \varphi 1.75 R_l bh / (6e_0 / h - 1) \tag{8-13}$$

式中：

R_l(= 2.2MPa)——C30 混凝土的弯曲抗压极限强度；

K——安全系数(MPa/m)；

b——衬砌宽度(m)；

h——衬砌厚度(m)；

φ——构件纵向弯曲系数，对于贴壁式隧道衬砌、明洞拱圈及墙背紧密回填的边墙，可取 $\varphi=1$；

e_0——轴向力的偏心距。

假设断层影响带宽度为 100m，百年断层错动量为 0.30m(即主断裂百年蠕动量的 60%)，则剪应变 $\gamma=0.003$；断层破碎带围岩为 V 级，岩体弹性模量为 500kPa，围岩弹性抗力系数(安全系数) $K=100\text{MPa/m}$。嘎隆拉隧道的断面设计参数如表 8.1 所示，隧道衬砌净空断面如图 8.18 所示，有限元计算模型如图 8.19 所示。

表 8.1　嘎隆拉隧道断面设计参数

r_1/φ_1	r_2/φ_2	r_3/φ_3	r_4/φ_4	H_1	H_2	w	净空面积
4.6cm/90°	8.0cm/11.4°	1.0cm/48.96°	8.0cm/29.64°	1.70m	1.60m	9.20m	45.85m^2

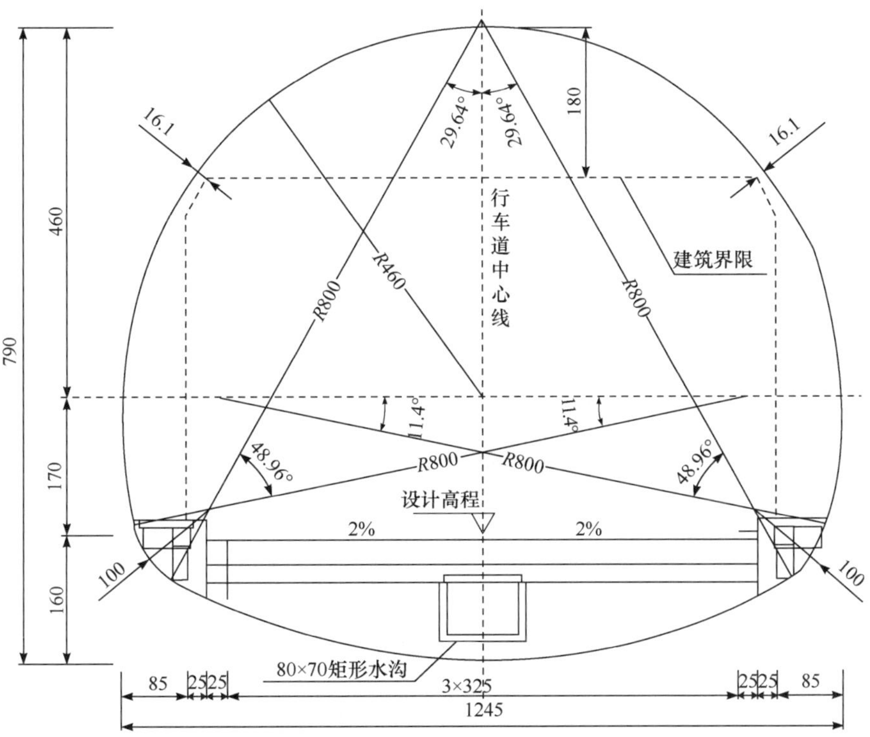

图 8.18　嘎隆拉隧道衬砌净空断面(单位：cm)

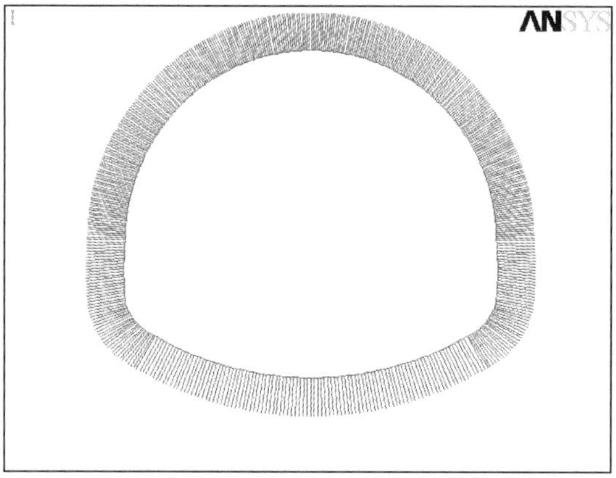

图 8.19 嘎隆拉隧道衬砌有限元计算模型

② 四心圆隧道衬砌节段长度的确定。

衬砌节段长度为 3m 时计算结果如图 8.20 所示。

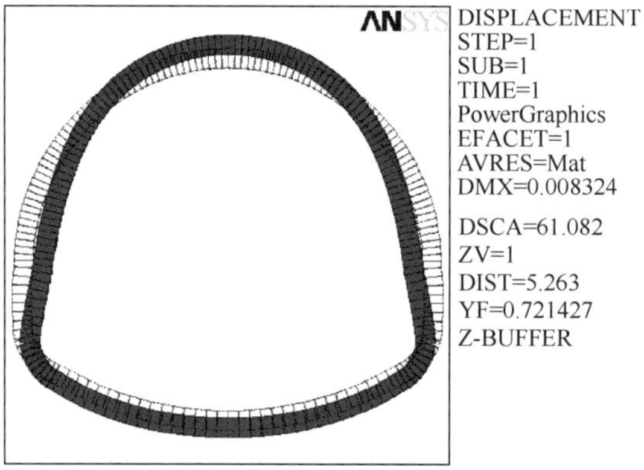

(a) 变形图

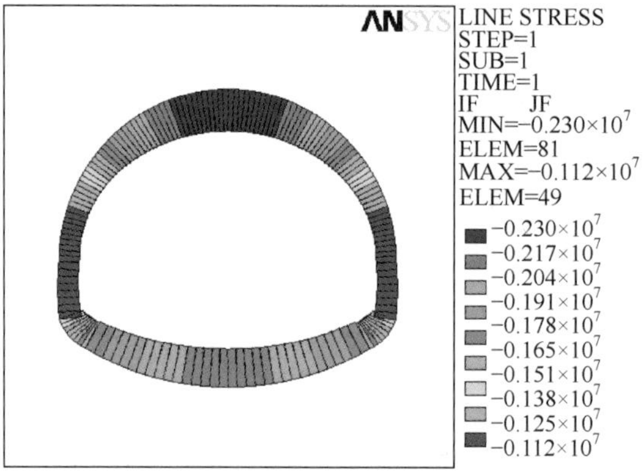

(b) 轴力图

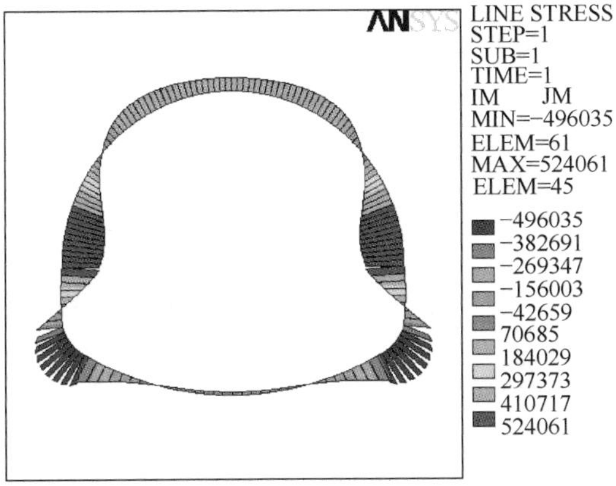

(c) 弯矩图

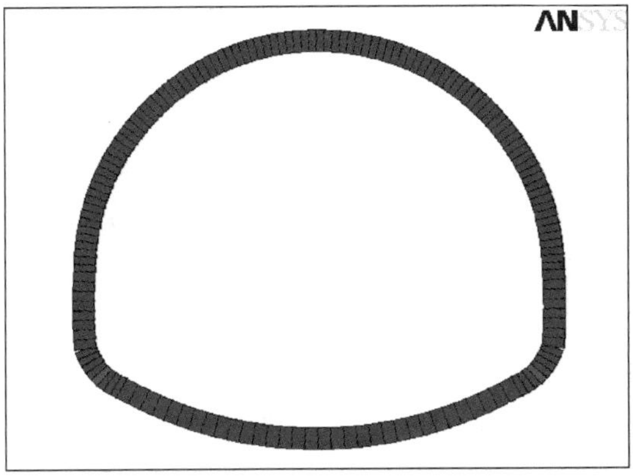

(d) 破坏程度图

图 8.20 衬砌节段长度为 3m 情况(四心圆隧道)

衬砌节段长度为 4m 时计算结果如图 8.21 所示。

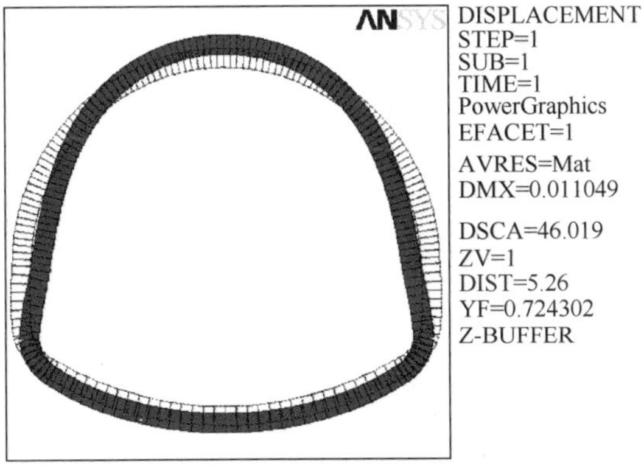

(a) 变形图

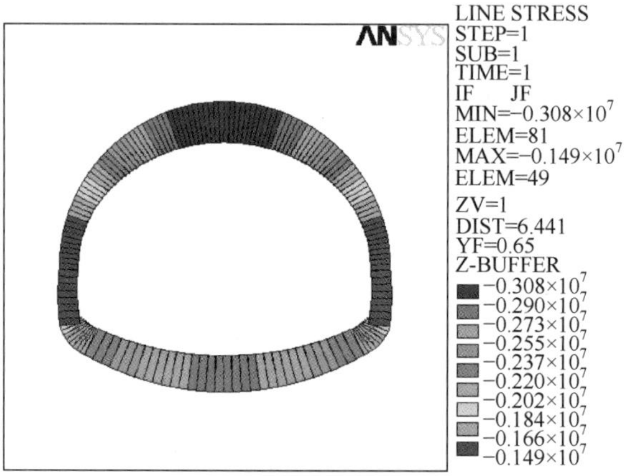

(b) 轴力图

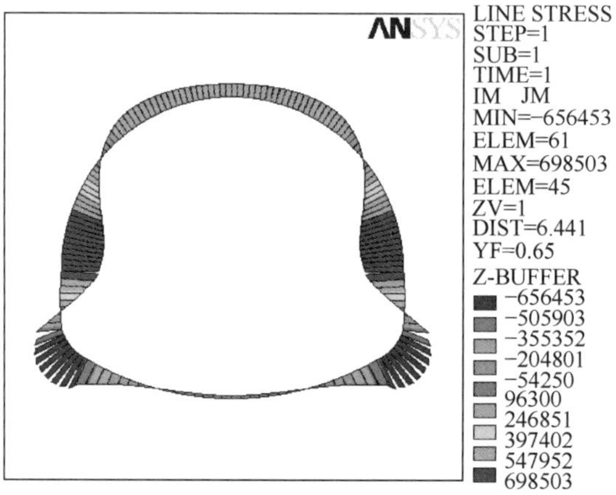

(c) 弯矩图

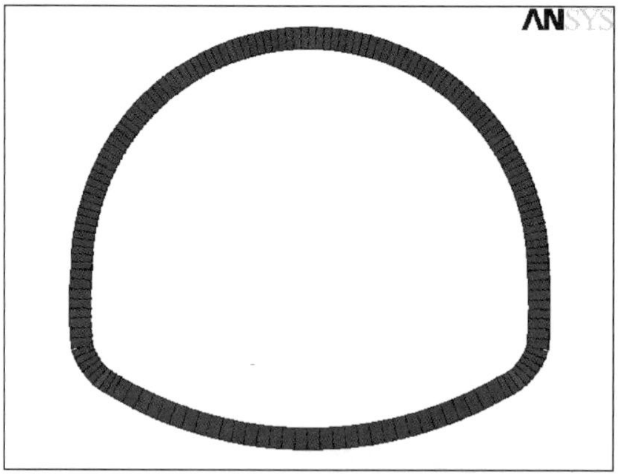

(d) 破坏程度图

图 8.21　衬砌节段长度为 4m 情况(四心圆隧道)

衬砌节段长度为 5m 时计算结果如图 8.22 所示。

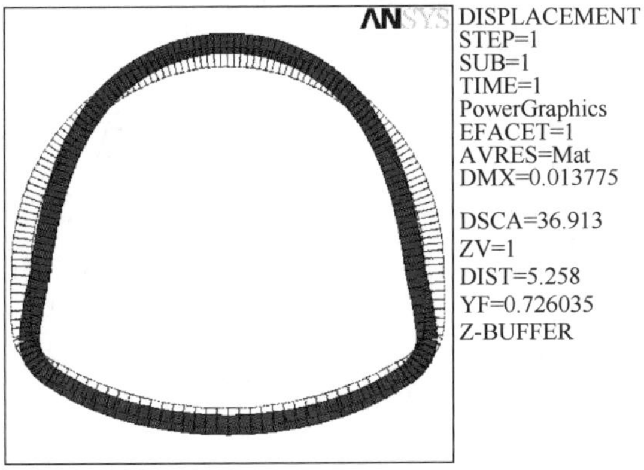

(a) 变形图

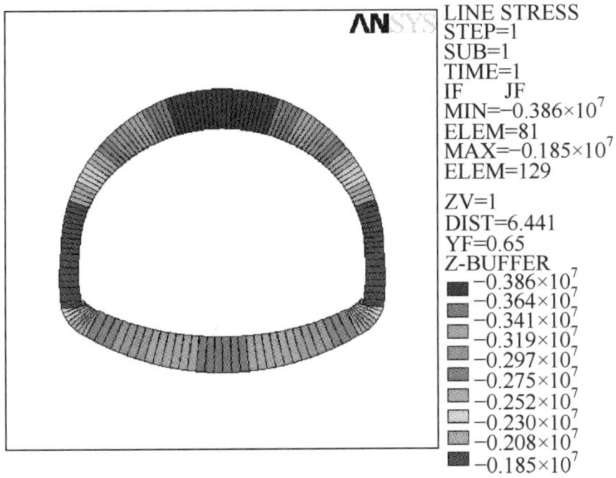

(b) 轴力图

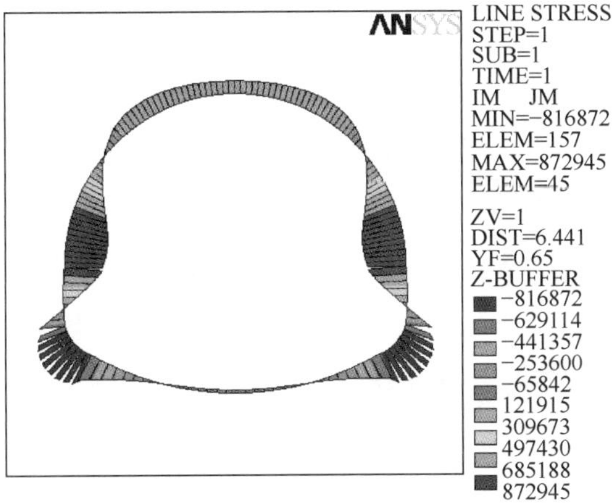

(c) 弯矩图

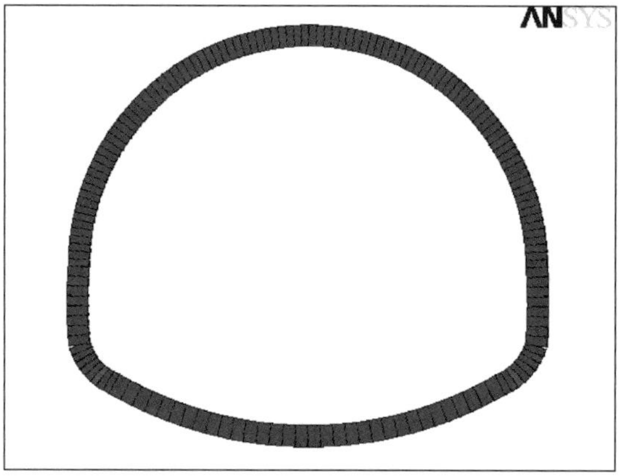

(d) 破坏程度图

图 8.22　衬砌节段长度为 5m 情况(四心圆隧道)

衬砌节段长度为 6m 时计算结果如图 8.23 所示。

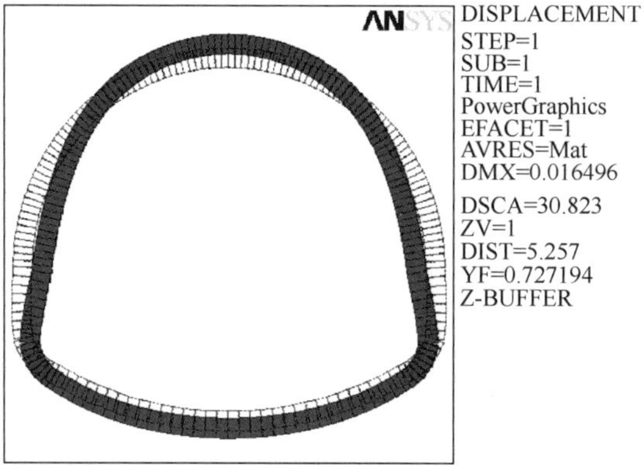

(a) 变形图

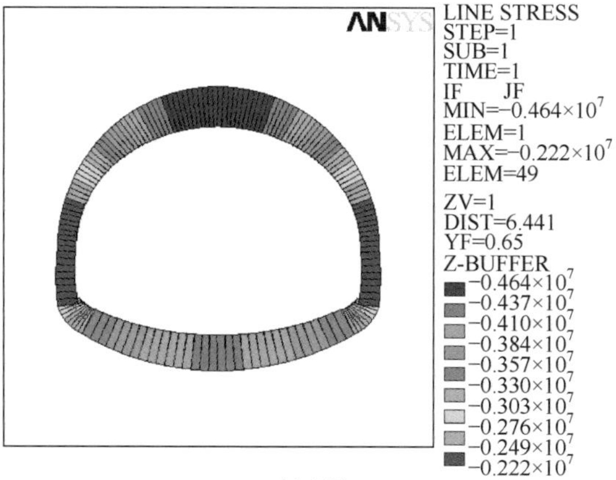

(b) 轴力图

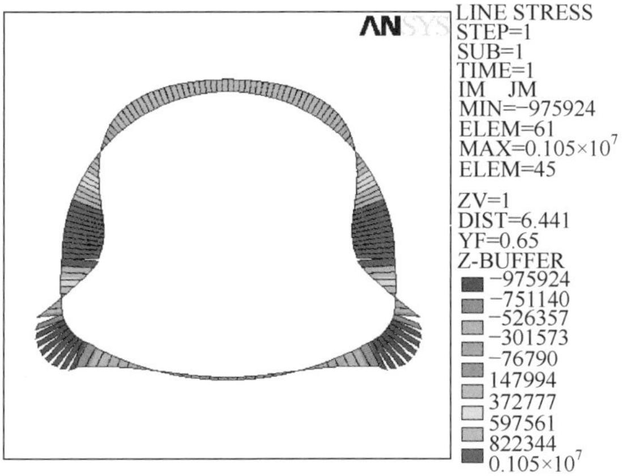

(c) 弯矩图

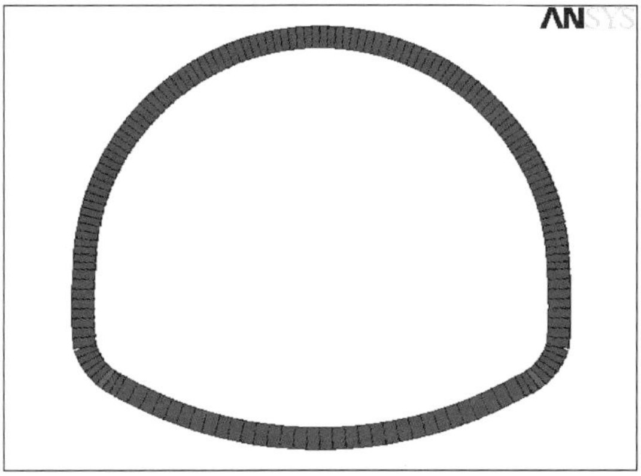

(d) 破坏程度图

图 8.23　衬砌节段长度为 6m 情况(四心圆隧道)

衬砌节段长度为 8m 时计算结果如图 8.24 所示。

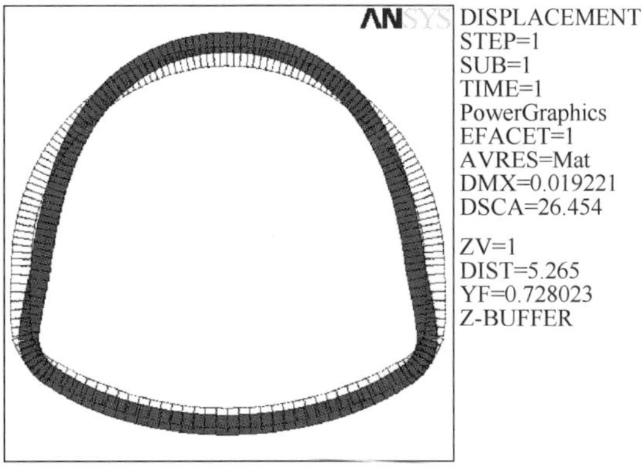

(a) 变形图

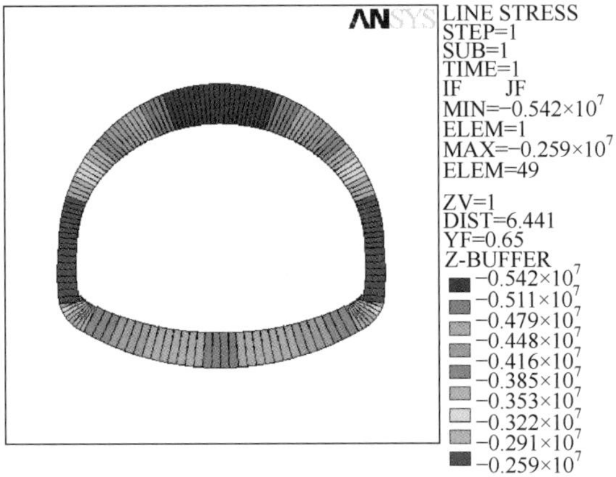

(b) 轴力图

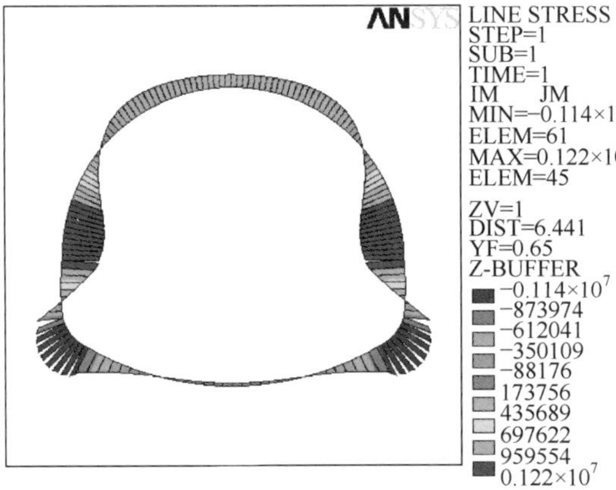

(c) 弯矩图

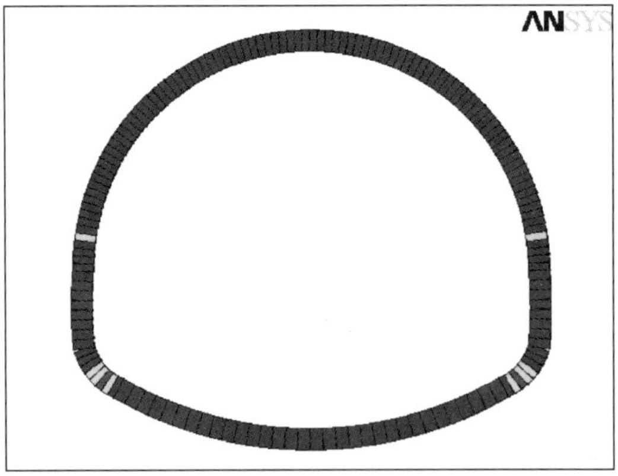

(d) 破坏程度图

图 8.24　衬砌节段长度为 8m 情况(四心圆隧道)

衬砌节段长度为 9m 时计算结果如图 8.25 所示。

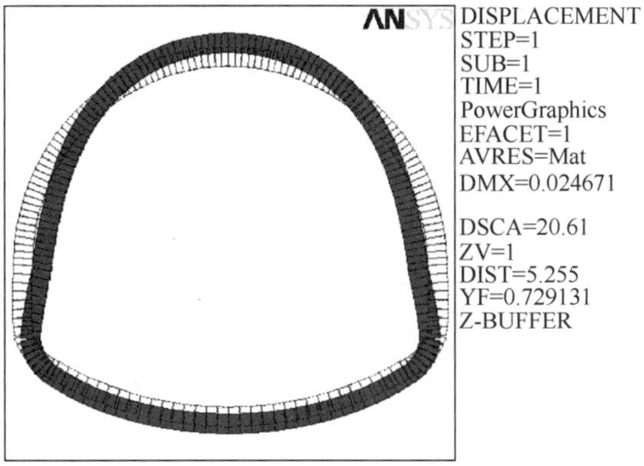

(a) 变形图

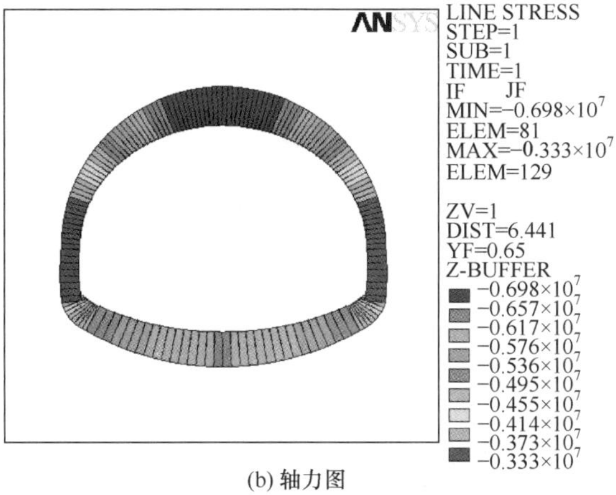

(b) 轴力图

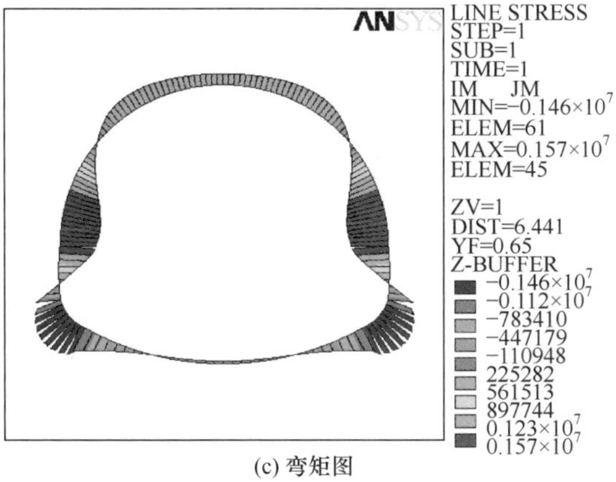

(c) 弯矩图

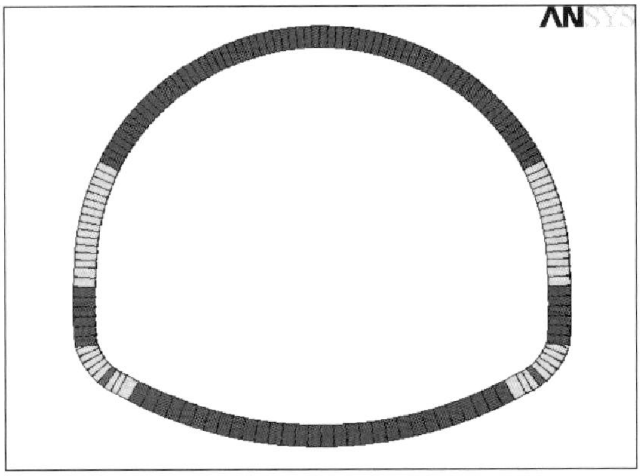

(d) 破坏程度图

图 8.25　衬砌节段长度 9m 情况(四心圆隧道)

衬砌节段长度为 10m 时计算结果如图 8.26 所示。

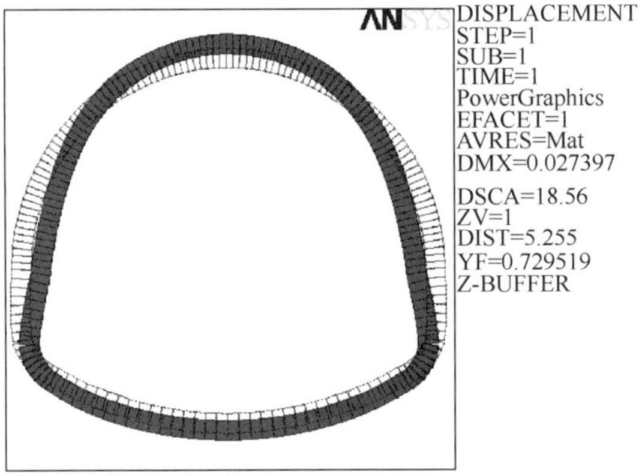

(a) 变形图

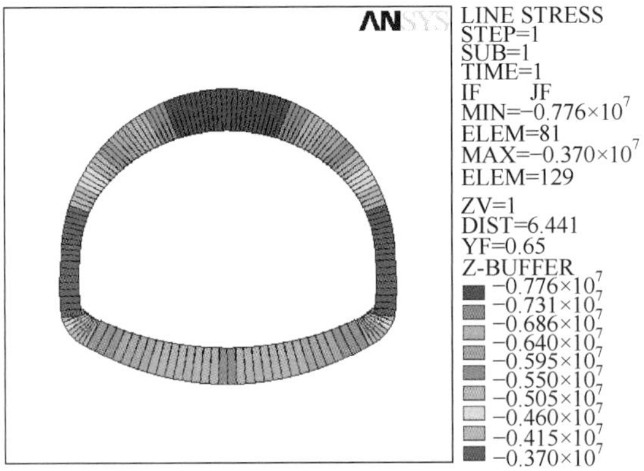

(b) 轴力图

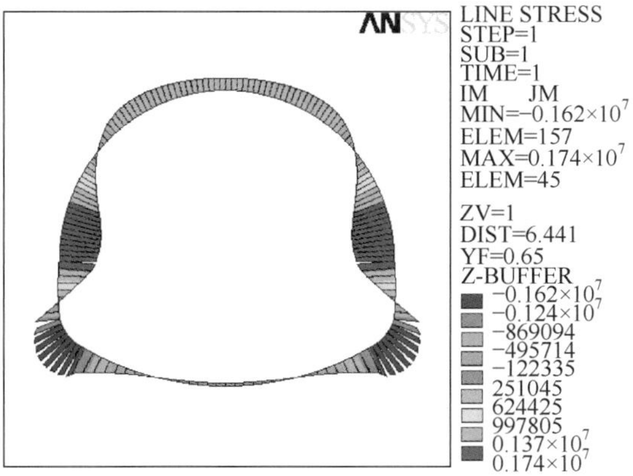

(c) 弯矩图

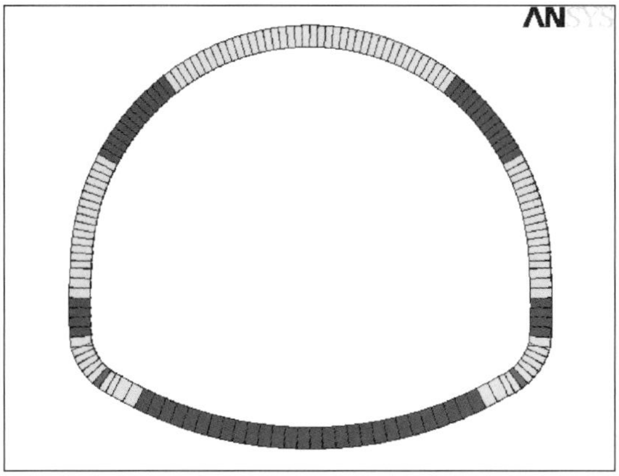

(d) 破坏程度图

图 8.26　衬砌节段长度 10m 情况(四心圆隧道)

不同衬砌节段长度时的安全系数如图 8.27 所示。

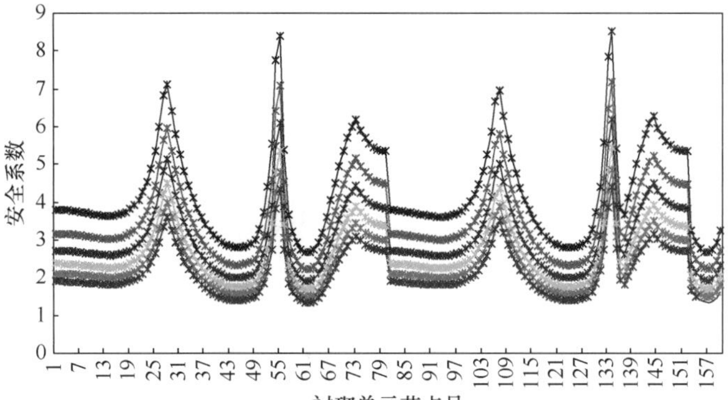

图 8.27　不同衬砌节段长度时的安全系数(四心圆隧道，曲线从上到下为 5～10m)

不同衬砌节段长度时的安全系数比较如表 8.2 所示。

表 8.2　不同衬砌节段长度安全系数比较(四心圆隧道)

节段长度 L/m	衬砌厚度 h/m	剪应变 γ	侧向土体变形量 Δu/m	侧向土体应变 /(m/m)	土体侧向应力 σ_0 /MPa	衬砌最大弯矩 M_{max} /(kN·m)	衬砌最大轴力 F_{max} /kN	单元破坏比 /%	单元平均安全系数	最小安全系数 K_{min}
3	0.45	0.003	0.009	0.0009	0.45	524	1120	0	7.044	4.406
4	0.45	0.003	0.012	0.0012	0.60	698	1490	0	5.298	3.326
5	0.45	0.003	0.015	0.0015	0.75	872	1850	0	4.245	2.671
6	0.45	0.003	0.018	0.0018	0.90	1050	2220	0	3.542	2.232
7	0.45	0.003	0.021	0.0021	1.05	1220	2590	6.25	3.038	1.917
8	0.45	0.003	0.024	0.0024	1.20	1400	2960	23.75	2.660	1.680
9	0.45	0.003	0.027	0.0027	1.35	1570	3330	31.25	2.366	1.495
10	0.45	0.003	0.03	0.0003	1.50	1740	3700	61.25	2.220	1.346

四心圆隧道衬砌节段长度的确定如图 8.28 所示。

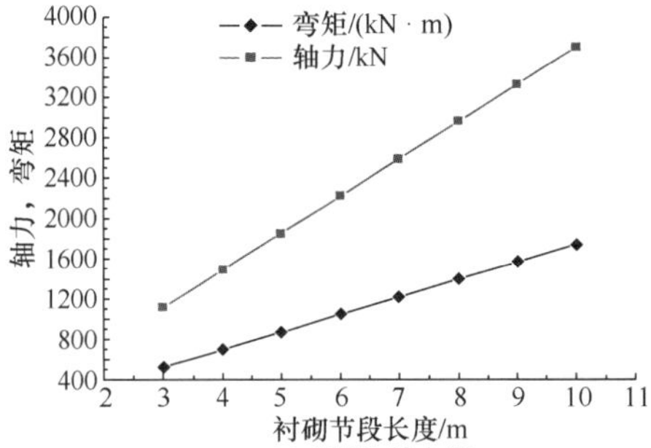

(a) 弯矩和轴力值

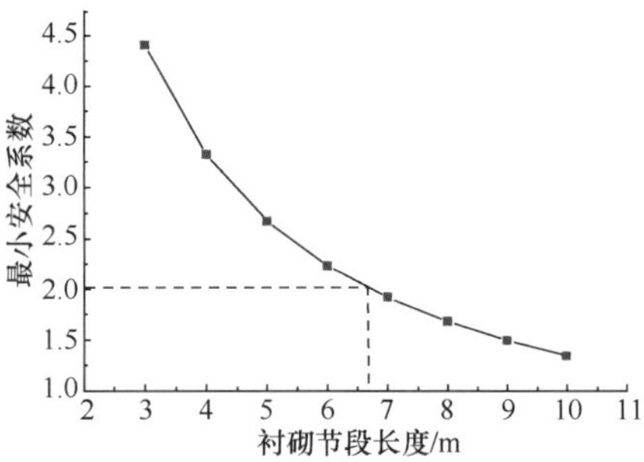

(b) 最小安全系数

图 8.28　四心圆隧道衬砌节段长度的确定

③ 单心圆隧道衬砌节段长度的确定。

衬砌节段长度为 3m 时计算结果如图 8.29 所示。

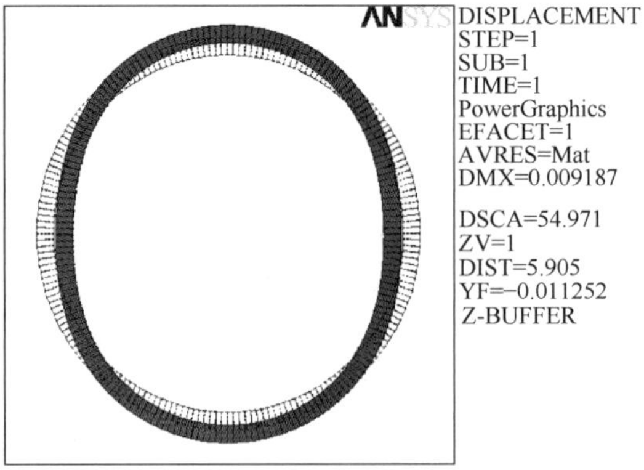

(a) 变形图

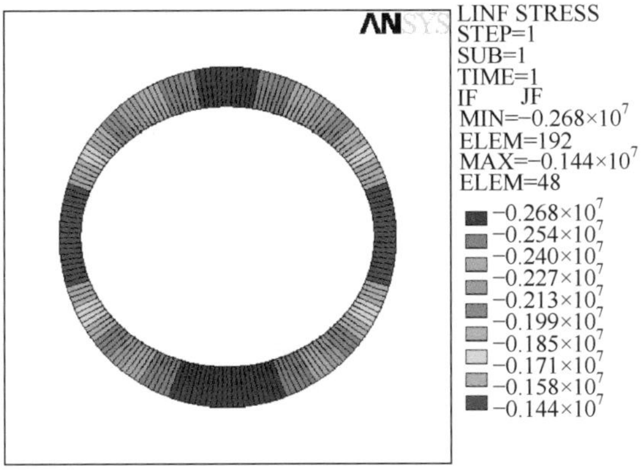

(b) 轴力图

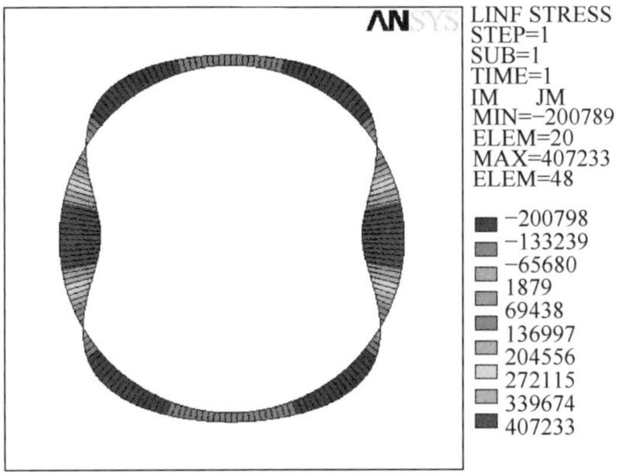

(c) 弯矩图

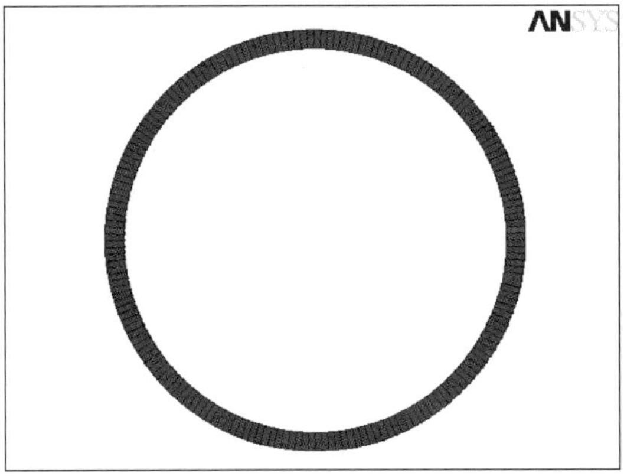

(d) 破坏程度图

图 8.29　衬砌节段长度 3m 情况(单心圆隧道)

衬砌节段长度为 4m 时计算结果如图 8.30 所示。

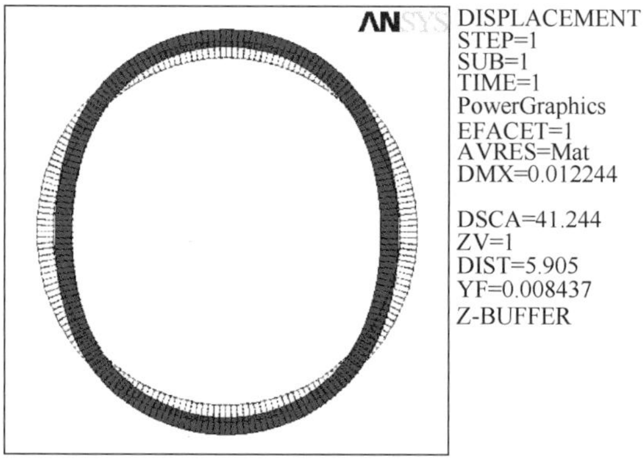

(a) 变形图

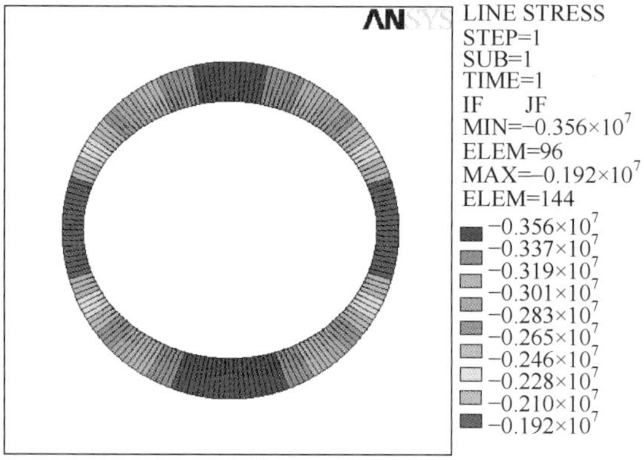

(b) 轴力图

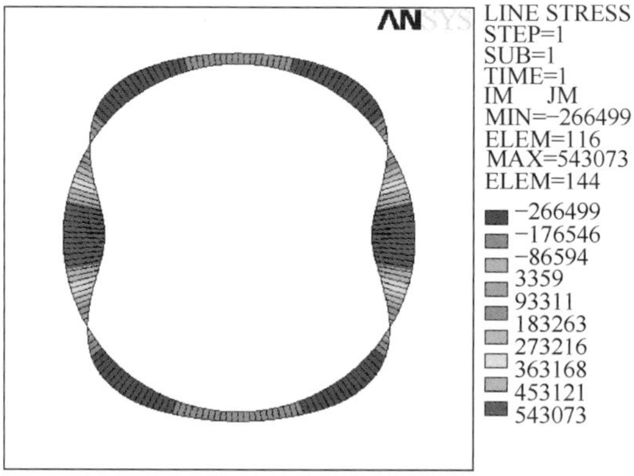

(c) 弯矩图

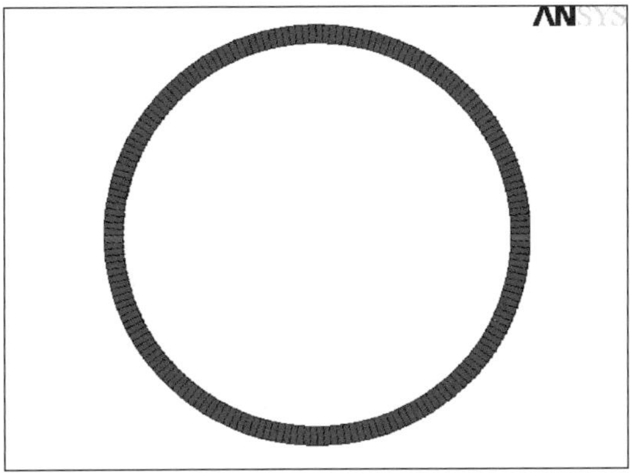

(d) 破坏程度图

图 8.30　衬砌节段长度 4m 情况(单心圆隧道)

衬砌节段长度为 5m 时计算结果如图 8.31 所示。

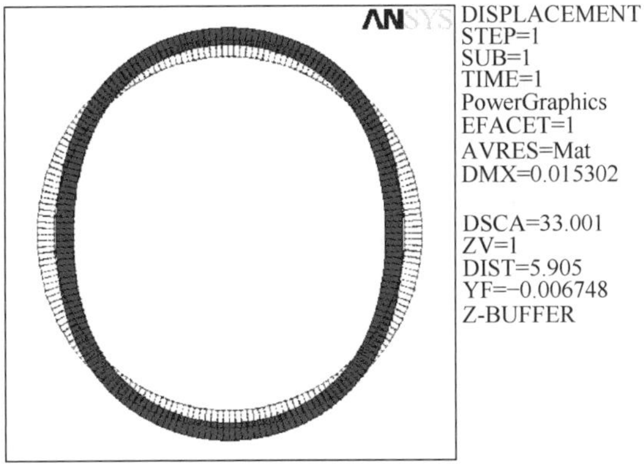

(a) 变形图

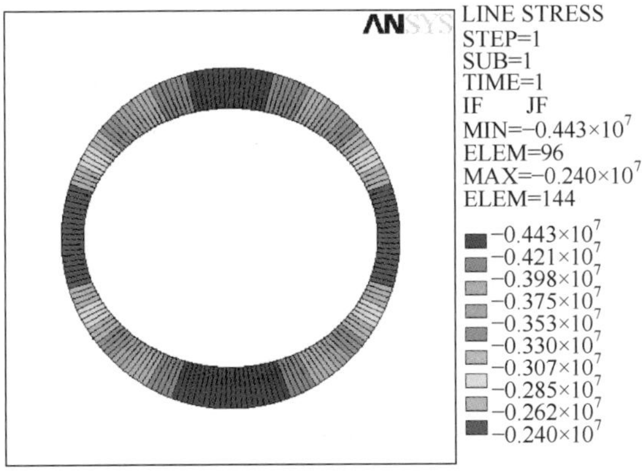

(b) 轴力图

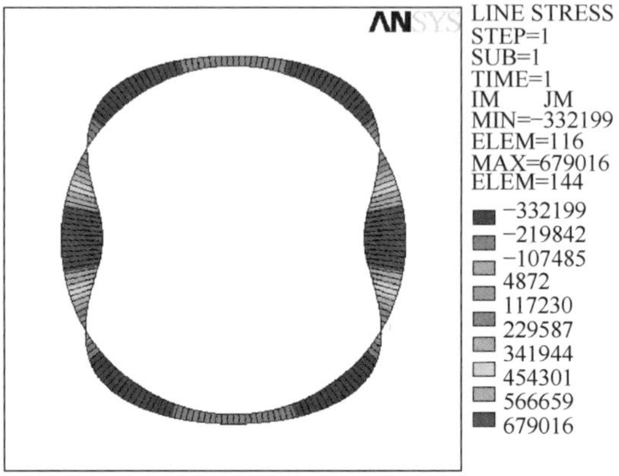

(c) 弯矩图

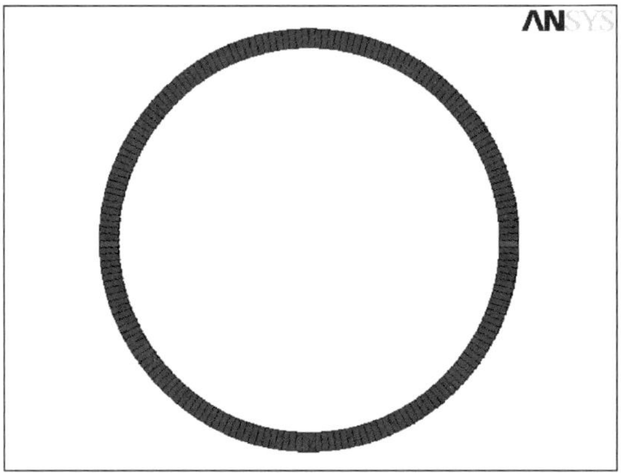

(d) 破坏程度图

图 8.31　衬砌节段长度 5m 情况(单心圆隧道)

衬砌节段长度为 6m 时计算结果如图 8.32 所示。

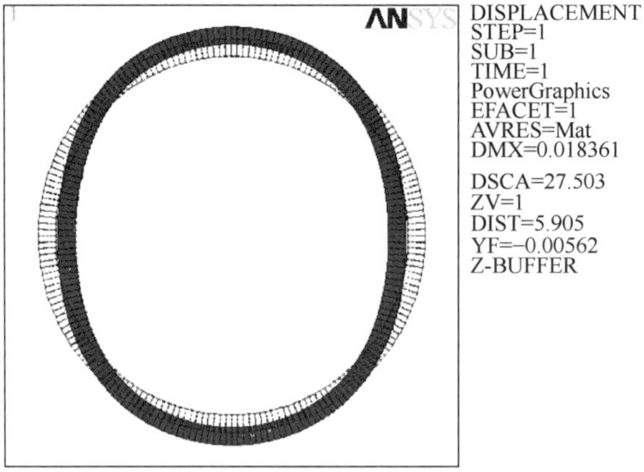

(a) 变形图

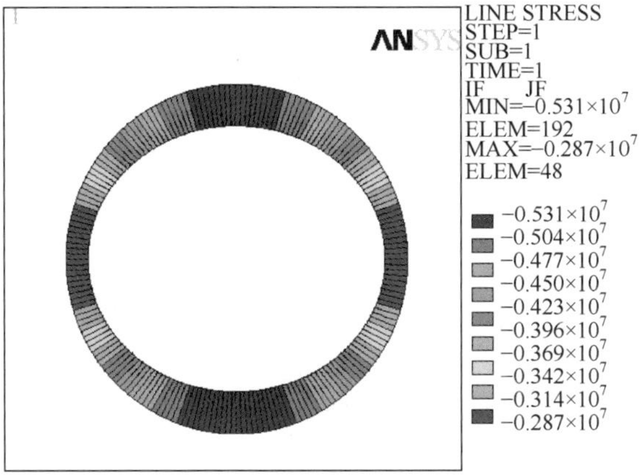

(b) 轴力图

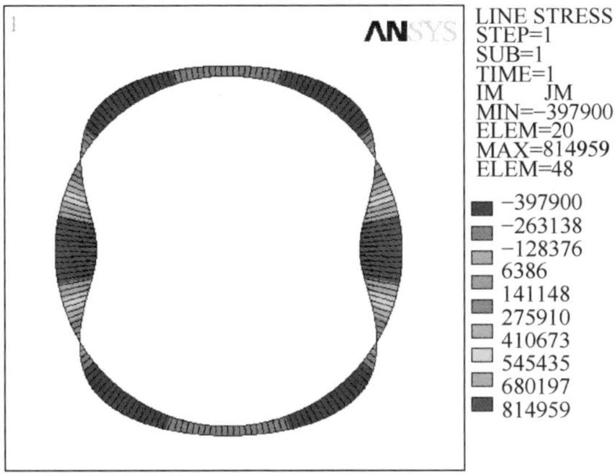

(c) 弯矩图

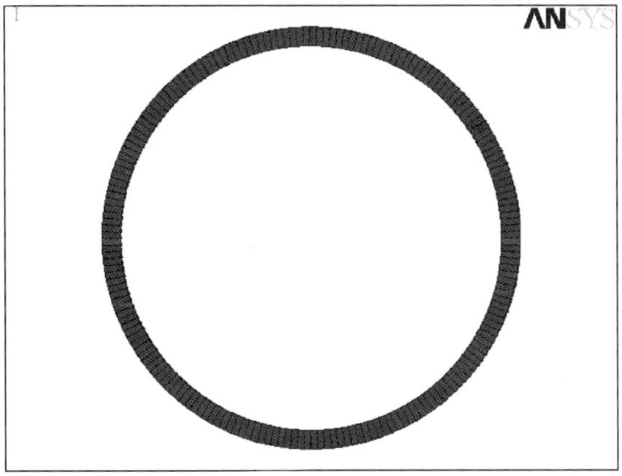

(d) 破坏程度图

图 8.32　衬砌节段长度 6m 情况(单心圆隧道)

衬砌节段长度为 7m 时计算结果如图 8.33 所示。

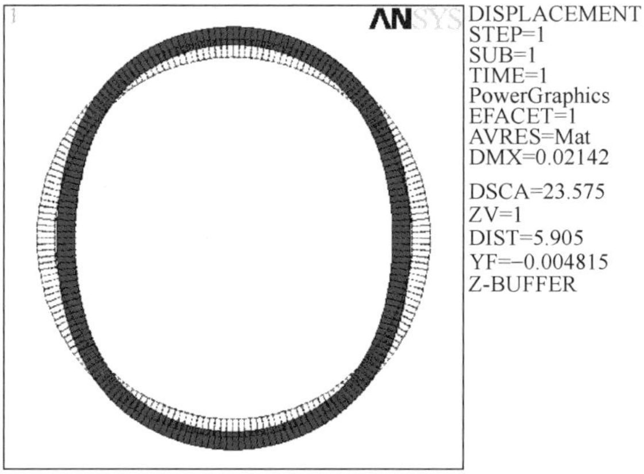

(a) 变形图

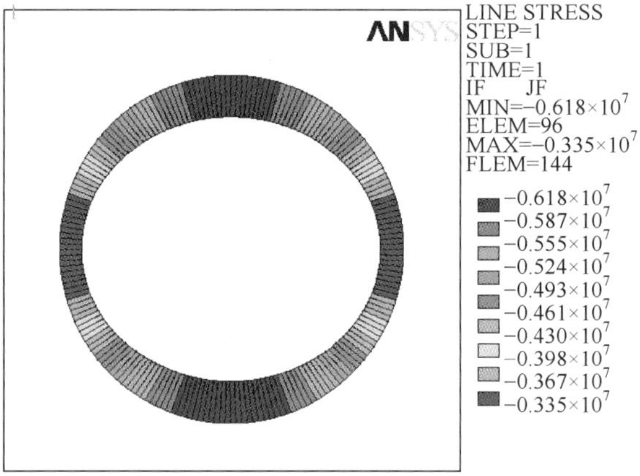

(b) 轴力图

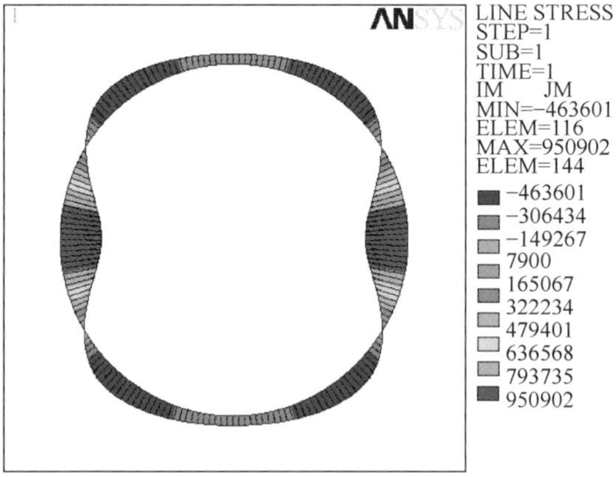

(c) 弯矩图

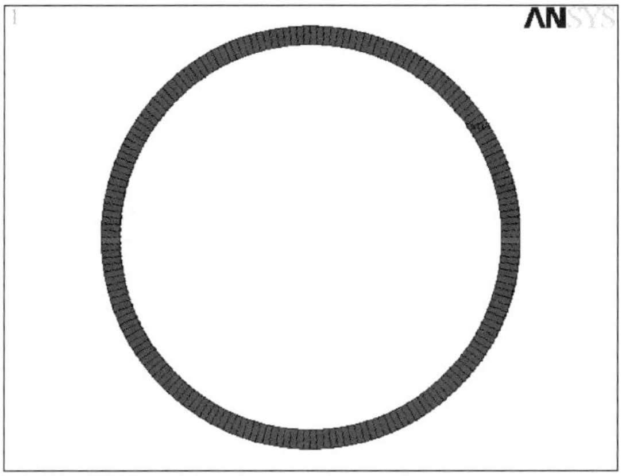

(d) 破坏程度图

图 8.33　衬砌节段长度 7m 情况(单心圆隧道)

衬砌节段长度为 8m 时计算结果如图 8.34 所示。

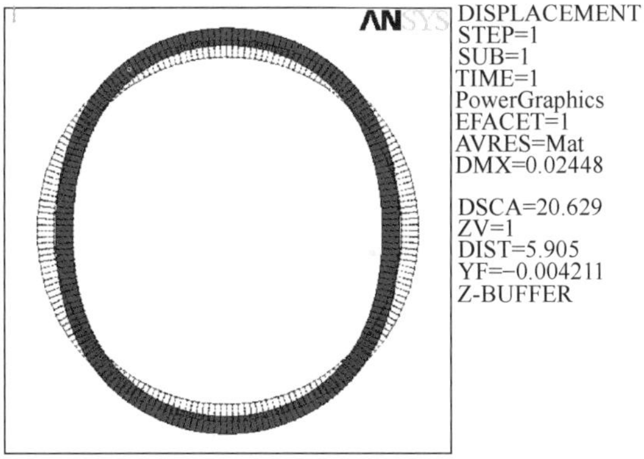

(a) 变形图

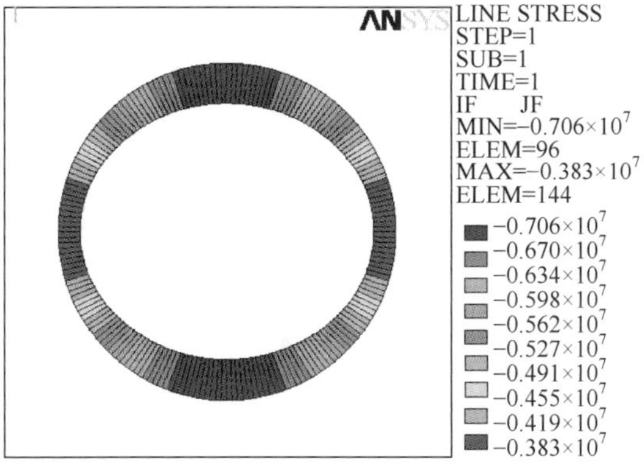

(b) 轴力图

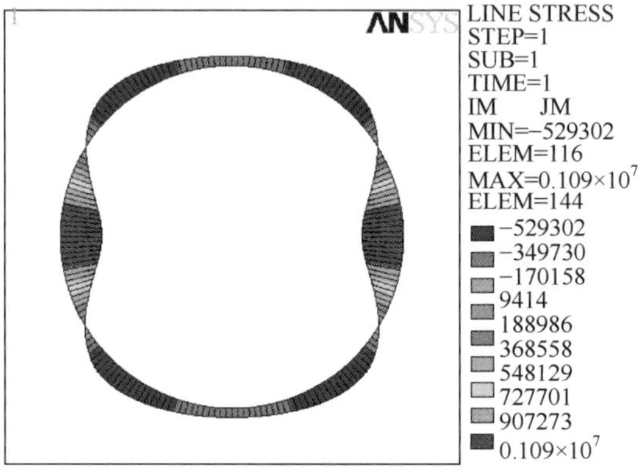

(c) 弯矩图

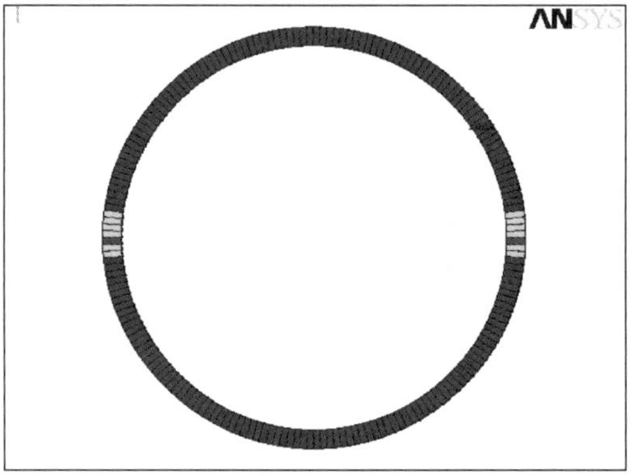

(d) 破坏程度图

图 8.34　衬砌节段长度 8m 情况(单心圆隧道)

衬砌节段长度为 9m 时计算结果如图 8.35 所示。

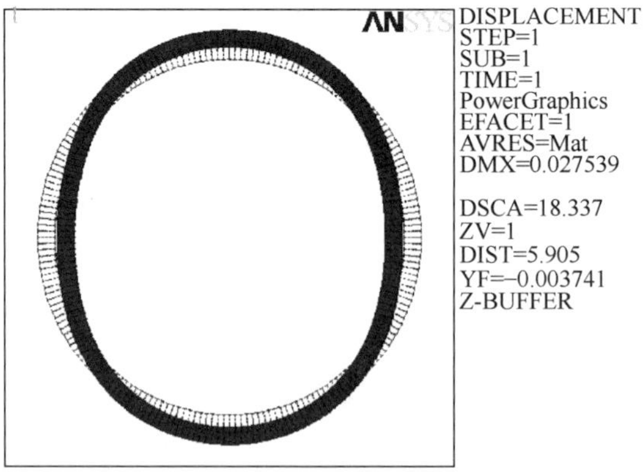

(a) 变形图

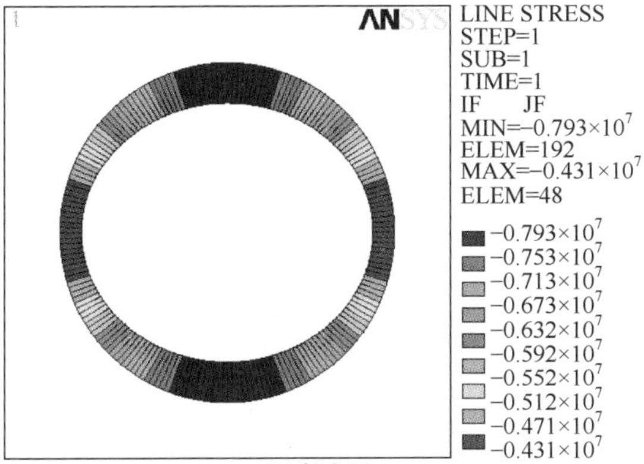

(b) 轴力图

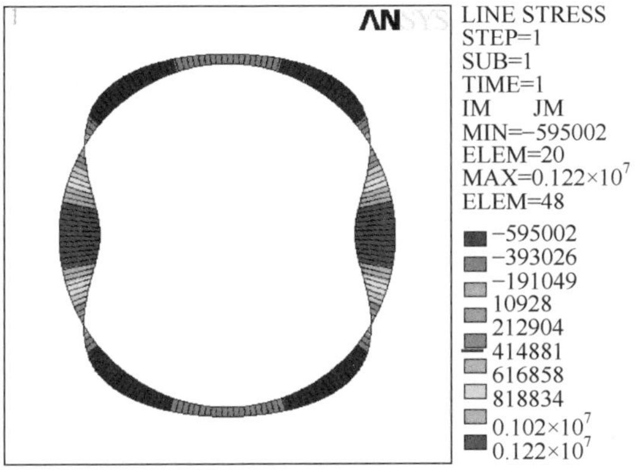

(c) 弯矩图

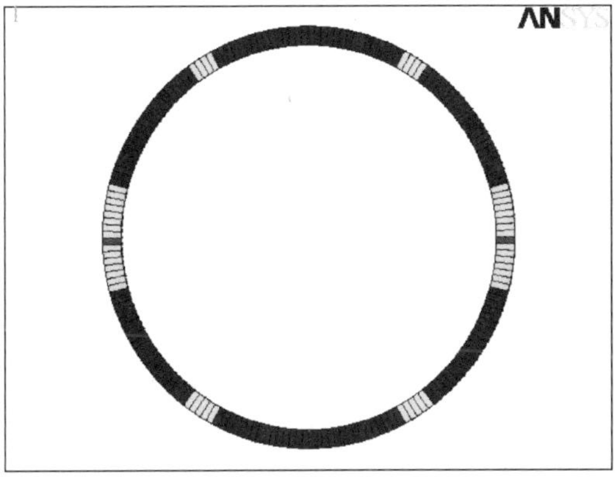

(d) 破坏程度图

图 8.35　衬砌节段长度 9m 情况(单心圆隧道)

衬砌节段长度为 10m 时计算结果如图 8.36 所示。

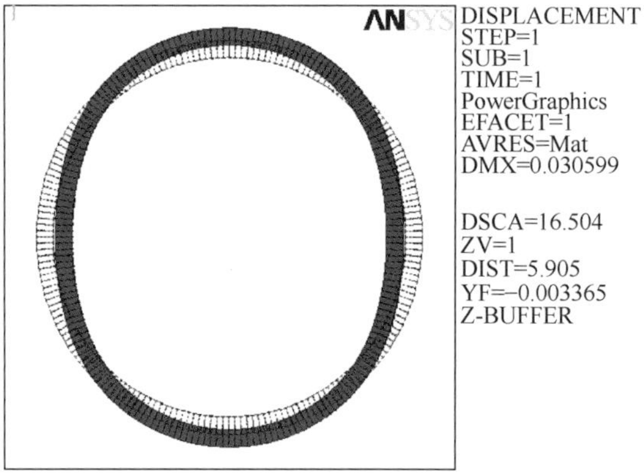

(a) 变形图

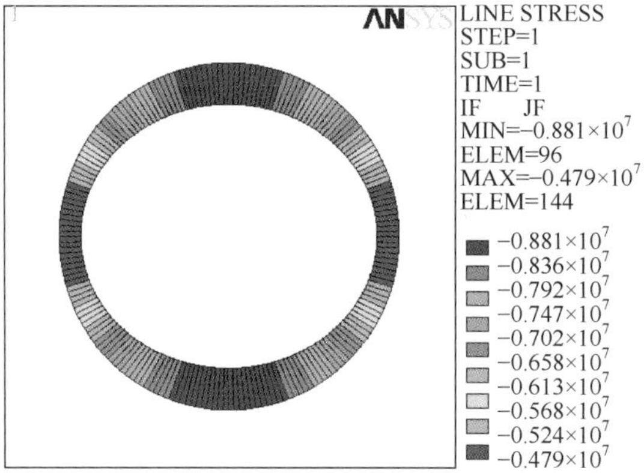

(b) 轴力图

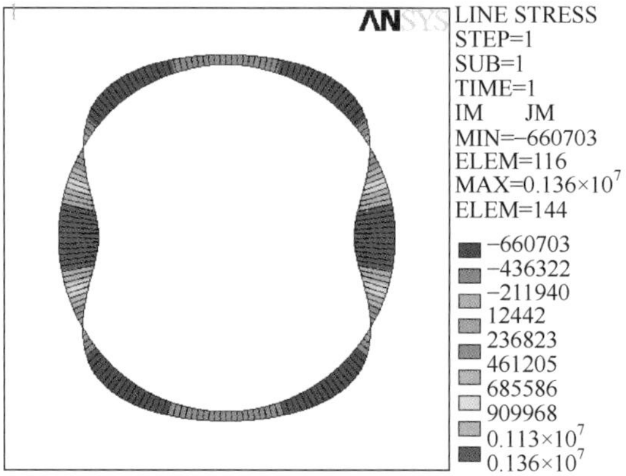

(c) 弯矩图

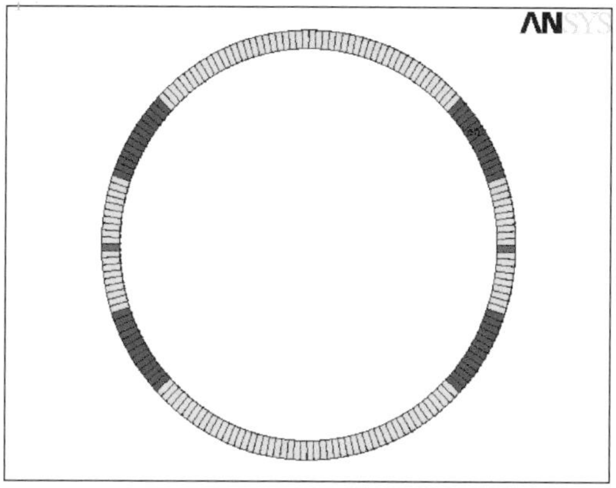

(d) 破坏程度图

图 8.36　衬砌节段长度 10m 情况(单心圆隧道)

不同衬砌节段长度时的安全系数如图 8.37 所示。

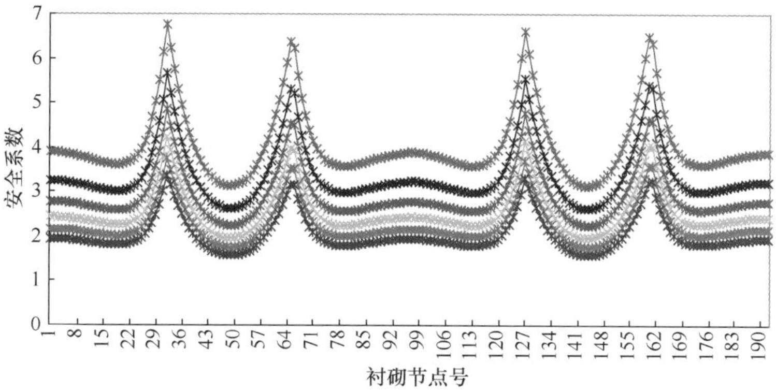

图 8.37　不同衬砌节段长度时的安全系数(单心圆隧道，曲线从上到下分别代表 5～10m)

不同衬砌节段长度衬砌安全系数比较如表 8.3 所示。

表 8.3　不同衬砌节段长度衬砌安全系数比较(单心圆隧道)

节段长度 L/m	衬砌厚度 h/m	剪应变 γ	侧向土体变形量 Δu/m	侧向土体应变 /(m/m)	土体侧向应力 σ_0/MPa	衬砌最大弯矩 M_{max} /(kN·m)	衬砌最大轴力 F_{max} /kN	单元破坏比 /%	单元平均安全系数/m	最小安全系数 K_{min}
3	0.45	0.003	0.009	0.0009	0.45	407	1440	0.00	6.767	5.222
4	0.45	0.003	0.012	0.0012	0.60	543	1920	0.00	5.076	3.917
5	0.45	0.003	0.015	0.0015	0.75	679	2400	0.00	4.061	3.133
6	0.45	0.003	0.018	0.0018	0.90	815	2870	0.00	3.385	2.611
7	0.45	0.003	0.021	0.0021	1.05	951	3350	0.00	2.902	2.238
8	0.45	0.003	0.024	0.0024	1.20	1090	3830	7.29	2.539	1.958
9	0.45	0.003	0.027	0.0027	1.35	1220	4310	26.04	2.257	1.740
10	0.45	0.003	0.03	0.0003	1.50	1360	4790	72.92	2.031	1.566

单心圆隧道衬砌节段长度的确定如图 8.38 所示。

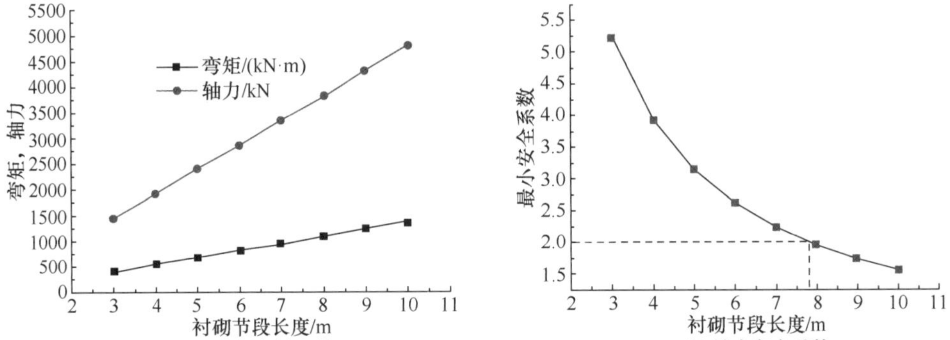

(a) 弯矩和轴力值　(b) 最小安全系数

图 8.38　单心圆隧道衬砌节段长度的确定

通过对以上计算结果进行分析，可以得出如下结论：

① 对应于规范要求的钢筋混凝土安全系数 2，若采用四心圆衬砌结构形式，则随着衬砌节段长度的增大，则结构内力值随之增加；当衬砌节段长度分别为 3m、4m、5m 和 6m 时，对应的衬砌单元最小安全系数分别 4.406、3.326、2.671 和 2.232，其均大于规范要求的 2，这说明衬砌结构不会发生任何破坏，处于安全状态；当衬砌节段长度逐渐增大，分别为 7m、8m、9m 和 10m 时，对应的衬砌单元最小安全系数分别为 1.917、1.680、1.495 和 1.346，衬砌结构部分发生破坏，破坏程度分别为 6.25%、23.75%、31.25%和 61.25%，这说明当衬砌节段长度为 10m 时，61.25%的衬砌结构都会发生破坏，其中最先破坏是两侧拱脚部位，接着是拱腰和拱顶部位。

② 对应于规范要求的钢筋混凝土安全系数 2，若采用单心圆衬砌结构形式，则随着衬砌节段长度的增大，则结构内力值随之增加；当衬砌节段长度分别为 3m、4m、5m、6m 和 7m 时，对应的衬砌单元最小安全系数分别 5.222、3.917、3.133、2.611 和 2.238，其均大于规范要求的 2，这说明衬砌结构不会发生任何破坏，处于安全状态；当衬砌节段长度逐渐增大，分别为 8m、9m 和 10m 时，对应的衬砌单元最小安全系数分别为 1.958、1.740 和 1.566，衬砌结构部分发生破坏，破坏程度分别为 7.29%、26.04%和 72.92%，这说明当衬砌节段长度为 10m 时，72.92%的衬砌结构都会发生破坏，其中最先破坏的是两侧部位，然后是拱顶部位。

③ 从图 8.28 可以得到，采用四心圆衬砌结构形式，在规范要求的 2 的安全系数条件下，对应的隧道衬砌节段长度约为 6.6m；从图 8.38 可以得到，采用单心圆衬砌结构形式时，在规范要求的 2 的安全系数条件下，对应的隧道衬砌节段长度约为 7.8m。

④ 由于没有考虑正常使用状态下的衬砌受力，因此计算出的衬砌节段长度要大于经验值(3.333～5m)(注：经验值 $l=(1/3\sim1/2)w$，其中 w 为隧道横断面宽度)。

⑤ 从图 8.28 和图 8.38 的对比分析来看，单心圆衬砌结构形式抗错断效果较四心圆形式要好，但断面净空面积较四心圆大。

(2) 隧道节段间连接处剪切刚度的确定。

前文基本理论分析中已经阐述，连接处剪切刚度在隧道断面形状、材料确定时，仅与衬砌厚度有关。因此，只要确定了连接处的衬砌厚度，就可以推导出其剪切刚度。连接处剪切刚度可以通过一个等效的三维弹性模型来确定(图 8.39)。

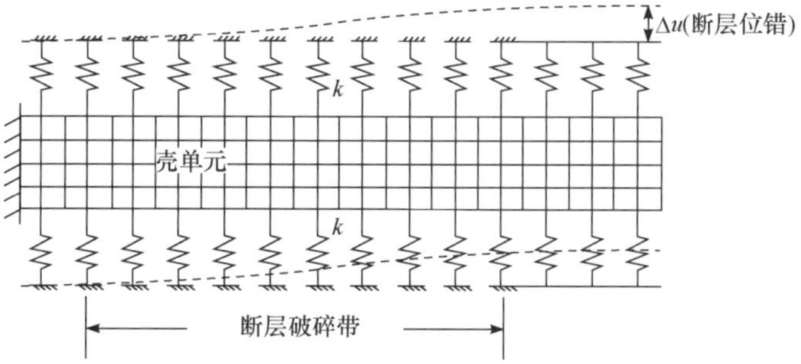

图 8.39　确定连接处剪切刚度的计算模型

在等效模型中，隧道结构用弹性壳单元模拟，土体用压缩弹簧模拟，土弹簧刚度参考围岩抗力系数确定，断层错动位移逐步施加于梁的两端。隧道节段间连接处剪切刚度的设计原则是使连接处在隧道横向过载破坏或隧道轴线两端弯曲失效之前发生剪切失效。

本章采用有限元软件 ANSYS 进行模拟计算。在计算中，隧道衬砌结构选取壳单元(Shell63)，围岩弹性抗力用弹簧单元(Combin14)模拟。衬砌结构有限元计算模型如图 8.40 所示。

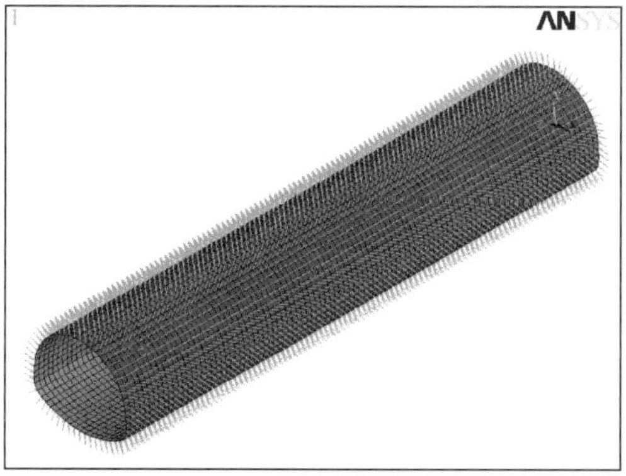

图 8.40　四心圆衬砌结构有限元计算模型

① 计算方案。

计算方案如表 8.4 所示。

表 8.4 计算方案

计算方案	F1	F2	F3	F4
节段间连接	0.5m 剪切缝	0.5m 连接衬砌厚度 $k_1(k_1<1\text{m})$	0.5m 连接衬砌厚度 $k_2(k_1<k_2<1\text{m})$	无剪切缝

确定连接处剪切刚度的计算方案示意图如图 8.41 所示。

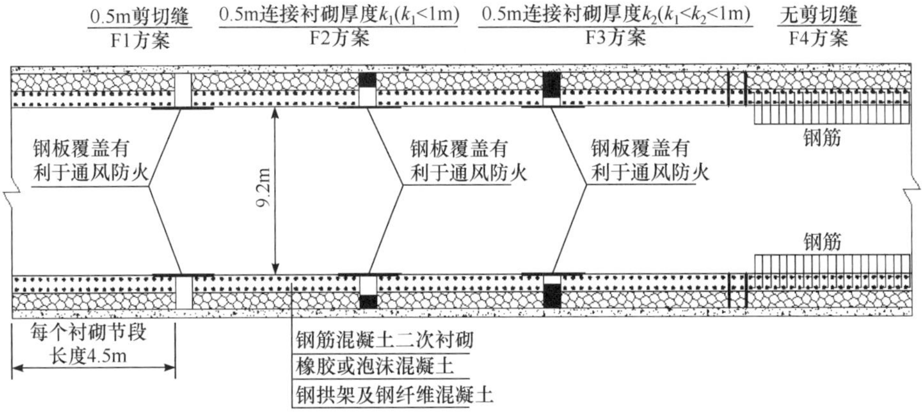

图 8.41 确定连接处剪切刚度的计算方案示意图

隧道设计断面力学特性如表 8.5 所示。

表 8.5 隧道设计断面力学特性

隧道设计断面		抗拉刚度 AE/kN	最大抗拉力 N_p/kN	抗弯刚度 $EI/(\text{kN}\cdot\text{m}^2)$	最大弯矩 $M_p/(\text{kN}\cdot\text{m})$	混凝土的极限弯曲抗压强度/MPa	混凝土的设计弯曲抗压强度/MPa
C30 钢筋混凝土	纵向钢筋间距 20cm;混凝土保护层厚度 40mm	7.750×10^6	10180	5.739×10^7	5.740×10^4	28.1	16.5

② 计算结果。

F1 方案(0.5m 剪切缝)计算结果如图 8.42 所示。

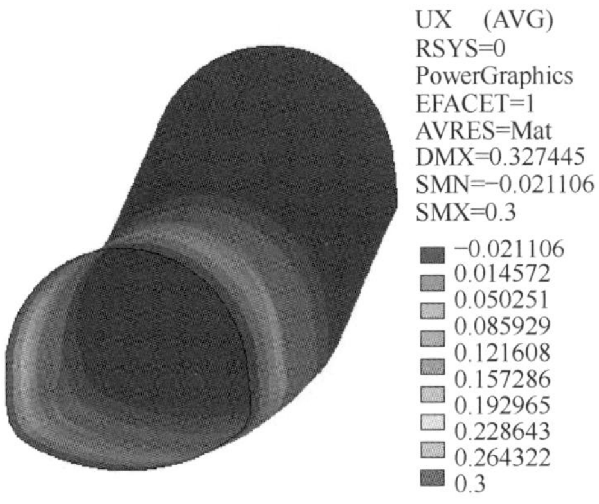

(a) X向位移云图

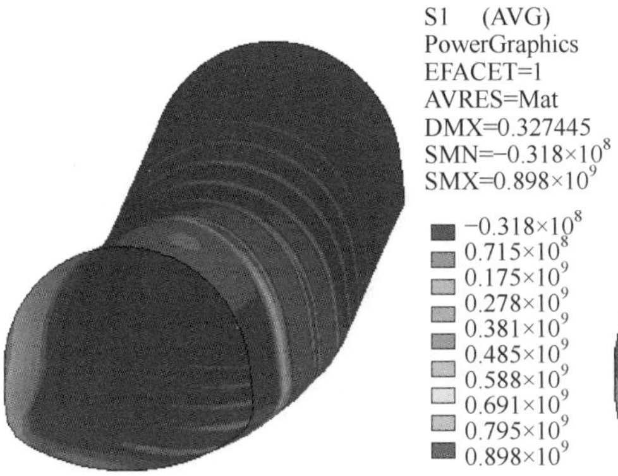

(b) 第一主应力云图

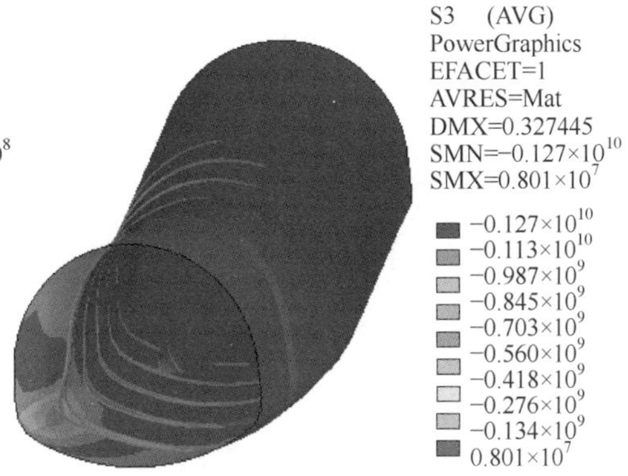

(c) 第三主应力云图

图 8.42　F1 方案计算结果

F2 方案(0.5m 连接衬砌厚度 k_1 为 5cm)计算结果如下。

错动位移 2.5mm 时计算结果如图 8.43 所示。

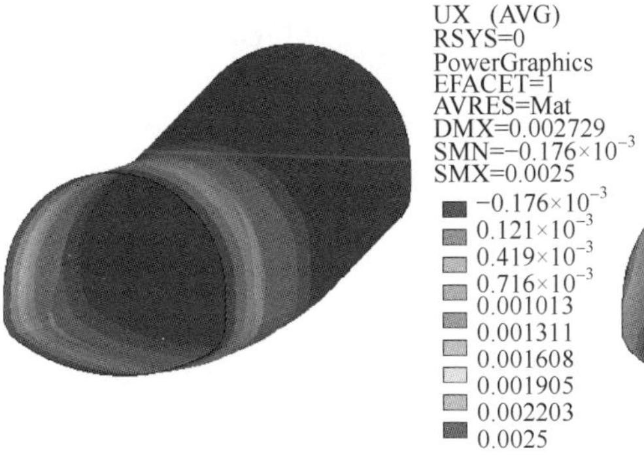

(a) X向位移云图

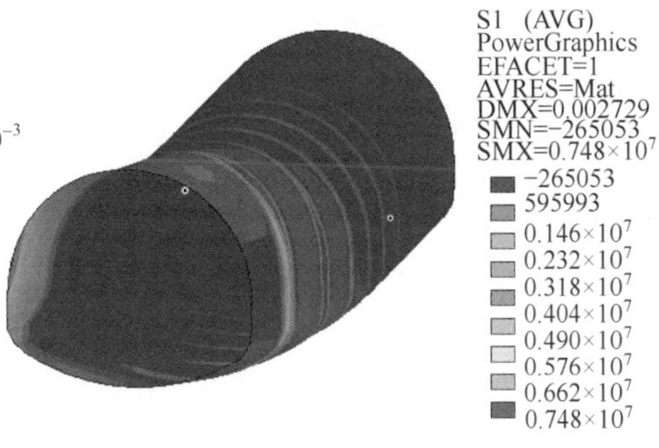

(b) 第一主应力云图

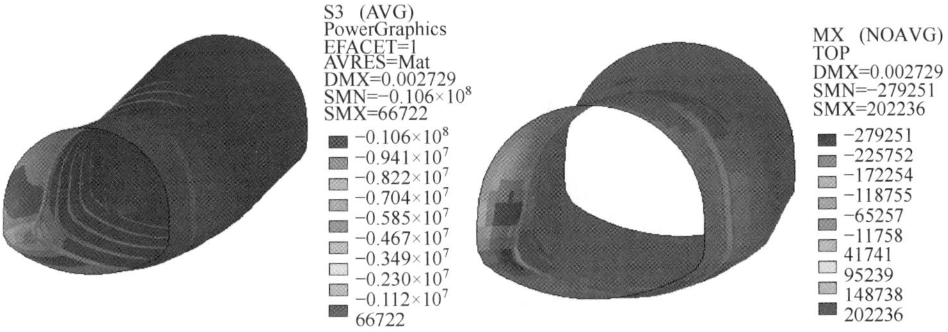

(c) 第三主应力云图　　(d) M_X弯矩云图

图 8.43　F2 方案计算结果(错动位移 2.5mm)

错动位移 5mm 时计算结果如图 8.44 所示。

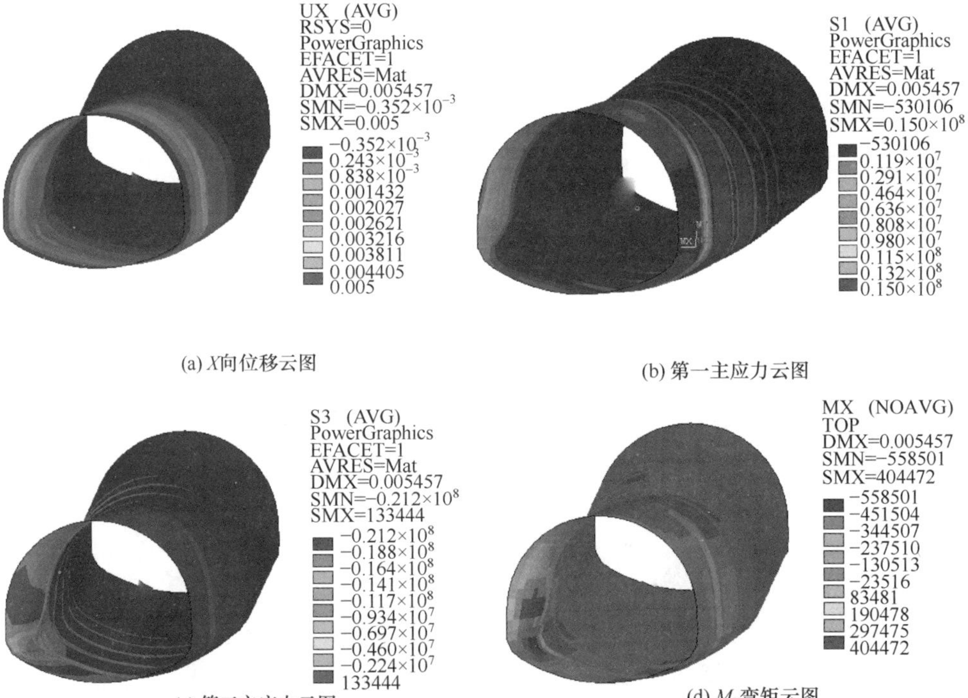

(a) X向位移云图　　(b) 第一主应力云图

(c) 第三主应力云图　　(d) M_X弯矩云图

图 8.44　F2 方案计算结果(错动位移 5mm)

错动位移 1cm 时计算结果如图 8.45 所示。

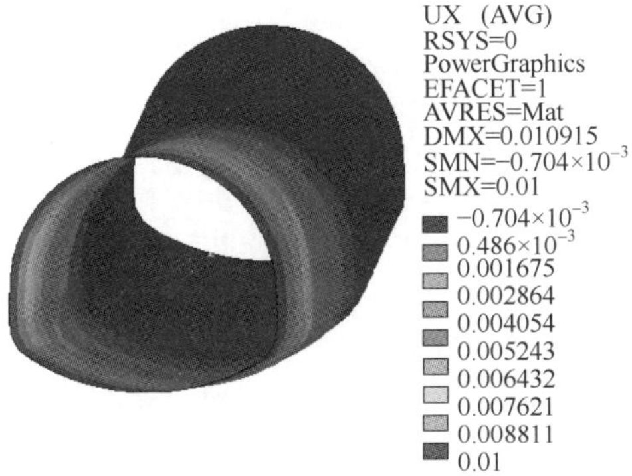

(a) X向位移云图

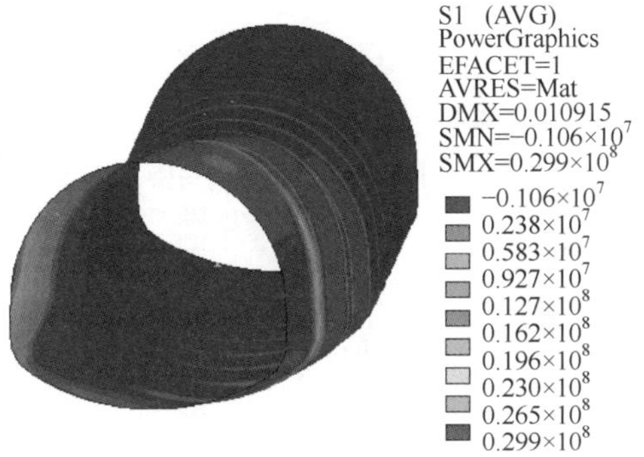

(b) 第一主应力云图

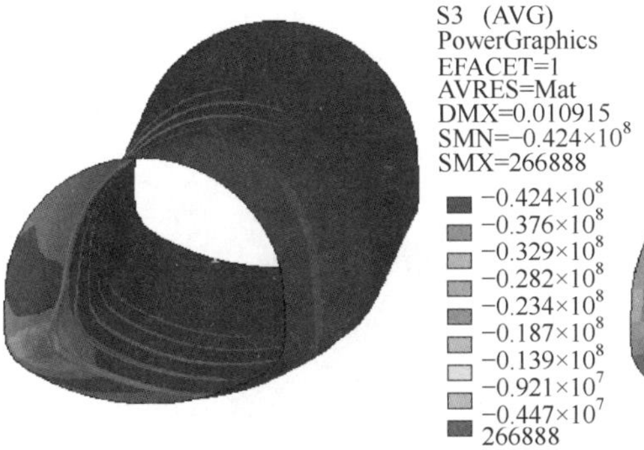

(c) 第三主应力云图

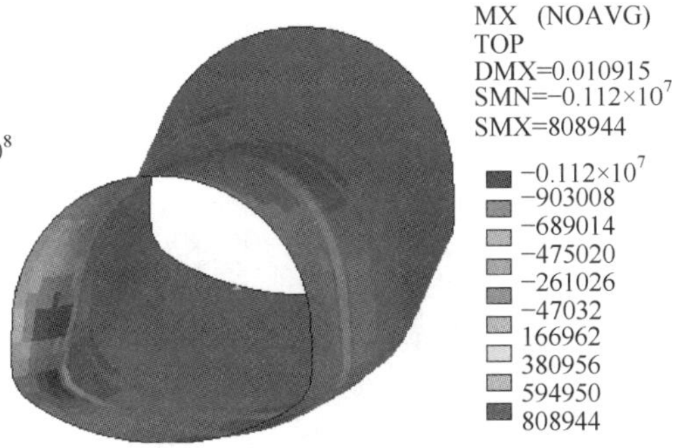

(d) M_X弯矩云图

图 8.45　F2 方案计算结果(错动位移 1cm)

错动位移 1.5cm 时计算结果如图 8.46 所示。

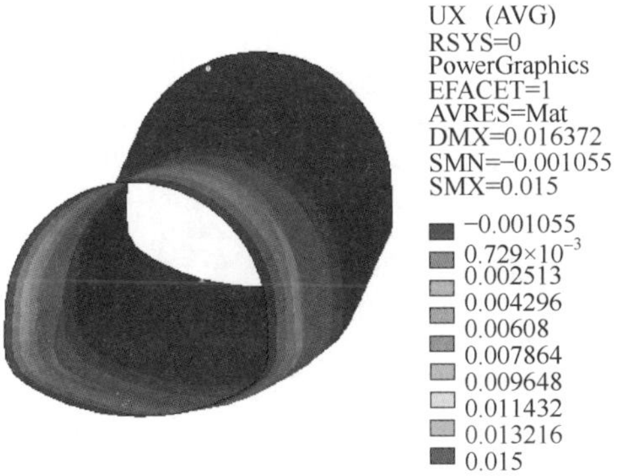

(a) X向位移云图

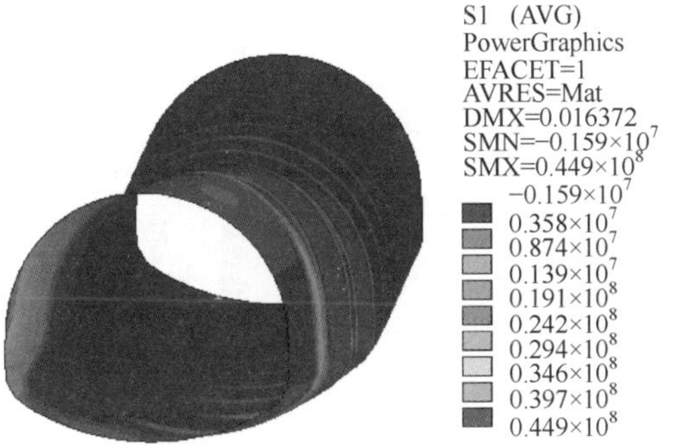

(b) 第一主应力云图

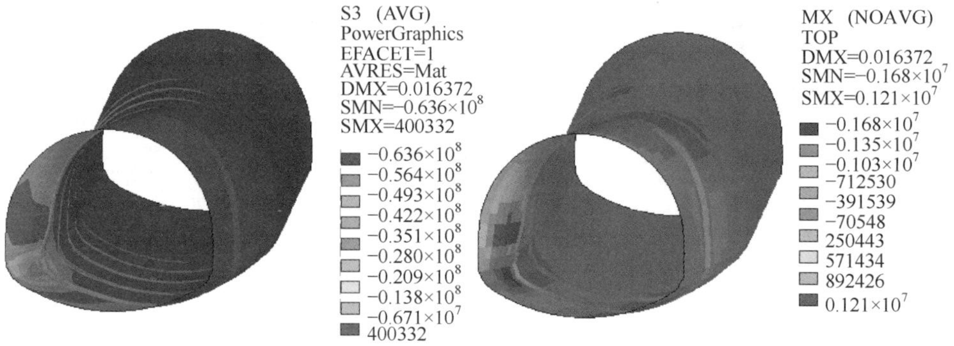

(c) 第三主应力云图　　(d) M_X弯矩云图

图 8.46　F2 方案计算结果(错动位移 1.5cm)

错动位移 2.0cm 时计算结果如图 8.47 所示。

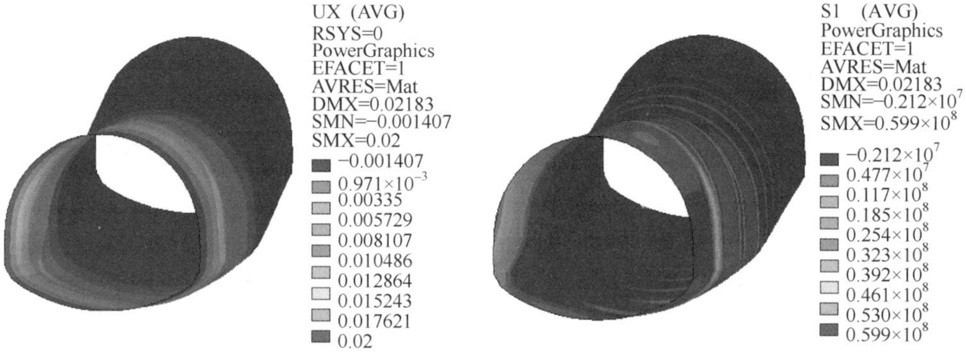

(a) X向位移云图　　(b) 第一主应力云图

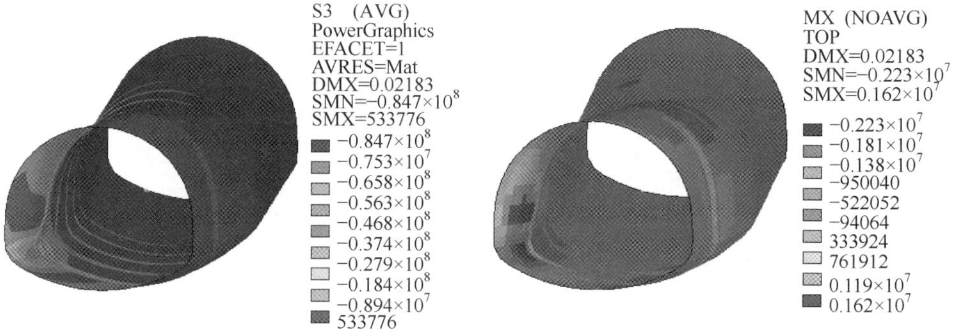

(c) 第三主应力云图　　(d) M_X弯矩云图

图 8.47　F2 方案计算结果(错动位移 2.0cm)

F3 方案(0.5m 连接衬砌厚度 k_2 为 10cm、15cm、20cm、25cm)计算结果如下。

k_2=10cm、错动位移 5mm 时计算结果如图 8.48 所示。

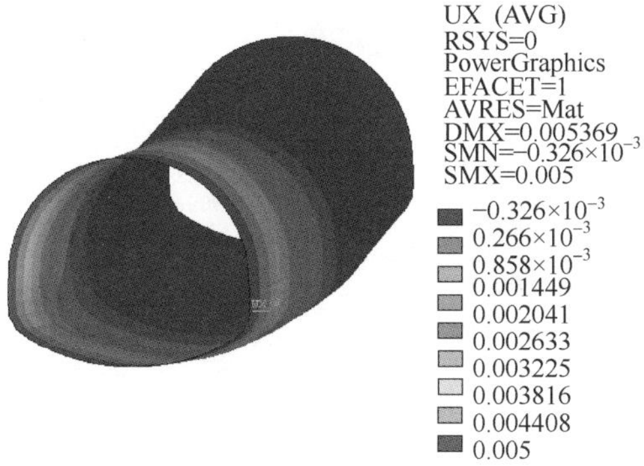

(a) X向位移云图

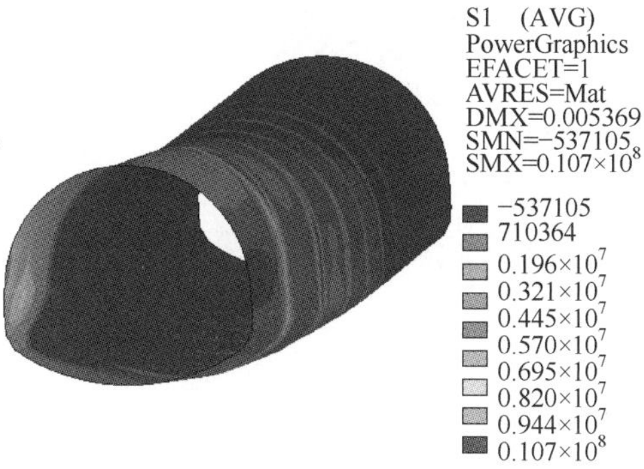

(b) 第一主应力云图

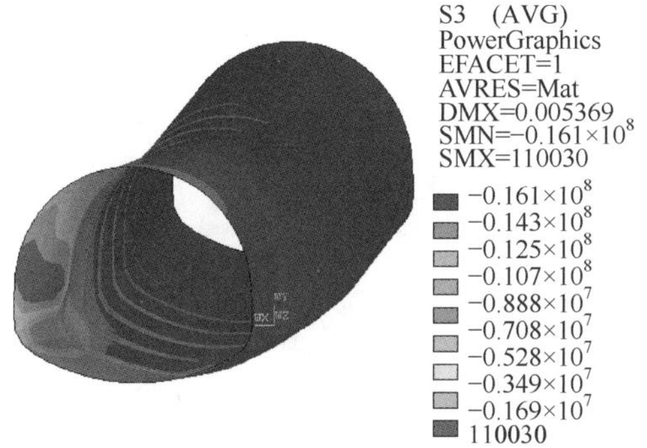

(c) 第三主应力云图

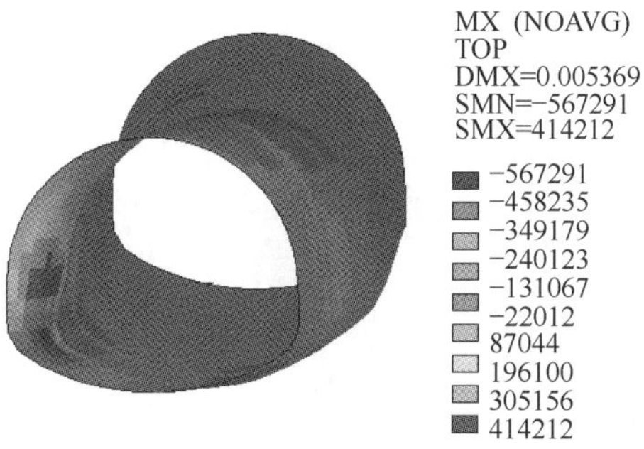

(d) M_X弯矩云图

图 8.48　F3 方案计算结果(k_2=10cm，错动位移 5mm)

k_2=15cm、错动位移 5mm 时计算结果如图 8.49 所示。

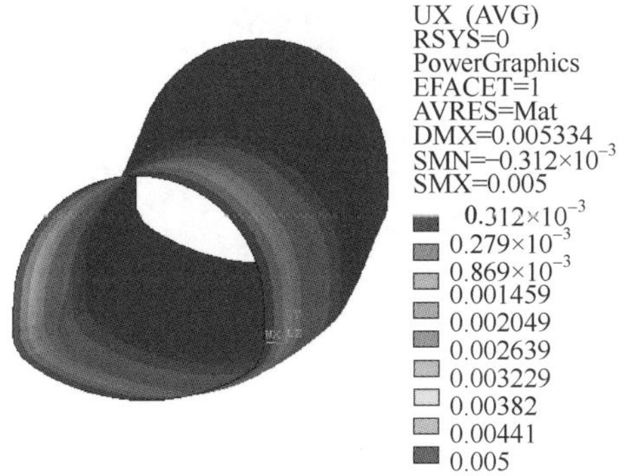

(a) X向位移云图

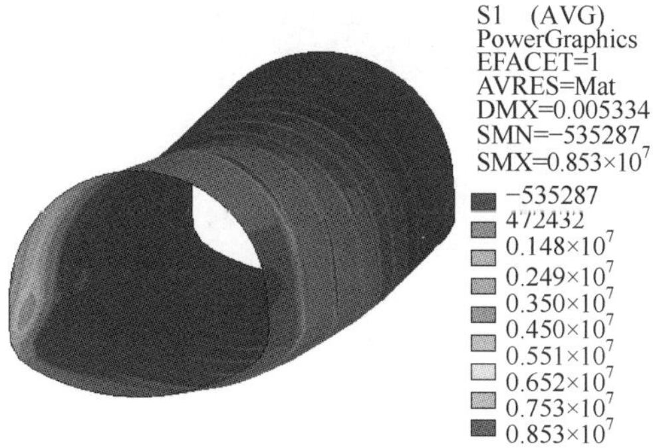

(b) 第一主应力云图

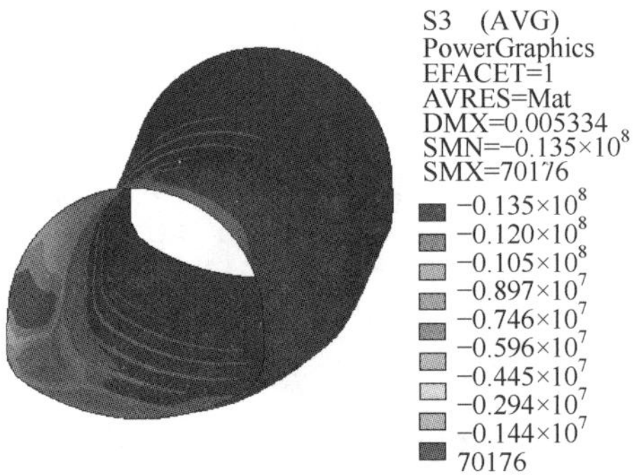

(c) 第三主应力云图

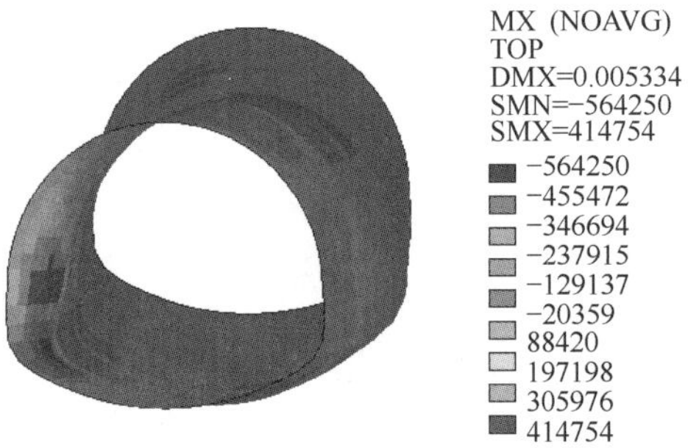

(d) M_X弯矩云图

图 8.49　F3 方案计算结果(k_2=15cm，错动位移 5mm)

k_2=20cm、错动位移 5mm 时计算结果如图 8.50 所示。

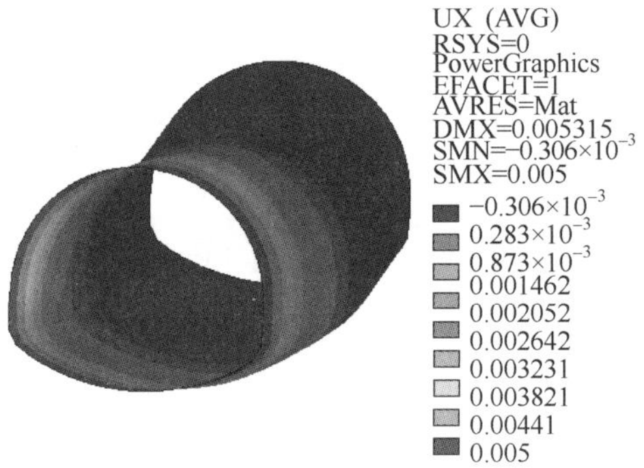

(a) X向位移云图

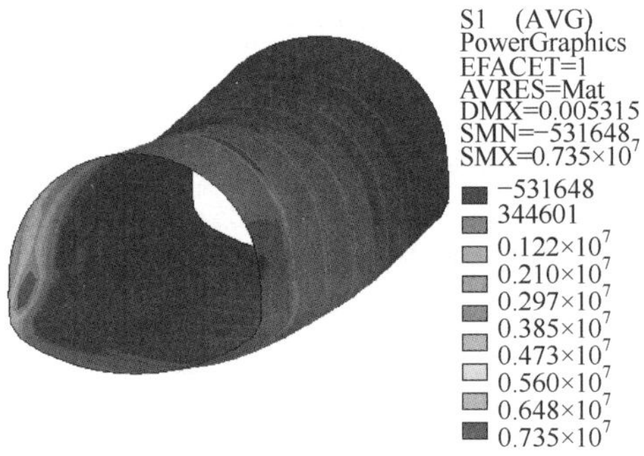

(b) 第一主应力云图

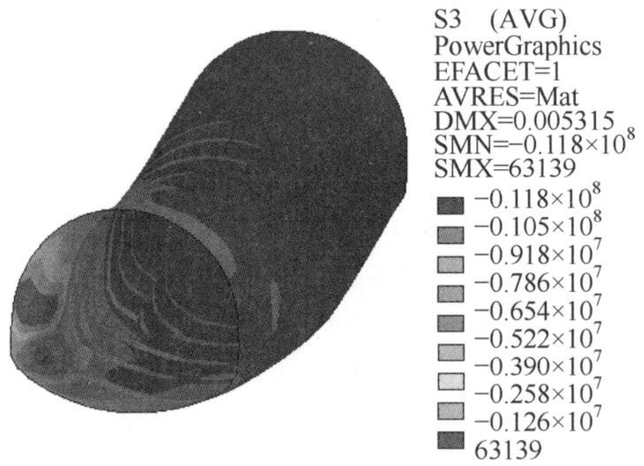

(c) 第三主应力云图

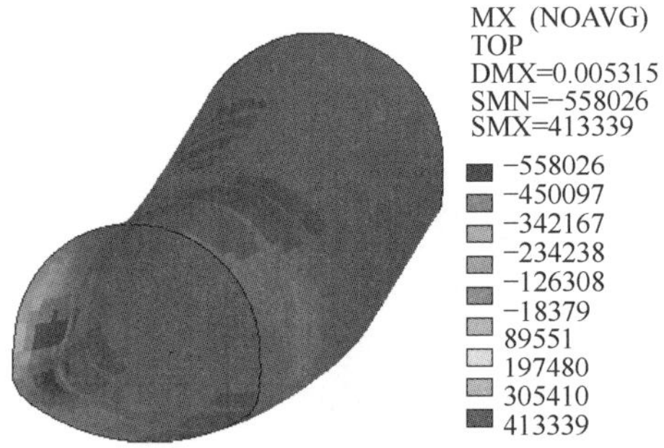

(d) M_X弯矩云图

图 8.50　F3 方案计算结果(k_2=20cm，错动位移 5mm)

k_2=25cm、错动位移 5mm 时计算结果如图 8.51 所示。

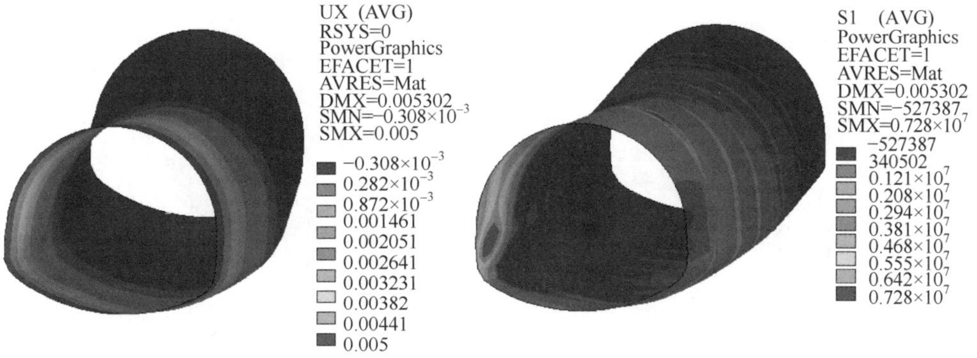

(a) X向位移云图　　(b) 第一主应力云图

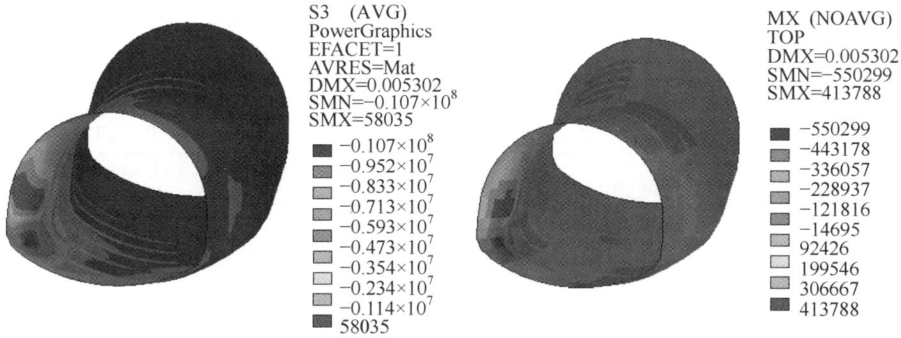

(c) 第三主应力云图　　(d) M_X弯矩云图

图 8.51　F3 方案计算结果(k_2=25cm，错动位移 5mm)

F4 方案(无剪切缝)计算结果如图 8.52 所示。

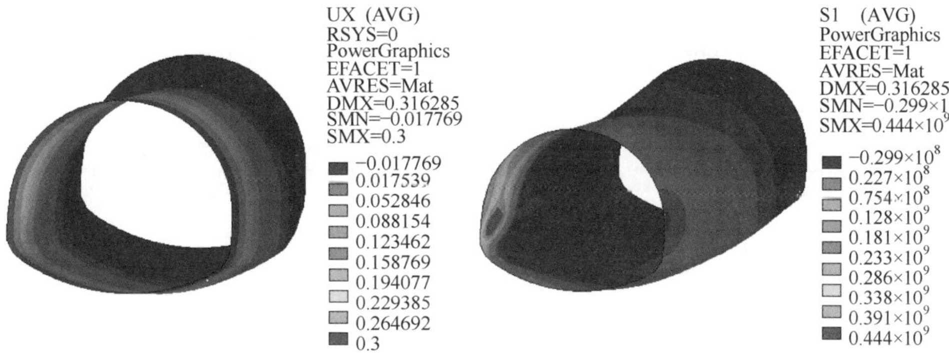

(a) X向位移云图　　(b) 第一主应力云图

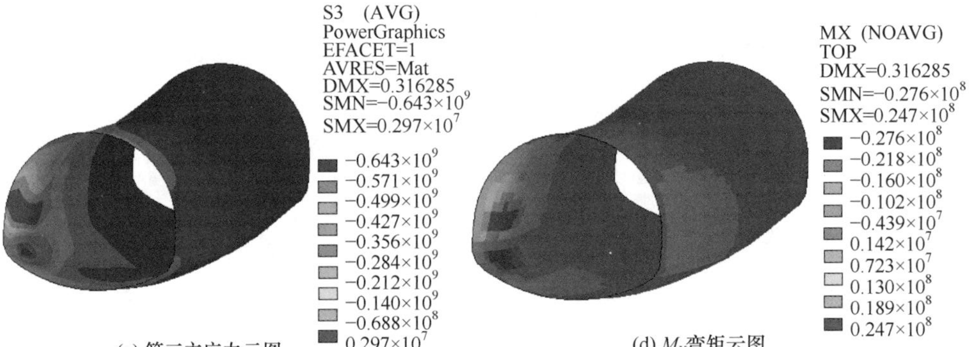

(c) 第三主应力云图　　(d) M_X弯矩云图

图 8.52　F4 方案计算结果

断层错动 5mm 时不同柔性连接厚度条件下衬砌节段及节段连接处内力值如表 8.6 所示。

表 8.6　断层错动 5mm 时不同柔性连接厚度条件下衬砌节段及节段连接处内力值

节段连接	错动位移/mm	柔性连接厚度/cm	衬砌节段厚度/cm	第一主应力最大值/MPa		衬砌节段 M_Y 弯矩最大值/(kN · m)
				衬砌节段	柔性连接	
0.5m 柔性连接	5	5	70	5.18	15.0	404.472
	5	10	70	6.09	10.7	414.212
	5	15	70	6.81	8.53	414.754
	5	20	70	7.07	6.87	413.399
	5	25	70	7.28	6.42	413.788

节段连接厚度 5mm 时不同错动位移条件下衬砌节段及节段连接内力如表 8.7 所示。

表 8.7　节段连接厚度 5mm 时不同错动位移条件下衬砌节段及节段连接内力

节段连接	柔性连接厚度/cm	错动位移/mm	衬砌节段厚度/cm	第一主应力最大值/MPa		衬砌节段 M_Y 弯矩最大值/(kN · m)
				衬砌节段	柔性连接	
0.5m 柔性连接	5	2.5	70	3.18	7.48	202.236
	5	5.0	70	6.36	15.00	404.472
	5	10.0	70	16.20	29.90	808.944
	5	15.0	70	24.20	44.90	1210.000
	5	20.0	70	32.30	59.90	1620.000

5cm 厚度连接不同错动量条件下衬砌等效应力值如图 8.53 所示。

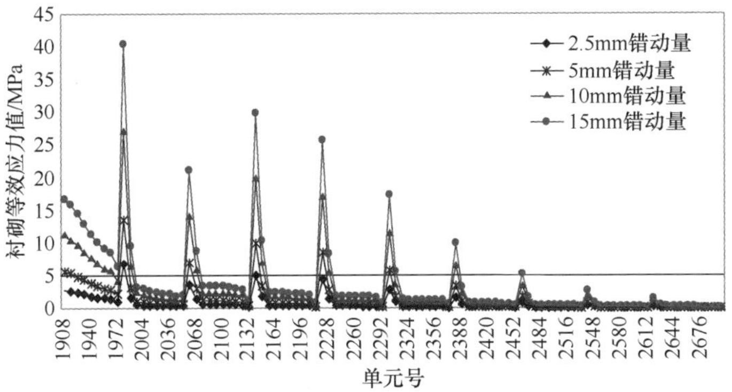

图 8.53　5cm 厚度连接不同错动量条件下衬砌等效应力值

5cm 厚度连接不同错动量条件下衬砌弯矩值如图 8.54 所示。

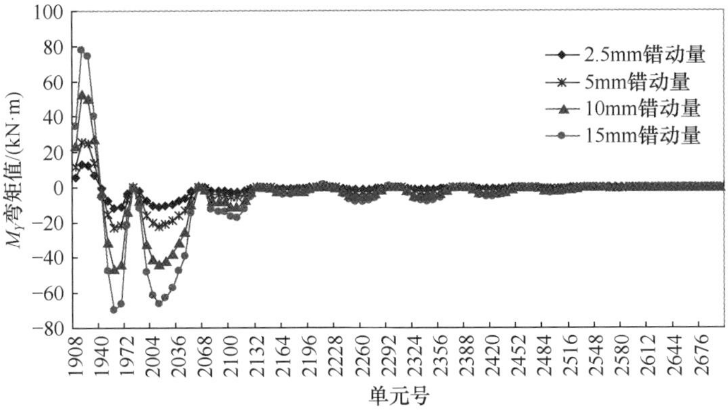

图 8.54　5cm 厚度连接不同错动量条件下衬砌弯矩值

不同厚度连接错动 5mm 条件下衬砌 S1 应力值如图 8.55 所示。

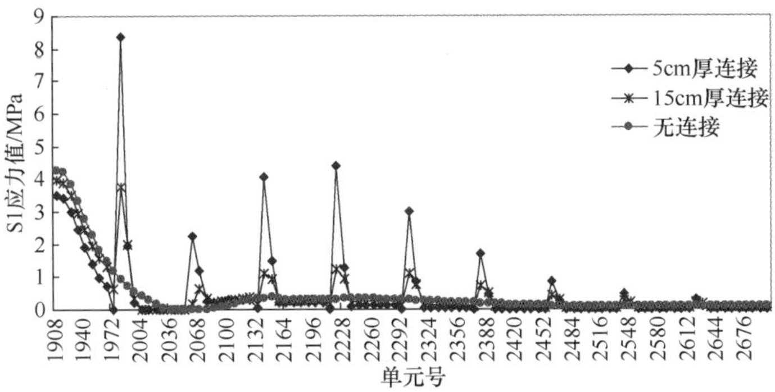

图 8.55　不同厚度连接错动 5mm 条件下衬砌 S1 应力值

不同厚度连接错动 5mm 条件下衬砌弯矩值如图 8.56 所示。

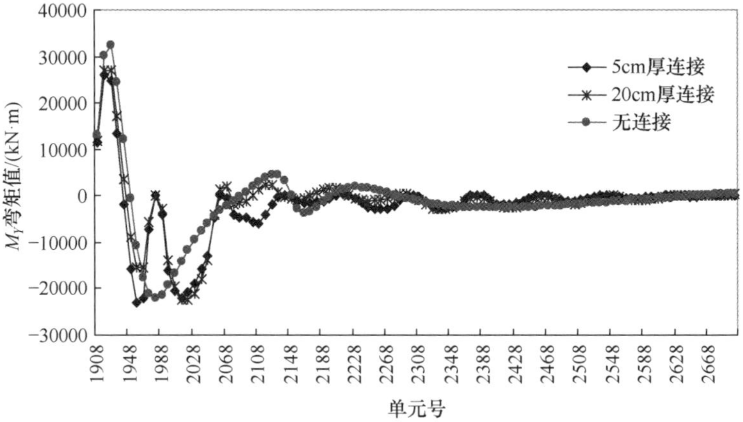

图 8.56　不同厚度连接错动 5mm 条件下衬砌弯矩值

5mm 错动位移量下不同连接厚度衬砌节段及节段间连接内力值如图 8.57 所示。

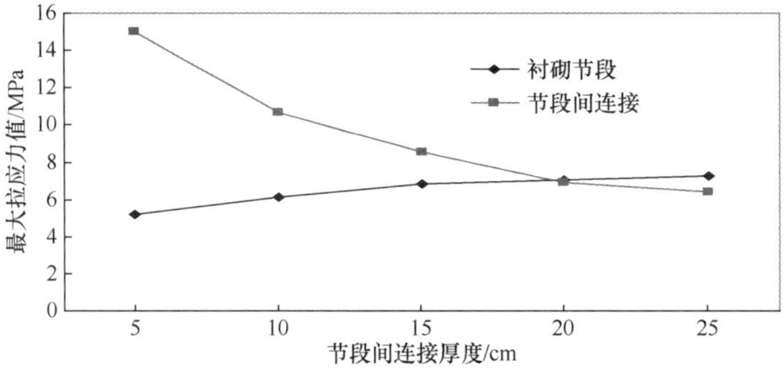

图 8.57　5mm 错动位移量下不同连接厚度衬砌节段及节段间连接内力值

5cm 连接厚度下不同错动位移量衬砌节段及节段间连接内力值如图 8.58 所示。

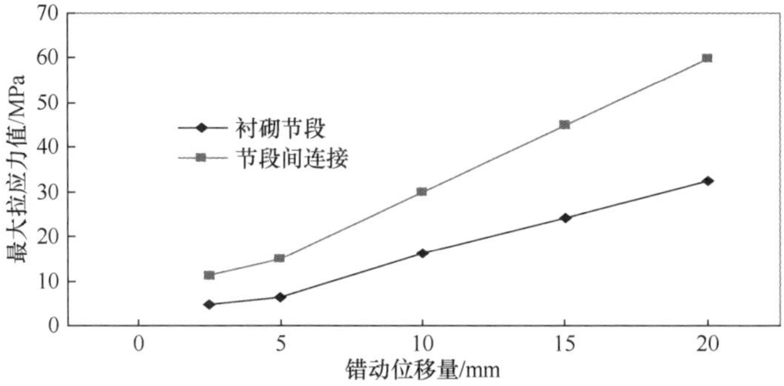

图 8.58　5cm 连接厚度下不同错动位移量衬砌节段及节段间连接内力值

通过以上计算结果，可以得出以下结论：

(1) 断层错动时，隧道衬砌弯矩值出现邻近断层交界面一侧 4.5m 衬砌节段内，且 F4 方案(无剪切缝)时最大，F1 方案(0.5m 剪切缝即连接剪切刚度 $K_{\gamma}=0$)时最小。

(2) 断层错动时，如果采用铰接设计，即断层影响带衬砌结构按每节段 4.5m 进行分节，且节段间采用相对柔性的连接(长度为 0.5m)，结构破坏只发生在邻近断层交界面的局部范围内，但是如果不采用铰接设计，则断层影响带大部分衬砌结构都会发生不同程度的破坏。

(3) 若按混凝土的抗拉强度($f_t=2.50\text{MPa}$)来控制，连接处衬砌厚度小于 20cm，则在断层错动时，衬砌节段最大拉应力值小于节段间连接最大拉应力值，此时，衬砌节段间连接在衬砌节段破坏之前发生破坏，这符合铰接设计抗错断措施的设计理念，即连接处的剪切刚度的设计要满足连接处在衬砌节段破坏之前发生剪切失效；若连接处衬砌厚度大于 20cm，则在断层错动时，衬砌节段最大拉应力值大于节段间连接最大拉应力值，此时，衬砌节段会先于节段间连接发生破坏，这不符合连接处剪切刚度的设计要求。因此，当节段衬砌厚度采用初步设计的 70cm 时，0.5m 节段间连接的衬砌厚度最大为 20cm，此时连接处的剪切刚度符合设计要求。

(4) 通过对比分析计算结果可以看出，隧道衬砌壳单元的弯矩小于根据梁单元计算的弯矩值，但部分壳单元应力值要大于材料的屈服应力，表明部分壳单元发生了屈曲破坏；这说明在研究隧道轴线力学特性时，采用梁-弹簧模型有一定的局限性，而采用壳-弹簧模型较为合理。

3) 按荷载-结构法铰接设计时嘎隆拉隧道抗断结构设计图

通过上述荷载-结构法计算分析，嘎隆拉隧道穿越断层带抗错断结构设计时，考虑到断面形式的一致性，拟定的断层影响带区段隧道断面形式与完整围岩段相同，如图 8.59(a)所示。在断层影响带采用铰接设计，即对衬砌进行分节段，每节段长度在计算结果的基础上偏安全地取为 5.0m，节段间连接长度为 0.5m，节段间连接长度的确定主要考虑断层平移错动时，在隧道轴线方向会产生一定的位移量，隧道衬砌在水平轴向会发生压缩或拉伸。连接处的衬砌厚度按计算结果分析，最好是采用剪切缝的形式(即连接处衬砌厚度为零)，但考虑到隧道开挖后围岩稳定性要求，在连接处必须施作初期支护。因此，连接处衬砌厚度按计算所得的上限值 20cm 确定。隧道衬砌支护参数参考国内外类似工程经验进行设计，初步设计图如图 8.59(b)所示。

2. 用地层-结构法进行铰接设计

1) 基本理论分析

地层-结构法的计算原理，是将隧道衬砌和地层视为整体共同受力的统一体

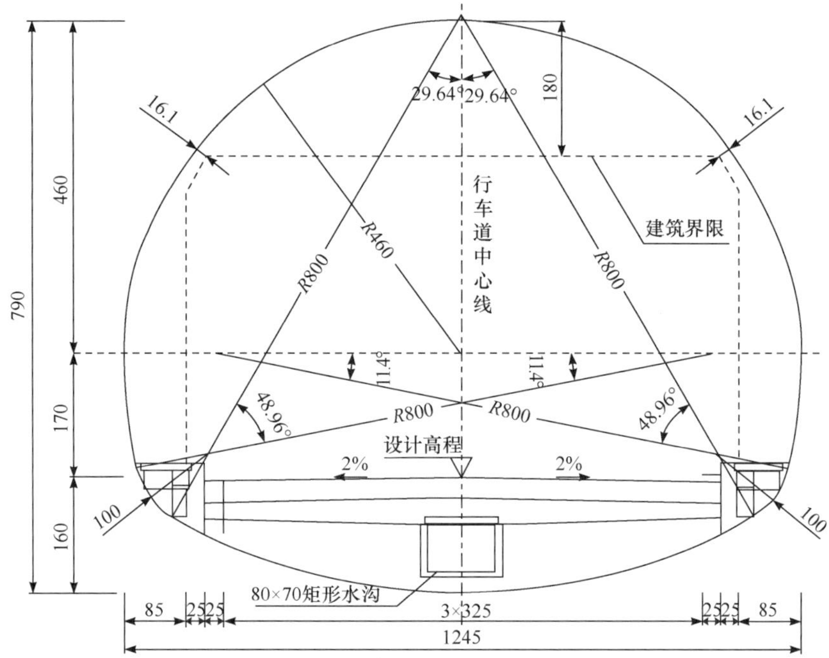

(a) 嘎隆拉隧道设计横断面净空尺寸(单位：cm)

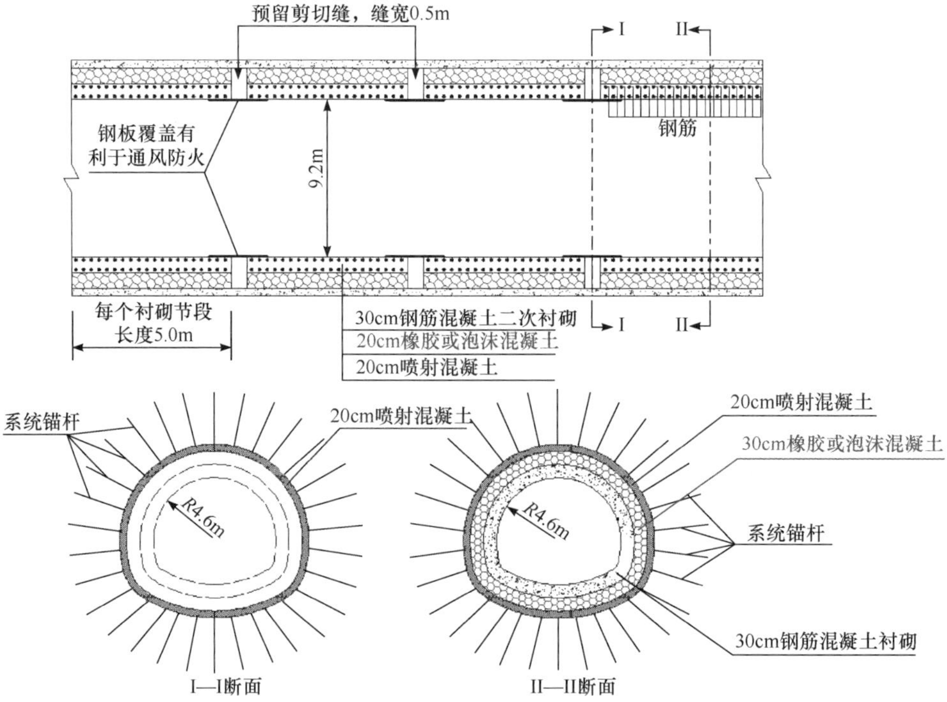

(b) 钢筋混凝土复合衬砌抗断设计图

图 8.59　荷载-结构法设计时嘎隆拉隧道抗断设计图

系，在满足变形协调条件的前提下分别计算衬砌与地层的内力，据以验算地层的稳定性和进行结构断面设计。在应用地层-结构法进行铰接设计时，采用在围岩边界施加位移的方法来模拟断层的错动，同时要考虑围岩与衬砌的相互作用。

(1) 基本假设。

考虑到问题分析的复杂性，在合理假设的前提下，对计算模型进行如下简化：

① 假设断层带岩体材料的物理力学性质(如黏聚力、摩擦力、弹性模量)从断层带中心到两侧断层带边界是线性变化的。这些岩体物理力学参数可以通过现场钻孔取芯得到。

② 断层断裂面(错动面)和土-结构间相互作用采用 Interface 接触单元模拟。

③ 断层带土体的力学行为和土与隧道衬砌结构之间的相互作用在计算模型中定义为二维弹塑性平面应变问题。

④ 隧道衬砌在计算模型中定义为弹塑性梁单元。

(2) 计算模型说明。

在数值分析中，采用二维平面应变分析，计算模型如图 8.60 所示，*ABEF* 和 *CBED* 分别表示断层的左盘和右盘。在数值模型试验中，采用模型右盘不动、左盘施加整体位移边界条件来模拟断层的走滑运动。

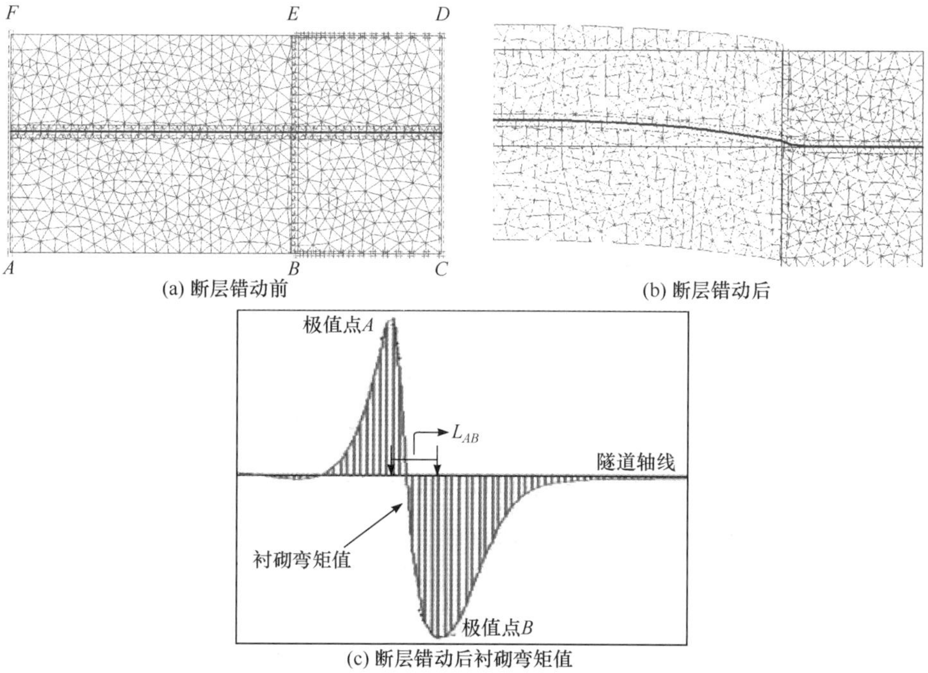

(a) 断层错动前　　(b) 断层错动后

(c) 断层错动后衬砌弯矩值

图 8.60　二维有限元弹塑性计算模型

(3) 衬砌节段长度的确定以及柔性连接长度计算公式的推导。

隧道衬砌结构在断层发生错动后的轴线变形如图 8.61 所示，其中 L_p 为相邻柔性连接的间隔长度，L_j 为柔性连接长度，Δu 为断层位错量。通过上述二维有限元弹塑性理论可以分析得到断层错动后隧道衬砌的弯矩图，从图中不难看出，衬砌弯矩极值出现在断层交界面两侧一定范围内，如图 8.60 中的极值点 A 和极值点 B，令弯矩极值点 A 和 B 之间的距离为 L_{AB}。按材料力学理论可以计算得到柔性连接及衬砌节段断面的力学特性控制值(设计轴力值、剪力值及弯矩值)。在此，由设计弯矩值控制衬砌的破坏状态，因柔性连接设计弯矩值小于衬砌节段设计弯矩值，要保证连接处在断层错动时先于衬砌节段发生破坏形成塑性铰，以尽可能保证衬砌节段不发生破坏，则只需保证断层两侧衬砌弯矩极大值小于其弯矩设计值，这就要求相邻连接的间隔长度 $L_p \leqslant L_{AB}$。

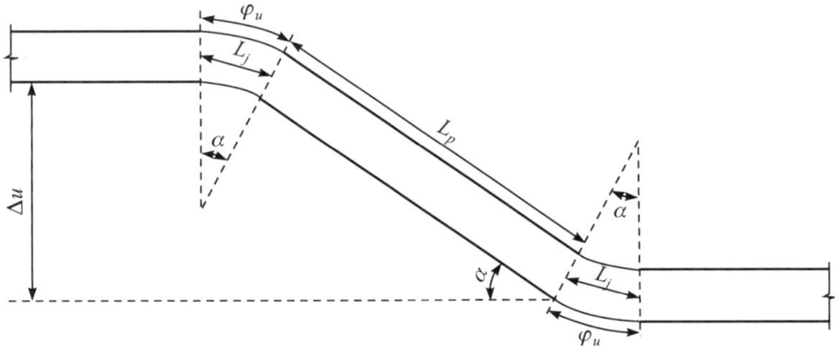

图 8.61 断层发生错动后的隧道轴线变形图

如图 8.61 所示，有

$$L_j = \rho \cdot \alpha, \quad \varphi_u = \frac{1}{\rho}$$

可推出

$$L_j = \frac{\alpha}{\varphi_u}$$

又因为

$$\alpha = \tan \frac{\Delta u}{L_p}$$

当 $\dfrac{\Delta u}{L_p}$ 很小时，有

$$\tan \frac{\Delta u}{L_p} \approx \frac{\Delta u}{L_p}$$

所以可推得柔性连接长度的计算公式为

$$L_j = \frac{\Delta u}{L_p \cdot \varphi_u} \tag{8-14}$$

式中：

φ_u——衬砌断面极限弯曲曲率。

(4) 环形断面极限弯曲曲率φ_u的计算。

① 钢筋及混凝土材料特性。

混凝土采用C30混凝土，$f_c = 16.5\text{MPa}$，$E_c = 31.0\text{GPa}$；钢筋采用二级钢筋，其抗拉和抗压设计强度值为$f_y = 268\text{MPa}$和$E_s = 210\text{GPa}$。混凝土保护层厚度$a_s = 40\text{mm}$。

$$\varepsilon_0 = 0.002 + 0.5(f_{cu,k} - 50) \times 10^{-5}$$

$$\varepsilon_{cu} = 0.0033 - (f_{cu,k} - 50) \times 10^{-5}$$

根据《混凝土结构设计规范》[GB 50010—2010(2015版)]，混凝土压应力刚达到f_c时的混凝土压应变$\varepsilon_0 = 0.002$；当处于非均匀受压时混凝土的极限压应变$\varepsilon_u = 0.0033$；当处于轴心受压时，$\varepsilon_u = 0.002$；纵向钢筋的极限拉应变取为0.01。

$$\sigma_c = \begin{cases} f_c\left[1-\left(1-\dfrac{\varepsilon_c}{\varepsilon_0}\right)^n\right], & \varepsilon_c \leqslant \varepsilon_0, n = 2 - \dfrac{f_{cu,k}-50}{60}, n \leqslant 2 \\ f_c, & \varepsilon_0 < \varepsilon_c \leqslant \varepsilon_{cu} \end{cases} \tag{8-15}$$

式中：

σ_c——混凝土压应变为ε_c时的混凝土压应力；

f_c——混凝土轴心抗压强度设计值。

② 计算隧道断面的屈服弯曲曲率φ_y和极限弯曲曲率φ_u。

隧道断面的屈服弯曲曲率φ_y和极限弯曲曲率φ_u分别为

$$\varphi_y = \frac{\varepsilon_{sy}}{(1-k_y)h_0}, \quad \varphi_u = \frac{\varepsilon_{cu}}{k_u h_0}$$

式中：

k_y、k_u——屈服阶段和极限阶段(图8.62)断面受压区高度系数，计算环形断面的屈服弯曲曲率φ_y和极限弯曲曲率φ_u的关键在于求k_y、k_u。

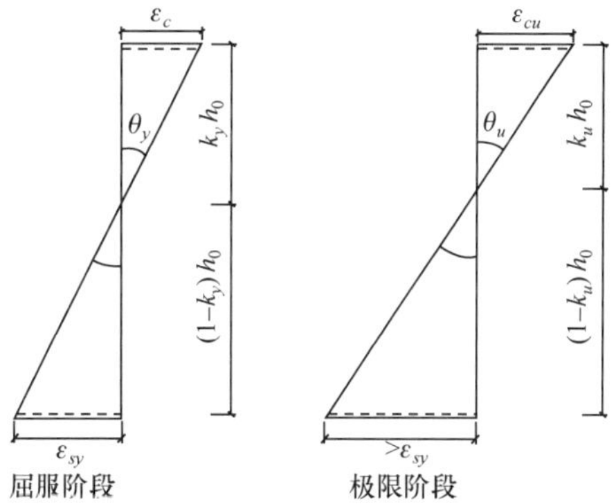

图8.62　屈服弯曲曲率和极限弯曲曲率

③ 断面的应力图形。

a. 屈服阶段。

根据构件受力情况和断面纵向钢筋配筋率的大小，断面应力图形可能出现以下四种情况：

混凝土受压区应力沿断面高度呈三角形分布，受压钢筋应力沿断面高度呈三角形分布，如图 8.63 所示，受压区混凝土对应的圆心角为 $2\pi\alpha$，其中 α 为受压区混凝土面积 A_c' 与环形面积 A_c 之比，$\pi\alpha = \arccos\left(\dfrac{r_2 - k_y h_0}{r_2}\right)$。根据平面假定有 $\varepsilon_c = \dfrac{\varepsilon_{sy} k_y}{1-k_y}$，等式两边乘以 E_c，则有

$$E_c\varepsilon_c = \frac{\varepsilon_{sy}k_yE_c}{1-k_y} \Rightarrow \sigma_c = \frac{E_s\varepsilon_{sy}k_yE_c}{E_s(1-k_y)} = \frac{f_yk_y}{\dfrac{E_s}{E_c}(1-k_y)} = \frac{k_yf_y}{n(1-k_y)}$$

其中，$n = \dfrac{E_s}{E_c}$。

由基本假定，设混凝土应力沿断面高度分布规律为线性函数，且当 $y = r_2 - k_y h_0$ 时 $\sigma_c = 0$，当 $y = r_2$ 时 $\sigma_c = \dfrac{k_y f_y}{n\left(1-k_y\right)}$，则得混凝土的应力函数为

$$\sigma_c = \begin{cases} \dfrac{f_y\left[y-(r_2-k_yh_0)\right]}{n(1-k_y)h_0}, & r_2 - k_yh_0 < y \leqslant r \\ 0, & -r_s \leqslant y \leqslant r_2 - k_yh_0 \end{cases} \tag{8-16}$$

类似可推得钢筋的应力函数为

$$\sigma_s = \frac{f_y\left[y-(r_2-k_yh_0)\right]}{(1-k_y)h_0}, \quad -r_s \leqslant y \leqslant r_s \tag{8-17}$$

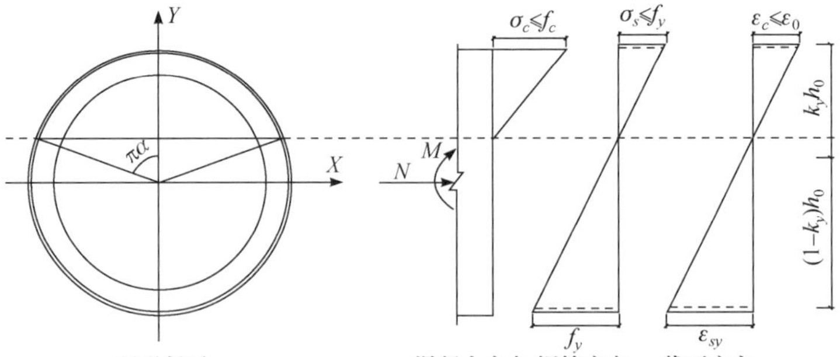

图 8.63　屈服阶段(情况 1)

屈服阶段情况 1 时受力为

$$F_c = \iint_A \sigma_c \mathrm{d}A = (r_2 - r_1)\int_L \sigma_c \mathrm{d}S = (r_2 - r_1)\int_L \frac{f_y}{n(1-k_y)h_0}\left[y - (r_2 - k_y h_0)\right]\mathrm{d}S$$

$$= \frac{(r_2 - r_1)(r_2 + r_1) f_y}{n(1-k_y)h_0}\int_{r_2 - k_y h_0}^{r_2}\left[y - (r_2 - k_y h_0)\right]\frac{\mathrm{d}y}{\sqrt{r^2 - y^2}}$$

$$= \frac{A f_y}{n(1-k_y)h_0}\left[\frac{r}{\pi}\sin\pi\alpha - (r_2 - k_y h_0)\alpha\right]$$

式中：

L——以 $r = \frac{r_2 + r_1}{2}$ 为半径的圆周，即 $x^2 + y^2 = r^2$，$\mathrm{d}s = \frac{r\mathrm{d}y}{\sqrt{r^2 - y^2}}$。

$$F_s = \iint_A \sigma_s \mathrm{d}A = \frac{A_s}{2\pi r_s}\int_L \sigma_s \mathrm{d}S = -\frac{A_s f_y r_s (r_2 - k_y h_0)}{(1-k_y)h_0}$$

L 是以 r_s 为半径的圆周，即 $x^2 + y^2 = r_s^{\ 2}$。

平衡方程为

$$\frac{A f_y}{n(1-k_y)h_0}\left[\frac{r}{\pi}\sin\pi\alpha - (r_2 - k_y h_0)\alpha\right] - \frac{A_s f_y r_s (r_2 - k_y h_0)}{(1-k_y)h_0} - N = 0 \tag{8-18}$$

求解得

$$k_y = \frac{(\pi A_c \alpha + n\pi A_s r_s) f_y r_2 + n h_0 N - A_c f_y r \sin\pi\alpha}{\pi A_c f_y h_0 \alpha + n\pi A_s f_y r_s h_0 + n h_0 N} \tag{8-19}$$

混凝土受压区应力沿断面高度呈三角形分布，受压钢筋应力沿断面高度呈梯形分布，如图 8.64 所示。图中 $2\pi\alpha$ 和 $2\pi\alpha_s$ 为受压区混凝土和屈服受压钢筋所对应的圆心角：

$$\pi\alpha = \arccos\left(\frac{r_2 - k_y h_0}{r_2}\right), \quad \pi\alpha_s = \arccos\left(\frac{r_2 + (1-2k_y)h_0}{r_s}\right)$$

受压钢筋梯形应力图形由 a_2 和 a_1 两部分组成，$a_2 = (1-k_y)h_0$，受压钢筋屈服处的纵坐标 y 值为 $y = a_2 - (k_y h_0 - r_2) = r_2 + (1-2k_y)h_0$。

混凝土的应力函数为

$$\sigma_c = \begin{cases} \dfrac{f_y\left[y - (r_2 - k_y h_0)\right]}{n(1-k_y)h_0}, & r_2 - k_y h_0 < y \leqslant r_2 \\ 0, & -r_s \leqslant y \leqslant r_2 - k_y h_0 \end{cases} \tag{8-20}$$

钢筋的应力函数为

$$\sigma_s=\begin{cases}\dfrac{f_y\left[y-(r_2-k_yh_0)\right]}{r_2+r_s-k_yh_0}, & -r_s\leqslant y<r_2+(1-2k_y)h_0\\ 0, & r_2-(1-2k_y)h_0\leqslant y\leqslant r_s\end{cases} \tag{8-21}$$

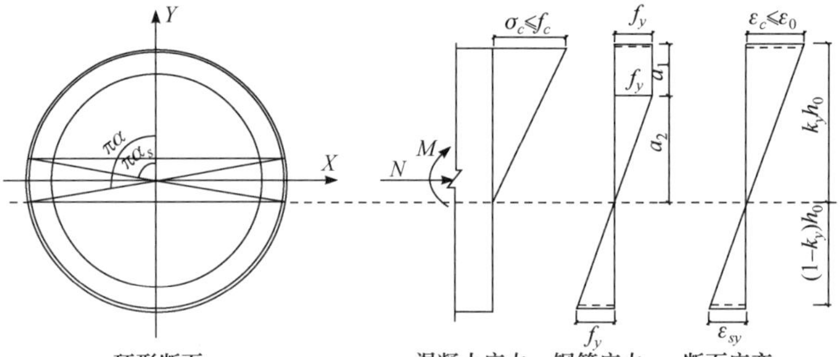

图 8.64　屈服阶段(情况 2)

屈服阶段情况 2 时受力为

$$\begin{aligned}F_c&=\iint_A\sigma_c\mathrm{d}A=(r_2-r_1)\int_L\sigma_c\mathrm{d}S\\&=(r_2-r_1)\int_L\frac{f_y}{n(1-k_y)h_0}[y-(r_2-k_yh_0)]\mathrm{d}S\\&=\frac{(r_2-r_1)(r_2+r_1)f_y}{n(1-k_y)h_0}\int_{r_2-k_yh_0}^{r_2}[y-(r_2-k_yh_0)]\frac{\mathrm{d}y}{\sqrt{r^2-y^2}}\\&=\frac{Af_y}{n(1-k_y)h_0}\left[\frac{r}{\pi}\sin\pi\alpha-(r_2-k_yh_0)\alpha\right]\end{aligned}$$

$$\begin{aligned}F_s&=\iint_A\sigma_s\mathrm{d}A=\frac{A_s}{2\pi r_s}\int_L\sigma_s\mathrm{d}S\\&=-\frac{A_sf_y(r_2-k_yh_0)}{(1-k_y)h_0}\left[\frac{r_s}{\pi}\sin\pi\alpha_s+(r_2-k_yh_0)(1-\alpha_s)\right]+A_sf_y\alpha_s\end{aligned}$$

平衡方程为

$$\frac{Af_y}{n(1-k_y)h_0}\left[\frac{r}{\pi}\sin\pi\alpha-(r_2-k_yh_0)\alpha\right]-\frac{A_sf_y(r_2-k_yh_0)}{(1-k_y)h_0}\left[\frac{r_s}{\pi}\sin\pi\alpha_s+(r_2-k_yh_0)(1-\alpha_s)\right]$$
$$+A_sf_y\alpha_s-N=0 \tag{8-22}$$

求解得

$$k_y = \frac{A_c f_y (r\sin\pi\alpha - \pi r_2\alpha) - nA_s f_y\left[r_s\sin\pi\alpha_s + \pi r_2 - \pi\alpha_s(r_2 + h_0)\right] - n\pi h_0 N}{\pi\left[nh_0 N + A_c f_y \alpha h_0 - nA_s f_y(h_0 - 2\alpha_s h_0)\right]} \tag{8-23}$$

受压区混凝土应力沿断面高度呈梯形分布，受压区钢筋应力沿断面高度呈三角形分布，如图 8.64 所示。混凝土受压区应力呈梯形分布，由 a_2 和 a_1 两部分组成，由断面应变图形有

$$a_2 = \frac{(1-k_y)h_0\varepsilon_0}{\varepsilon_{sy}} = \frac{(1-k_y)h_0 f_c E_s}{f_y E_c} = \frac{n}{B}(1-k_y)h_0 = A(1-k_y)h_0$$

式中：

$$A = \frac{n}{B}$$

$$n = \frac{E_s}{E_c}$$

$$B = \frac{f_y}{f_c}$$

图 8.65 中 $2\pi\alpha$ 为受压区混凝土所对应的圆心角，$2\pi\alpha_1$ 为受压区混凝土应力达到 f_c 部分所对应的圆心角：

$$\pi\alpha = \arccos\left(\frac{r_2 - k_y h_0}{r_2}\right)$$

$$\pi\alpha_1 = \arccos\left(\frac{r_2 - (1+A)k_y h_0 + Ah_0}{r_2}\right)$$

混凝土的应力函数为

$$\sigma_c = \begin{cases} f_c, & r_2 - (1+A)k_y h_0 + Ah_0 \leqslant y \leqslant r_2 \\ \dfrac{f_c\left[y - (r_2 - k_y h_0)\right]}{(1-k_y)Ah_0}, & r_2 - k_y h_0 < y < r_2 - (1+A)k_y h_0 + Ah_0 \\ 0, & -r_s \leqslant y \leqslant r_2 - k_y h_0 \end{cases} \tag{8-24}$$

钢筋的应力函数为

$$\sigma_s = \frac{f_y\left[y - (r_2 - k_y h_0)\right]}{(1-k_y)h_0}, \quad -r_s \leqslant y \leqslant r_s \tag{8-25}$$

屈服阶段情况 3 时受力为

$$F_c = \iint_A \sigma_c \mathrm{d}A = (r_2 - r_1)\int_L \sigma_c \mathrm{d}S$$

$$= A_c f_c \alpha_1 + \frac{A_c f_c}{\pi(1-k_y)Ah_0}(r_2 \sin\pi\alpha - r_2 \sin\pi\alpha_1) - \frac{A_c f_c}{(1-k_y)Ah_0}(r_2 - k_y h_0)(\alpha - \alpha_1)$$

$$F_s = \iint_A \sigma_s \mathrm{d}A = \frac{A_s}{2\pi r_s}\int_L \sigma_s \mathrm{d}S = -\frac{A_s f_y r_s (r_2 - k_y h_0)}{(1-k_y)h_0}$$

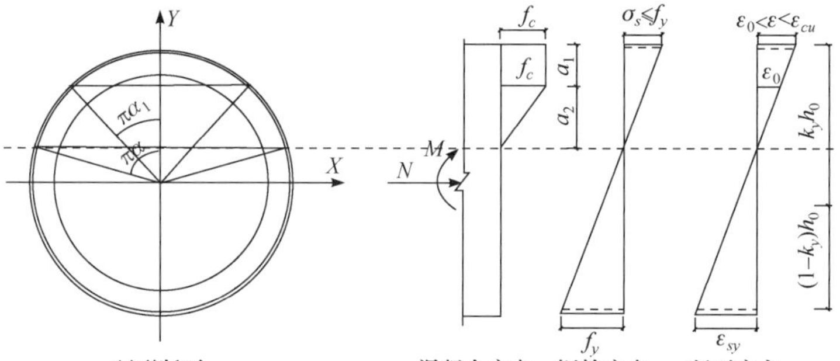

图 8.65　屈服阶段(情况 3)

平衡方程为

$$A_c f_c \alpha_1 + \frac{A_c f_c}{\pi(1-k_y)Ah_0}(r_2 \sin\pi\alpha - r_2 \sin\pi\alpha_1) - \frac{A_c f_c}{(1-k_y)Ah_0}(r_2 - k_y h_0)(\alpha - \alpha_1) - \frac{A_s f_y r_s (r_2 - k_y h_0)}{(1-k_y)h_0} - N = 0 \tag{8-26}$$

求解得

$$k_y = \frac{A_c f_c \left[\pi r_2(\alpha - \alpha_1) - \pi\alpha_1 A h_0 - r_2(\sin\pi\alpha - \sin\pi\alpha_1)\right] + \pi A A_s f_y r_s r_2 + \pi A h_0 N}{\pi A_c f_c h_0 \left[\alpha - (1+A)\alpha_1\right] + \pi A h_0 (N + A_s f_y r_s)} \tag{8-27}$$

受压区混凝土应力沿断面高度呈梯形分布，受压钢筋应力沿断面高度呈梯形分布，如图 8.66 所示。图中 $2\pi\alpha$ 为受压区混凝土所对应的圆心角，$2\pi\alpha_1$ 为受压区混凝土应力达到 f_c 部分所对应的圆心角，$2\pi\alpha_s$ 为屈服受压钢筋所对应的圆心角，有

$$\pi\alpha = \arccos\left(\frac{r_2 - k_y h_0}{r_2}\right)$$

$$\pi\alpha_1=\arccos\left(\frac{r_2-(1+A)k_yh_0+Ah_0}{r_2}\right)$$

$$\pi\alpha_s=\arccos\left(\frac{r_2+(1-2k_y)h_0}{r_s}\right)$$

混凝土的应力函数为

$$\sigma_c=\begin{cases}f_c, & r_2-(1+A)k_yh_0+Ah_0\leqslant y\leqslant r_2\\ \dfrac{f_c[y-(r_2-k_yh_0)]}{(1-k_y)Ah_0}, & r_2-k_yh_0<y<r_2-(1+A)k_yh_0+Ah_0\\ 0, & -r_s\leqslant y\leqslant r_2-k_yh_0\end{cases}\tag{8-28}$$

钢筋的应力函数为

$$\sigma_s=\begin{cases}\dfrac{f_y[y-(r_2-k_y)]}{r_2+r_s-k_yh_0}, & -r_s\leqslant y<r_2+(1-2k_y)h_0\\ f_y, & r_2+(1-2k_y)h_0\leqslant y\leqslant r_s\end{cases}\tag{8-29}$$

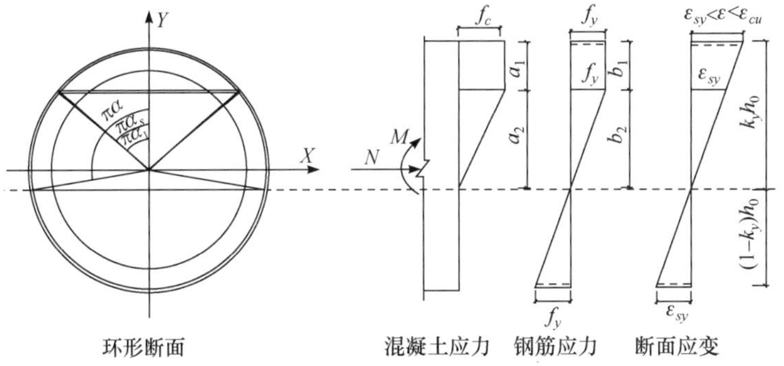

图 8.66　屈服阶段(情况 4)

屈服阶段情况 4 时受力为

$$F_c=\iint_A\sigma_c\mathrm{d}A=(r_2-r_1)\int_L\sigma_c\mathrm{d}S$$

$$=A_cf_c\alpha_1+\frac{A_cf_c}{\pi(1-k_y)Ah_0}(r_2\sin\pi\alpha-r_2\sin\pi\alpha_1)-\frac{A_cf_c}{(1-k_y)Ah_0}(r_2-k_yh_0)(\alpha-\alpha_1)$$

$$F_s=\iint_A\sigma_s\mathrm{d}A=\frac{A_s}{2\pi r_s}\int_L\sigma_s\mathrm{d}S$$

$$=-\frac{A_sf_y(r_2-k_yh_0)}{(1-k_y)h_0}\left[\frac{r_s}{\pi}\sin\pi\alpha_s+(r_2-k_yh_0)(1-\alpha_s)\right]+A_sf_y\alpha_s$$

平衡方程为

$$A_c f_c \alpha_1 + \frac{A_c f_c}{\pi(1-k_y)Ah_0}(r_2 \sin\pi\alpha - r_2 \sin\pi\alpha_1) - \frac{A_c f_c}{(1-k_y)Ah_0}(r_2 - k_y h_0)(\alpha - \alpha_1)$$
$$-\frac{A_s f_y (r_2 - k_y h_0)}{(1-k_y)h_0}\left[\frac{r_s}{\pi}\sin\pi\alpha_s + (r_2 - k_y h_0)(1-\alpha_s)\right] + A_s f_y \alpha_s - N = 0 \tag{8-30}$$

求解得

$$k_y = \frac{\left\{\pi A A_c f_c h_0 \alpha_1 + A_c f_c r_2\left[\sin\pi\alpha - \sin\pi\alpha_1 - \pi(\alpha-\alpha_1)\right] - A A_s f_y r_s\left[\sin\pi\alpha_s - \pi(1-\alpha_s)\right] - \pi A h_0 (A_s f_y \alpha_s - N)\right\}}{\left\{\pi A h_0\left[A_s f_s (1-2\alpha_s) + N\right] - \pi A_c f_c h_0\left[\alpha - (1+A)\alpha_1\right]\right\}} \tag{8-31}$$

b. 极限阶段。

受压区混凝土应力沿断面高度呈矩形分布，受压和受拉钢筋的应力沿断面高度呈梯形分布，如图 8.67 所示。图中，$a_2 = Mk_u h_0$，$M = B/n$，$2\pi\alpha$ 为受压区混凝土所对应的圆心角，$2\pi\alpha_s$ 为屈服受压钢筋所对应的圆心角，$2\pi\alpha_{st}$ 为屈服受拉钢筋所对应的圆心角，有

$$\pi\alpha = \arccos\left(\frac{r_2 - 0.8k_u h_0}{r_2}\right)$$

$$\pi\alpha_1 = \arccos\left(\frac{r_2 - (1-M)k_u h_0}{r_s}\right)$$

$$\pi\alpha_{st} = \arccos\left(\frac{r_2 - (1+M)k_y h_0}{r_s}\right)$$

混凝土的应力函数为

$$\sigma_c = \begin{cases} f_c, & r_2 - 0.8k_u h_0 \leqslant y \leqslant r_2 \\ 0, & -r_s \leqslant y < r_2 - 0.8k_u h_0 \end{cases} \tag{8-32}$$

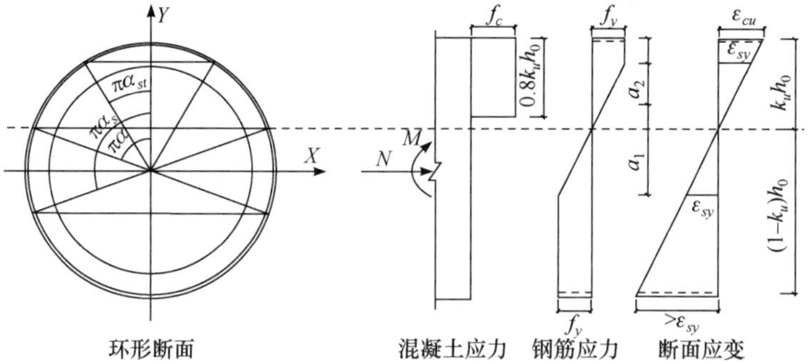

图 8.67　极限阶段

钢筋的应力函数为

$$\sigma_s=\begin{cases} f_y, & r_2-(1-M)k_uh_0 \leqslant y \leqslant r_s \\ \dfrac{f_y\left[y-(r_2-k_uh_0)\right]}{Mk_uh_0}, & r_2-(1+M)k_uh_0 < y < r_2-(1-M)k_uh_0 \\ -f_y, & -r_s \leqslant y \leqslant r_2-(1+M)k_uh_0 \end{cases} \tag{8-33}$$

$$F_c=2\pi(r_2-r_1)rf_c\alpha=A_cf_c\alpha$$

$$F_s=A_sf_y\alpha_s+\frac{A_sf_y}{\pi Mk_uh_0}\left[r_s\sin\pi\alpha_{st}-r_s\sin\pi\alpha_s-\pi(r_2-k_uh_0)(\alpha_{st}-\alpha_s)\right]-A_sf_y(1-\alpha_{st})$$

平衡方程为

$$A_cf_c\alpha+A_sf_y\alpha_s+\frac{A_sf_y}{\pi Mk_uh_0}\left[r_s\sin\pi\alpha_{st}-r_s\sin\pi\alpha_s-\pi(r_2-k_uh_0)(\alpha_{st}-\alpha_s)\right]$$
$$-A_sf_y(1-\alpha_{st})-N=0 \tag{8-34}$$

求解得

$$k_u=\frac{A_sf_yr_s(\sin\pi\alpha_{st}-\sin\pi\alpha_s)-A_sf_y\pi r_2(\alpha_{st}-\alpha_s)}{A_sf_y\pi h_0\left[M(1-\alpha)-(1-M)\alpha_s-(1+M)\alpha_{st}\right]+\pi Mh_0N} \tag{8-35}$$

c. 建立求解 k_y 和 k_u 的数学公式。

各种情况的应力图形内力平衡的一般形式为

$$F_c+F_s-N=0 \tag{8-36}$$

式中：

F_c——受压混凝土的合力；

F_s——钢筋的合力；

N——轴向外力。

只要求出 F_c、F_s，即可得到断面应力图形各种情况时的平衡方程。

④ 屈服阶段各类应力图形形状的判别。

a. 受压区混凝土应力图形形状的判别。

当受压区混凝土应力图形为三角形时，$\varepsilon_c \leqslant \varepsilon_0$，有

$$\frac{k_y\varepsilon_{sy}}{1-k_y}\leqslant\varepsilon_0，\quad \frac{k_y\varepsilon_{sy}E_c}{1-k_y}\leqslant\varepsilon_0E_c$$

得 $k_y\leqslant\dfrac{n}{n+B}$，代入得

$$k_y = \frac{A_c f_y (r\sin\pi\alpha - \pi r_2 \alpha) - nA_s f_y \left[r_s \sin\pi\alpha_s + \pi r_2 - \pi\alpha_s (r_2 + h_0)\right] - n\pi h_0 N}{\pi\left[nh_0 N + A_c f_y \alpha h_0 - nA_s f_y (h_0 - 2\alpha_s h_0)\right]}$$

进而可得

$$\begin{aligned} & n\pi A_s f_y \left[nr_s - \alpha_s r_s (n-B) - Br_2 (1-2\alpha_s)\right] + (n+B) A_c f_y \sin\pi\alpha + n\pi B h_0 N \\ & \geqslant (n+B) nA_s f_y \sin\pi\alpha_s + nA_c f_y \left[n\alpha h_0 + (n+B) r_2 \alpha\right] \end{aligned} \tag{8-37}$$

式(8-37)是受压区混凝土应力图形形状的判别式。当满足式(8-37)时，受压区混凝土应力图形为三角形，否则受压区混凝土应力图形为梯形。

b. 受压钢筋应力图形形状的判别。

(a) 受压区混凝土应力图形为三角形时受压钢筋应力图形形状的判别。

当受压钢筋应力图形为三角形时，有 $\varepsilon_s \leqslant \varepsilon_{sy}$ ，即

$$\frac{k_y - \varsigma}{(1-k_y)} \varepsilon_{sy} \leqslant \varepsilon_{sy}$$

可推得 $k_y \leqslant \dfrac{1+\varsigma}{2}$，其中 $\varsigma = \dfrac{a_s}{h_0}$， a_s 为钢筋的混凝土保护层厚度。

将其代入得

$$k_y = \frac{(\pi A_c \alpha + n\pi A_s r_s) f_y r_2 + nh_0 N - A_c f_y r \sin\pi\alpha}{\pi A_c f_y h_0 \alpha + n\pi A_s f_y r_s h_0 + nh_0 N}$$

进而可得

$$n\pi A_c f_y \left[(1+\varsigma) h_0 \alpha - 2r_2 \alpha\right] + n\pi A_s f_y \left[(1+\varsigma) r_s h_0 - 2r_2\right] + 2A_c f_y r \sin\pi\alpha \geqslant nh_0 N (1-\varsigma) \tag{8-38}$$

式(8-38)是受压区混凝土应力图形为三角形时受压钢筋应力图形形状的判别式。当满足式(8-38)时，受压钢筋应力图形为三角形，按公式

$$k_y = \frac{(\pi A_c \alpha + n\pi A_s r_s) f_y r_2 + nh_0 N - A_c f_y r \sin\pi\alpha}{\pi A_c f_y h_0 \alpha + n\pi A_s f_y r_s h_0 + nh_0 N}$$

计算 k_y；否则受压钢筋应力图形为梯形，按公式

$$k_y = \frac{A_c f_y (r\sin\pi\alpha - \pi r_2 \alpha) - nA_s f_y \left[r_s \sin\pi\alpha_s + \pi r_2 - \pi\alpha_s (r_2 + h_0)\right] - n\pi h_0 N}{\pi\left[nh_0 N + A_c f_y \alpha h_0 - nA_s f_y (h_0 - 2\alpha_s h_0)\right]}$$

计算 k_y。

(b) 受压区混凝土应力图形为梯形时受压钢筋应力图形形状的判别。

当受压钢筋应力图形为三角形时， $k_y \leqslant \dfrac{1+\varsigma}{2}$，有

$$k_y = \frac{A_c f_c[\pi r_2(\alpha - \alpha_1) - \pi\alpha_1 A h_0 - r_2(\sin\pi\alpha - \sin\pi\alpha_1)] + \pi A A_s f_y r_s r_2 + \pi A h_0 N}{\pi A_c f_c h_0[\alpha - (1 + A)\alpha_1] + \pi A h_0(N + A_s f_y r_s)}$$

可得

$$\begin{aligned}&\pi A A_s f_y r_s[2r_2 + (1+\varsigma)h_0] + 2A_c f_c r_2(\sin\pi\alpha - \sin\pi\alpha_1)\\&+\pi A_c f_c[A h_0\alpha_1(1-\varsigma)h_0(\alpha - \alpha_1) - 2r_2(\alpha - \alpha_1)] \geqslant \pi A h_0 N(1-\varsigma)\end{aligned} \tag{8-39}$$

式(8-39)是受压区混凝土应力图形为梯形时受压钢筋应力图形形状的判别式，当满足式(8-39)时，受压钢筋应力图形为三角形，按公式

$$k_y = \frac{A_c f_c[\pi r_2(\alpha - \alpha_1) - \pi\alpha_1 A h_0 - r_2(\sin\pi\alpha - \sin\pi\alpha_1)] + \pi A A_s f_y r_s r_2 + \pi A h_0 N}{\pi A_c f_c h_0[\alpha - (1 + A)\alpha_1] + \pi A h_0(N + A_s f_y r_s)}$$

计算 k_y，否则受压钢筋应力图形为梯形，按公式

$$k_y = \frac{\{\pi A A_c f_c h_0\alpha_1 + A_c f_c r_2[\sin\pi\alpha - \sin\pi\alpha_1 - \pi(\alpha - \alpha_1)] - A A_s f_y r_s[\sin\pi\alpha_s - \pi(1-\alpha_s)] - \pi A h_0(A_s f_y \alpha_s - N)\}}{\{\pi A h_0[A_s f_s(1-2\alpha_s) + N] - \pi A_c f_c h_0[\alpha - (1+A)\alpha_1]\}}$$

计算 k_y。

求屈服阶段断面受压区高度系数 k_y 时，先按公式

$$\begin{aligned}&n\pi A_s f_y[n r_s - \alpha_s r_s(n - B) - B r_2(1 - 2\alpha_s)] + (n + B)A_c f_y \sin\pi\alpha + n\pi B h_0 N\\&\geqslant (n + B)n A_s f_y \sin\pi\alpha_s + n A_c f_y[n\alpha h_0 + (n + B)r_2\alpha]\end{aligned}$$

判别受压区混凝土应力图形的形状，当受压区混凝土应力图形为三角时，按公式

$$n\pi A_c f_y[(1+\varsigma)h_0\alpha - 2r_2\alpha] + n\pi A_s f_y[(1+\varsigma)r_s h_0 - 2r_2] + 2A_c f_y r\sin\pi\alpha \geqslant n h_0 N(1-\varsigma)$$

判别受压钢筋应力图形的形状；当受压区混凝土应力图形为梯形时，按公式

$$\begin{aligned}&\pi A A_s f_y r_s[2r_2 + (1+\varsigma)h_0] + 2A_c f_c r_2(\sin\pi\alpha - \sin\pi\alpha_1)\\&+\pi A_c f_c[A h_0\alpha_1(1-\varsigma)h_0(\alpha - \alpha_1) - 2r_2(\alpha - \alpha_1)] \geqslant \pi A h_0 N(1-\varsigma)\end{aligned}$$

判别受压钢筋应力图形的形状，从而选定相应的计算 k_y 的公式。

⑤ 利用 MATLAB 编程中的逐次逼近法计算 k_y 和 k_u。

因为在计算 k_y 和 k_u 的公式中，含有未知量 α、α_1、α_s、α_{st}，所以采用逐次逼近法计算 k_y 和 k_u。首先假定这些未知量等于零，求得第一次 k_y 和 k_u 的近似值，记为 k_y^1 和 k_u^1，然后代入公式

$$\alpha = \frac{1}{\pi}\arccos\left(\frac{r_2 - k_y h_0}{r_2}\right)$$

$$\alpha_1 = \frac{1}{\pi}\arccos\left[\frac{r_2 - (1 + A)k_y h_0 + A h_0}{r_2}\right]$$

$$\alpha_s = \frac{1}{\pi}\arccos\left[\frac{r_2 + (1-2k_y)h_0}{r_s}\right]$$

$$\alpha_{st} = \frac{1}{\pi}\arccos\left[\frac{r_2 - (1+M)k_u h_0}{r_s}\right]$$

得到α、α_1、α_s、α_{st}的第一次值，记为α_1、α_1^1、α_s^1、α_{st}^1，将其代入式(8-19)、式(8-23)、式(8-27)、式(8-31)和式(8-35)中，求得k_y和k_u的第二次近似值，记为k_y^2和k_u^2，以此类推。当前后两次k_y和k_u相近时，即所求的k_y和k_u值。

2) 计算方法在依托工程中的应用

依据上述方法，在参考嘎隆拉隧道初步设计图的基础上，对嘎隆拉隧道衬砌节段及柔性连接处断面的力学特性进行计算，计算结果如表 8.8 所示。

表 8.8　嘎隆拉隧道柔性连接及衬砌节段断面的力学特性表

隧道设计断面		抗拉刚度 AE/kN	最大抗拉力 N_p/kN	抗弯刚度 $EI/(\mathrm{kN\cdot m^2})$	最大弯矩 $M_p/(\mathrm{kN\cdot m})$	弯曲曲率 $\varphi_y/\mathrm{m^{-1}}$	弯曲曲率 $\varphi_u/\mathrm{m^{-1}}$
C30 钢筋混凝土	I—I(100 根 ϕ20mm 钢筋)	4.925×10^6	7910	3.587×10^7	7.175×10^4	0.0020	0.015
	II—II(160 根 ϕ20mm 钢筋)	7.750×10^6	10180	5.739×10^7	1.148×10^5	0.0018	0.015

嘎隆拉隧道计算模型如图 8.68 所示。

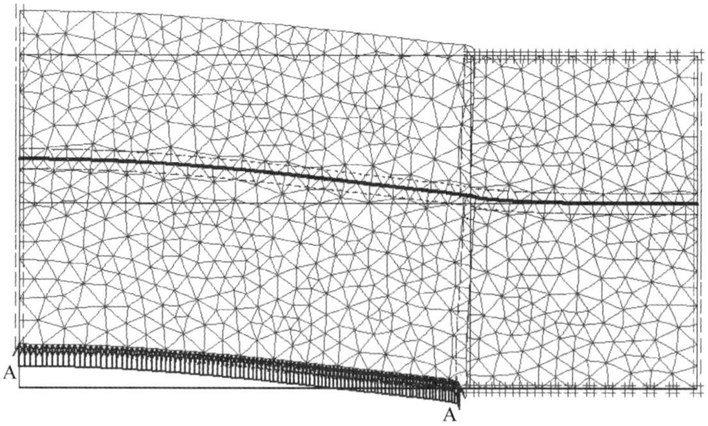

图 8.68　嘎隆拉隧道计算模型

断层错动后隧道结构的弯矩如图 8.69 所示。

断层错动后隧道轴线的剪力如图 8.70 所示。

断层错动后隧道衬砌弯矩和剪力如图 8.71 所示。

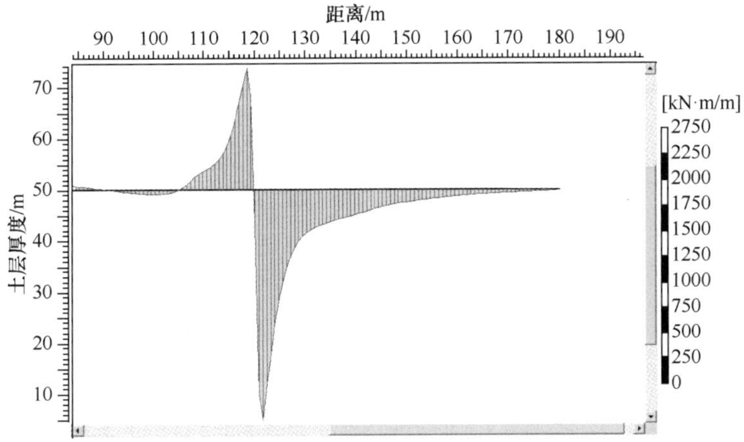

图 8.69　断层错动后隧道结构的弯矩

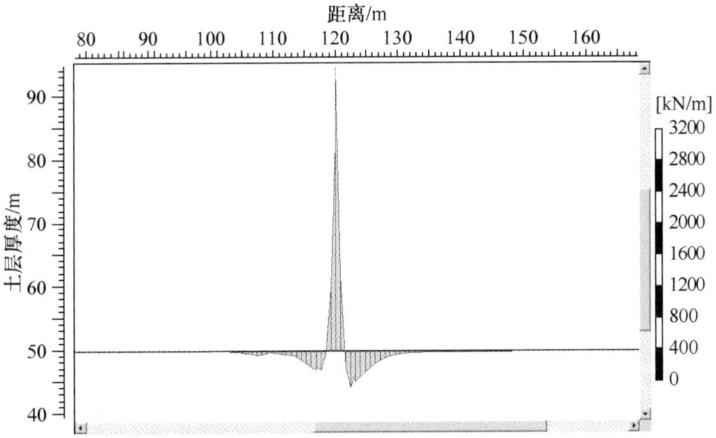

图 8.70　断层错动后隧道轴线的剪力

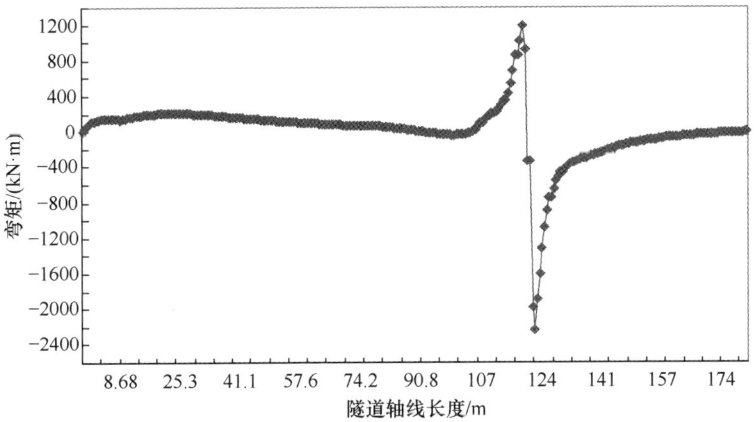

(a)弯矩

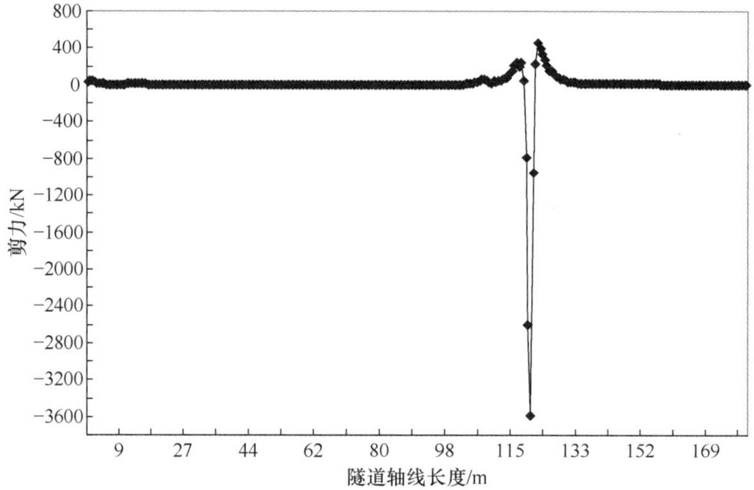

(b) 剪力

图 8.71　断层错动后隧道衬砌弯矩和剪力

从上述图表中可得，错动面两侧最大弯矩点的间距为

$$L_p = 14\text{m}$$

则节段间的柔性连接长度为

$$L_j = \frac{\Delta u}{L_j \cdot \varphi_u} = \frac{0.3}{14 \times 0.015} = 1.429(\text{m})$$

3) 按地层-结构法铰接设计时嘎隆拉隧道抗断结构设计图

通过上述地层-结构法计算分析，嘎隆拉隧道穿越断层带抗错断结构设计时，考虑到抗震的要求，拟定断层影响带区段隧道断面形式为圆形。在断层影响带采用铰接设计，每节段长度在计算结果的基础上偏安全地取为 14m，节段间连接长度为 1.5m，连接的相对柔性通过配筋率来体现。初步设计图如图 8.72 所示。

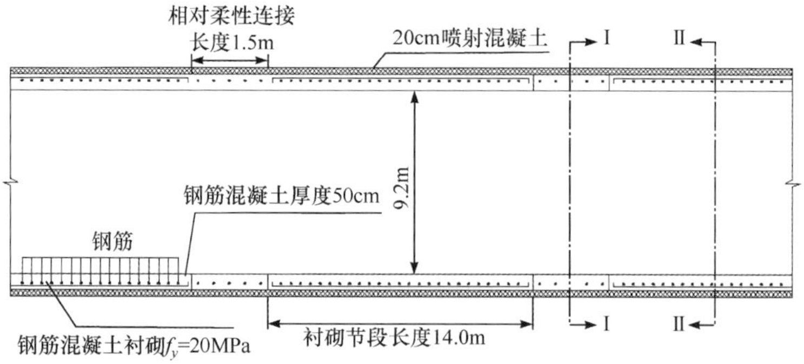

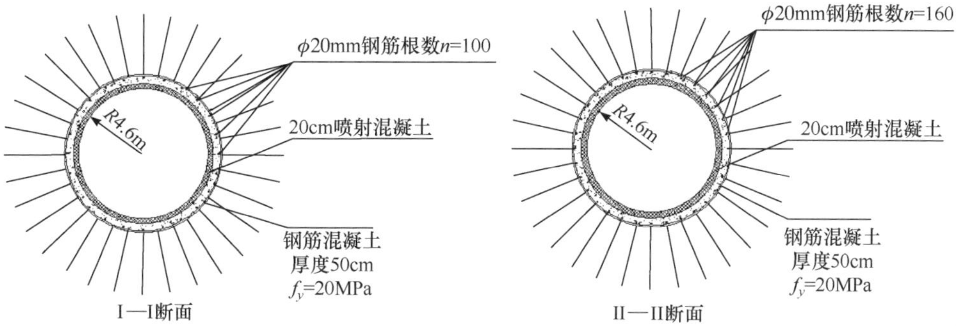

图 8.72　地层-结构法设计时嘎隆拉隧道抗断设计图

在嘎隆拉隧道初步设计文件的基础上，提出分别按超挖设计、铰接设计及隔离消能设计理念设计的嘎隆拉隧道的三种抗错断措施，其中分别采用地层-结构法和荷载-结构法重点对按铰接设计理念的抗断措施进行分析，通过数值模拟计算，得到如下结论：

(1) 采用地层-结构法设计时，隧道衬砌节段长度约为 14m，衬砌节段间连接长度为 1.429m，柔性连接主要采用减少断面配筋率的方法，使得断层错动时连接处在衬砌节段发生破坏之前出现塑性铰，使得错动造成的破坏主要发生在连接处，尽可能减小破坏发生的范围。

(2) 采用荷载-结构法设计时，当隧道断面采用四心圆衬砌形式时，计算的衬砌节段长度为 6.6m；当隧道断面采用单心圆衬砌形式时，计算得到的衬砌节段长度为 7.8m；通过本书提出的方法计算出的衬砌节段长度大于国外工程建设经验值(3.333～5m)(注：经验值 $l=(1/3\sim1/2)w$，其中 w 为隧道横断面宽度)。这主要是因为本书在计算中，认为二次衬砌不承受围岩压力，仅作为安全储备。但是由于断层破碎带围岩级别较差，因此在进行二次衬砌设计时，一般要考虑二次衬砌承受一定的围岩压力，则在考虑正常使用状态下的衬砌受力条件下，计算出的衬砌节段长度会减小。

(3) 采用壳-弹簧模型计算衬砌节段间柔性连接(相对柔性)剪切刚度时，对应于初步设计采用的衬砌结构厚度 70cm，连接处衬砌结构厚度为 20cm，满足连接处剪切刚度的设计须使得断层错动时柔性连接在衬砌节段破坏之前发生剪切失效的设计理念要求。

(4) 通过对比分析计算结果可以看出，隧道衬砌壳单元的弯矩小于根据梁单元计算的弯矩值，但部分壳单元应力值要大于材料的屈服应力，说明部分壳单元发生了屈曲破坏；这说明在研究公路隧道纵向力学特性时，采用梁-弹簧模型有一定的局限性，而采用壳-弹簧模型更为合理。

8.3　嘎隆拉隧道抗断结构效果分析

8.3.1　FLAC^{3D} 程序及其在隧道工程中的应用

1. 三维快速拉格朗日法的基本原理

目前在岩土力学中常用的数值计算方法有差分方法、有限元法、边界元法等几种，特别是后两种方法，随着计算机的发展其应用尤为广泛。但是，这几种方法都是以连续介质为出发点，而且往往囿于小变形的假定。它们虽然也可以用来解决由几种介质所组成的非均质问题，并且对于个别的断层或弱面，也可以用设置节理单元的办法来解决，但是用以解决富含节理和大变形的岩土力学问题，往往所得的结果与实际的物理图景相差甚远。于是离散单元法和拉格朗日法应运而生。

离散单元法是 Cundall 于 20 世纪 70 年代初提出的。该法将为弱面所切割的岩体视为复杂的块体的集合体，允许各个块体可以平移或转动，甚至相互分离。拉格朗日法则是由 Cundall 所加盟的美国 ITASCA 咨询集团于 1986 年所开发的。该法将流体力学中跟踪流体运动的拉格朗日方法应用于解决岩体力学的问题并获得成功。

三维快速拉格朗日法是一种基于三维显式有限差分法的数值分析方法，它可以模拟岩土或其他材料的三维力学行为。三维快速拉格朗日分析将计算区域划分为若干四面体单元，每个单元在给定的边界条件下遵循指定的线性或非线性本构关系，若单元应力使得材料屈服或产生塑性流动，则单元网格可以随着材料的变形而变形，这就是拉格朗日算法，这种算法非常适合于模拟大变形问题。三维快速拉格朗日分析采用了显式有限差分格式来求解场的控制微分方程，并应用了混合单元离散模型，可以准确模拟材料的屈服、塑性流动、软化直至大变形，尤其在材料的弹塑性分析、大变形分析以及模拟施工过程等领域有其独到的优点。

2. 三维快速拉格朗日分析的数学模型

三维快速拉格朗日分析在求解中使用如下三种计算方法：①离散模型方法，即连续介质被离散为若干六面体单元，作用力均被集中在节点上；②有限差分方法，即变量关于空间和时间的一阶导数均用有限差分来近似；③动态松弛方法，即由质点运动方程求解，通过阻尼使系统运动衰减至平衡状态。

1) 空间导数的有限差分近似

快速拉格朗日分析采用混合离散方法，即将区域离散为常应变六面体单元的集合体，又将每个六面体看成以六面体为角点的常应变四面体的集合体，应力、应变、节点不平衡力等变量均在四面体上进行计算，六面体单元的应力、应变取值为其内四面体的体积加权平均。这种方法既避免了常应变六面体单元常会遇到的位移剪切锁死现象，又使得四面体单元的位移模式可以充分适应一些本构的要求，如不可压缩塑性流动等。

图 8.73 为一四面体，节点编号为 1～4，第 n 面表示与节点 n 相对的面，设其内一点的速率分量为 v_i，由高斯公式得

$$\int_V v_{i,j}\mathrm{d}V = \int_S v_i n_j \mathrm{d}S \tag{8-40}$$

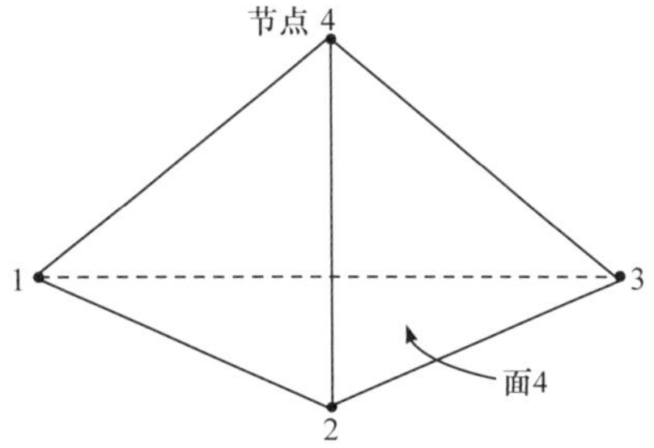

图 8.73　四面体单元的面和节点

式中：

V——四面体的体积；

S——四面体的外表面面积；

n_j——外表面的单位法向向量分量。

对于常应变单元，v_i 为线性分布，n_j 在每个面上为常量。对式(8-40)积分得

$$Vv_{i,j} = \sum_{f=1}^{4} \overline{v}_i^{(f)} n_j^{(f)} S^{(f)} \tag{8-41}$$

式中：

上标(f)——面 f 的相关变量值；

$\overline{v}_i$——i 速度分量的均值。

若速度呈线性变化，则

$$\overline{v}_i^{(f)} = \frac{1}{3}\sum_{l=1,\, l\neq f}^{4} \overline{v}_i^{(l)} \tag{8-42}$$

式中：

上标 l——节点 l 的值。

将式(8-42)代入式(8-41)，有

$$Vv_{i,j} = \frac{1}{3}\sum_{l=1}^{4} \overline{v}_i^{l} \sum_{f=1,\, f\neq l}^{4} n_j^{(f)} S^{(f)} \tag{8-43}$$

在式(8-40)中，若 $v_i = 1$，应用高斯法则可得

$$\sum_{f=1}^{4} n_j^{(f)} S^{(f)} = 0 \tag{8-44}$$

所以，式(8-43)两边同除以 V，则有

$$v_{i,j} = \frac{1}{3V}\sum_{l=1}^{4} v_i^{l} n_j^{(l)} S^{(l)} \tag{8-45}$$

而应变速率张量可由式(8-46)表示：

$$\xi_{ij} = -\frac{1}{6V}\sum_{l=1}^{4}(v_i^l n_j^{(l)} + v_j^l n_i^{(l)})S^{(l)} \tag{8-46}$$

2) 节点运动方程

一定时域内，静力平衡问题可以通过以下平衡方程求解得到：

$$\sigma_{ij,j} + \rho B_i = 0 \tag{8-47}$$

式中：

ρ——介质密度；

$B_i = \rho\left(b_i - \frac{\mathrm{d}v_i}{\mathrm{d}t}\right)$，$b_i$为介质单位质量的体积力。

根据虚功原理，作用于单个四面体上的节点力 $f^l(l=(1,4))$ 与四面体应力和等效体力相平衡。引入节点虚速度 $\delta_v{}^l$ (它在四面体中产生线性速度场 δ_v 和常应变速率 δ_ξ)，则节点力 f^l 和体力 B_i产生的外力功功率等于内部应力 σ_{ij} 产生的内力功功率。

外力功功率可表示为

$$E = \sum_{n=1}^{4}\delta v_i^n f_i^n + \int_V \delta v_i B_i \mathrm{d}V \tag{8-48}$$

而内力功功率为

$$I = \int_V \xi_{ij}\sigma_{ij}\mathrm{d}V \tag{8-49}$$

由式(8-46)，对常应变速率的四面体有

$$I = -\frac{1}{6}\sum_{l=1}^{4}\left(\delta v_i^l \sigma_{ij} n_j^l + \delta v_j^l \sigma_{ij} n_i^l\right)S^{(l)} \tag{8-50}$$

应力张量是对称张量，定义矢量 T_i^l 为

$$T_i^l = \sigma_{ij} n_j^l S^{(l)} \tag{8-51}$$

则

$$I = -\frac{1}{3}\sum_{l=1}^{4}\delta v_i^l T_i^l \tag{8-52}$$

将式(8-47)代入式(8-48)，有

$$E = \sum_{n=1}^{4}\delta v_i^n f_i^n + E^b + E^I \tag{8-53}$$

E^b 和 E^I 分别为体力 ρb_i 和惯性力所做的外力功功率。若四面体内体力 ρb_i 为常数，则有

$$E^b = \rho b_i \int_V \delta v_i \mathrm{d}V \tag{8-54}$$

$$E^I = -\int_V \rho \delta v_i \frac{\mathrm{d}v_i}{\mathrm{d}t} \mathrm{d}V \tag{8-55}$$

根据有限差分近似，速度场在四面体内线性变化。为描述它，引入一个参考坐标系(它的坐标原点在四面体的中心)，则有

$$\delta v_i = \sum_{n=1}^{4} \delta v_i^n N^n \tag{8-56}$$

式中：

$N^n(n=1, 4)$—— 一线性函数，有

$$N^n = c_0^n + c_1^n x_1' + c_2^n x_2' + c_3^n x_3' \tag{8-57}$$

c_0^n、c_1^n、c_2^n、c_3^n $(n=1, 4)$为下述方程的解：

$$N^n\left(x_1'^j, x_2'^j, x_3'^j\right) = \delta_{nj} \tag{8-58}$$

式中：

δ_{nj}——克罗内克函数(Kronecker delta)。

通过中心点的定义，所有形如$\int_V x_j' \mathrm{d}V$的积分均为零，将式(8-56)和式(8-57)代入式(8-53)得

$$E^b = \rho b_i \sum_{n=1}^{4} \delta v_i^n c_0^n V \tag{8-59}$$

由克拉默定律，解式(8-59)得

$$c_0^n = \frac{1}{4} \tag{8-60}$$

将式(8-60)代入式(8-59)，有

$$E^b = \sum_{n=1}^{4} \delta v_i^n \frac{\rho b_{iV}}{4} \tag{8-61}$$

同理，将式(8-56)代入式(8-55)得到

$$E^I = -\sum_{n=1}^{4} \delta v_i^n \int_V N^n \frac{\mathrm{d}v_i}{\mathrm{d}t} \mathrm{d}V \tag{8-62}$$

将式(8-61)和式(8-62)代入式(8-53)，有

$$E = \sum_{n=1}^{4} \delta v_i^n \left(f_i^n + \frac{\rho b_i V}{4} - \int_V N^n \frac{\mathrm{d}v_i}{\mathrm{d}t} \mathrm{d}V \right) \tag{8-63}$$

对于任何虚速度，外虚功率 E 等于内虚功率 I：

$$-f_i^n = \frac{T_i^n}{3} + \frac{\rho b_i V}{4} - \int_V N^n \frac{\mathrm{d}v_i}{\mathrm{d}t}\mathrm{d}V \tag{8-64}$$

在四面体范围内，加速度场空间变化是微小的，则有

$$\int_V \rho N^n \frac{\mathrm{d}v_i}{\mathrm{d}t}\mathrm{d}V = \left(\frac{\mathrm{d}v_i}{\mathrm{d}t}\right)^n \int_V \rho N^n \mathrm{d}V \tag{8-65}$$

ρ 为不变量，则式(8-65)可写为

$$\int_V \rho N^n \frac{\mathrm{d}v_i}{\mathrm{d}t}\mathrm{d}V = \frac{\rho V}{4}\left(\frac{\mathrm{d}v_i}{\mathrm{d}t}\right)^n \tag{8-66}$$

用假想的节点质量 m^n 代替式(8-66)中的质量 $\rho V/4$ ，则式(8-64)可写为

$$-f_i^n = \frac{T_i^n}{3} + \frac{\rho b_i V}{4} - m^n\left(\frac{\mathrm{d}v_i}{\mathrm{d}t}\right)^n \tag{8-67}$$

对于等效体系，可以建立平衡状态，要求在每个节点上静态等效荷载之和为零。可以写出全部节点上牛顿定律表达式：

$$F_i^{\langle l\rangle} = M^{\langle l\rangle}\left(\frac{\mathrm{d}v_i}{\mathrm{d}t}\right)^{\langle l\rangle}, \quad l = 1, n_n \tag{8-68}$$

式中：

n_n——介质中所有节点的总数。

节点质量定义为

$$M^{\langle l\rangle} = [[m]]^{\langle l\rangle} \tag{8-69}$$

不平衡力 $[F]_i^{\langle l\rangle}$ 定义为

$$F_i^{\langle l\rangle} = \left[\left[\frac{T_i}{3} + \frac{\rho b_i V}{4}\right]\right]^{\langle l\rangle} + P_i^{\langle l\rangle} \tag{8-70}$$

当介质达到平衡时，不平衡力等于零。

3) 增量形式的本构方程

快速拉格朗日分析中，假定时间 Δt 内速度为常数，则增量形式的本构方程可表示为

$$\Delta\breve{\sigma}_{ij} = H_{ij}^*(\sigma_{ij}, \xi_{ij}\Delta t) \tag{8-71}$$

式中：

$\Delta\breve{\sigma}_{ij}$——共转(co-rotational)应力速率张量；

H_{ij}^{*}——一给定的函数。

共转应力速率张量 $\breve{\sigma}_{ij}$ 等于给定参考系介质内一点应力的偏导数和以瞬时角速度 Ω 的转动，数学表达式为

$$[\breve{\sigma}]_{ij}=\frac{\mathrm{d}\sigma_{ij}}{\mathrm{d}t}-w_{ij}\sigma_{ij}+\sigma_{ij}w_{kj} \tag{8-72}$$

式中：

w_{ij}、w_{kj}——转动速率张量的分量。

利用有限差分方程，可以得到转动速率张量的分量形式：

$$w_{ij}=-\frac{1}{6V}\sum_{l=1}^{4}\left(v_i^l n_j^{(l)}-v_j^l n_i^{(l)}\right)S^{(l)} \tag{8-73}$$

4) 时间导数的有限差分近似

由本构方程(8-71)和变形速率与节点速率之间的关系式(8-46),式(8-67)可表示为一般的差分方程：

$$\frac{\mathrm{d}v_i^{\langle l\rangle}}{\mathrm{d}t}=\frac{1}{M^{\langle l\rangle}}F_i^{\langle l\rangle}\left(t,\left\{v_i^{\langle 1\rangle},v_i^{\langle 2\rangle},\cdots,v_i^{\langle p\rangle}\right\}^{\langle l\rangle},k\right),\quad l=1,n_n \tag{8-74}$$

式中：

$\{\}^{\langle l\rangle}$——在计算过程中全局节点 l 节点速度值的子集。

在时间间隔 Δt 内实际节点的速度假定是线性变化的,左边导数用中心有限差分估算。

$$v_i^{\langle l\rangle}\left(t+\frac{\Delta t}{2}\right)=v_i^{\langle l\rangle}\left(t-\frac{\Delta t}{2}\right)+\frac{1}{M^{\langle l\rangle}}F_i^{\langle l\rangle}\left(t,\left\{v_i^{\langle 1\rangle},v_i^{\langle 2\rangle},\cdots,v_i^{\langle p\rangle}\right\}^{\langle l\rangle},k\right) \tag{8-75}$$

类似地，节点的位置也用中心有限差分进行迭代：

$$x_i^{\langle l\rangle}(t+\Delta t)=x_i^{\langle l\rangle}(t)+\Delta t v_i^{\langle l\rangle}\left(t+\frac{\Delta t}{2}\right) \tag{8-76}$$

因此，节点位移也有如下关系：

$$u_i^{\langle l\rangle}(t+\Delta t)=u_i^{\langle l\rangle}(t)+\Delta t v_i^{\langle l\rangle}\left(t+\frac{\Delta t}{2}\right) \tag{8-77}$$

5) 阻尼力

为使运动方程获得静态或准静态(非惯性)解，快速拉格朗日分析的静力分析中，在式(8-68)中加入非黏性阻尼力。则式(8-68)变为

$$F_i^l+l_i^l=M^l\left(\frac{\mathrm{d}v_i}{\mathrm{d}t}\right)^l,\quad l=1,n \tag{8-78}$$

式中：

l_i^l——阻尼力，$l_i^l = -\alpha \left| F_i^l \right| \text{sign}\left(v_i^l \right)$；

α——阻尼系数，其默认值为 0.8。

$$\text{sign}(y) = \begin{cases} 1, & y > 0 \\ -1, & y < 0 \\ 0 & y = 0 \end{cases} \tag{8-79}$$

3. FLAC^{3D} 简介

由以上原理可以看出，无论是动态问题，还是静态问题，三维快速拉格朗日分析均由运动方程用显式方法进行求解，这使得它很容易模拟动态问题，如振动、失稳、大变形等。对于显式法，非线性本构关系与线性本构关系并无算法上的差别，对于已知的应变增量，可很方便地求出应力增量，并得到不平衡力，就同实际中的物理过程一样，可以跟踪系统的演化过程。此外，显式法不形成刚度矩阵，每一步计算所需计算机内存很小,使用较少的计算机内存就可以模拟大量的单元，特别适于在微机上操作。在求解大变形过程中，因每一时步变形很小，可采用小变形本构关系，只需将各时步的变形叠加，即可得到大变形。这就避免了通常大变形问题中推导大变形本构关系及其应用中所遇到的麻烦，也使它的求解过程与小变形问题一样。

根据前述原理，美国艾塔斯咨询集团开发了三维快速拉格朗日分析程序 FLAC^{3D},该程序能较好地模拟地质材料在达到强度极限或屈服极限时发生破坏或塑性流动的力学行为，特别适用于分析渐进破坏和失稳以及模拟大变形。它主要有如下一些特点：

(1) 应用范围广泛，可以模拟复杂的岩土工程或力学问题。FLAC^{3D}包含了 10 种弹塑性材料本构模型，有静力、动力、蠕变、渗流、温度五种计算模式，各种模式间可以互相耦合，以模拟各种复杂的工程力学行为。FLAC^{3D} 可以模拟多种结构形式，如岩体、土体或其他材料实体，梁、锚元、桩、壳以及人工结构如支护、衬砌、锚索、岩栓、土工织物、摩擦桩、板桩等，另外，FLAC^{3D} 设有界面单元，可以模拟节理、断层或虚拟的物理边界等。

(2) FLAC^{3D} 具有强大的内嵌程序语言 FISH,使得用户可以定义新的变量或函数，以适应用户的特殊需要。例如，利用 FISH，用户自己设计 FLAC^{3D} 内部没有的特殊单元形态；用户可以在数值试验中进行伺服控制；可以指定特殊的边界条件，自动进行参数分析；可以获得计算过程中节点、单元参数，如坐标、位移、速度、材料参数、应力、应变、不平衡力等。

(3) FLAC^{3D} 具有强大的前后处理功能。FLAC^{3D} 具有强大的自动三维网格生成器，内部定义了多种基本单元形态，可以生成非常复杂的三维网格。在计算过程中用户可以用高分辨率的彩色、灰度图或数据文件输出结果，以对结果进行实时分析，图形可以表示网格、结构以及有关变量的等值线图、矢量图、曲线圈等，可以给出计算域任意截面上的变量等值线图和矢量图。

4. 本构模型

$FLAC^{3D}$ 包含了 10 种弹塑性材料本构模型，下面简单介绍模拟计算中涉及的两类本构模型。

1) 空单元模型

空单元材料用于描述从模型中删除或开挖掉的部分。在模拟的后续阶段，空单元材料可以转变成不同的材料模型。用这种方式，能够模拟回填开挖，在空单元区域内的所有应力被自动设置成零，即

$$\sigma_{ij}^{N}=0$$

2) Mohr-Coulomb 破坏准则和流动法则

此模型的破坏准则基于张拉剪切组合的 Mohr-Coulomb 准则，可以用图 8.74 解释。

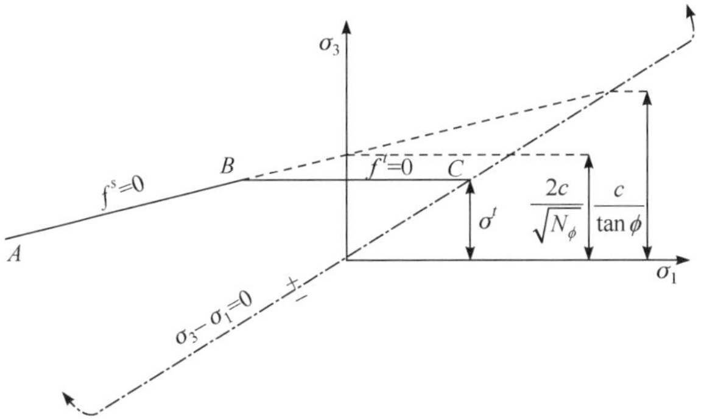

图 8.74　Mohr-Coulomb 破坏准则

用 Mohr-Coulomb 破坏准则描绘从点 A 到点 B 破坏包络线 $f^s=0$，即

$$f^s=\sigma_1-\sigma_3 N+2c\sqrt{N_\phi} \tag{8-80}$$

用式 $f^t=0$ 张拉破坏准则描绘从点 B 到点 C 的包络线：

$$f^t=\sigma_3-\sigma^t \tag{8-81}$$

式中：

ϕ——摩擦角；

c——黏聚力；

σ^t——张拉强度。

且有

$$N_\phi = \frac{1+\sin\phi}{1-\sin\phi} \tag{8-82}$$

张拉强度不超过σ_3。最大值由下面公式给定：

$$\sigma_{\max}^t = \frac{c}{\tan\phi} \tag{8-83}$$

分别用两个定义剪切塑性流动和张拉塑性流动的函数g^s和g^t描述势函数。函数g^s有如下形式：

$$g^s = \sigma_1 - \sigma_3 N_\psi \tag{8-84}$$

式中：

ψ——膨胀角，且

$$N_\psi = \frac{1+\sin\psi}{1-\sin\psi}$$

函数g^t符合相关流动法则，写成

$$g^t = \sigma_3 \tag{8-85}$$

用式$h(\sigma_1,\sigma_3)=0$将流动法则写成统一的形式：

$$h = \sigma_3 - \sigma_t + a^p(\sigma_1 - \sigma^p) \tag{8-86}$$

式中：

a^p和σ^p——由式(8-87)定义的常数：

$$a^p = \sqrt{1+N_\phi^2} + N_\phi, \quad \sigma^p = \sigma^t N_\phi - 2c\sqrt{N\phi} \tag{8-87}$$

5. FLAC^{3D}求解过程

FLAC^{3D}求解过程示意图如图 8.75 所示。

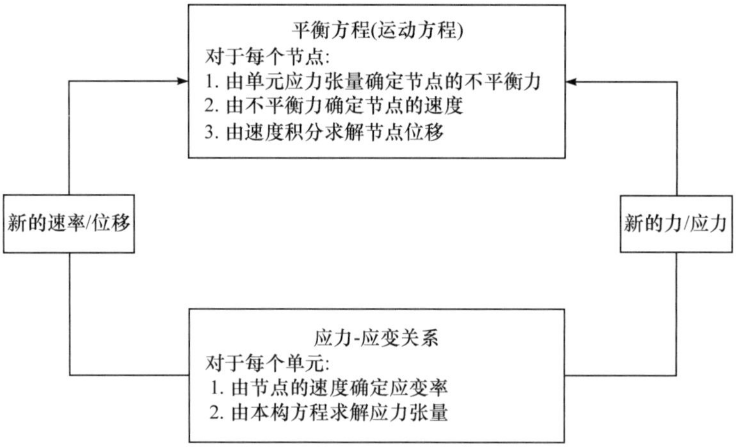

图 8.75　FLAC^{3D}求解过程示意图

6. 隧道开挖的模拟

1) 零模型

零模型通常用来表示被移除或开挖掉的材料。零区域的应力被设置为零，在这些区域中没有体力(如重力)作用。在数值模拟的后续阶段，零材料模型可以转化成其他材料模型，通过这种方式，可以进行开挖回填等的模拟。岩体材料的本构关系采用各向同性弹性模型，在此本构模型中，应力-应变关系遵循胡克定律。

2) 锚索(cable)单元

如果弯曲的影响不是很重要，那么 FLAC^{3D} 软件中提供的锚索单元就足以模拟锚杆，因为可以用水泥浆和锚索或者是水泥浆和围岩介质之间所提供的黏结剪切抗力来模拟沿着锚杆长度的剪切抗力。在 FLAC^{3D} 的锚索单元公式推导中，不仅考虑了对拒不加固的影响，也考虑它主要沿着全长抵抗变形的作用。

3) 衬砌(liner)单元

FLAC^{3D} 软件提供了三维衬砌结构单元。衬砌单元 LinerSEL 的力学特性可以分为衬砌材料本身对结构的响应和衬砌与 FLAC^{3D} 网格的相互作用。衬砌是可抵抗表面荷载和弯曲荷载的壳体单元。实际的衬砌可视为黏结在 FLAC^{3D} 网格表面上多个衬砌单元的集合(图 8.76)。LinerSEL 除提供壳体结构的力学特性，还考虑了衬砌剪切方向(衬砌结构表面的切平面)的摩擦力与 FLAC^{3D} 网格的相互作用，并可施加法向压力和拉力，衬砌结构可在围岩网格中自由破坏。LinerSEL 衬砌可用来模拟法线方向上拉伸或压缩作用，以及衬砌与围岩介质在剪切方向的摩擦力作用等，如喷射混凝土衬砌的隧道。衬砌是黏附在 FLAC^{3D} 的网格表面之上的，衬砌受力包括法向应力 σ_n 和剪切应力 τ，与衬砌自身应力平衡，合力为 $\overline{R}$。衬砌-围岩界面的力学行为，在每个节点由具有一定拉伸强度的法向弹簧和切向滑块-弹簧模拟。

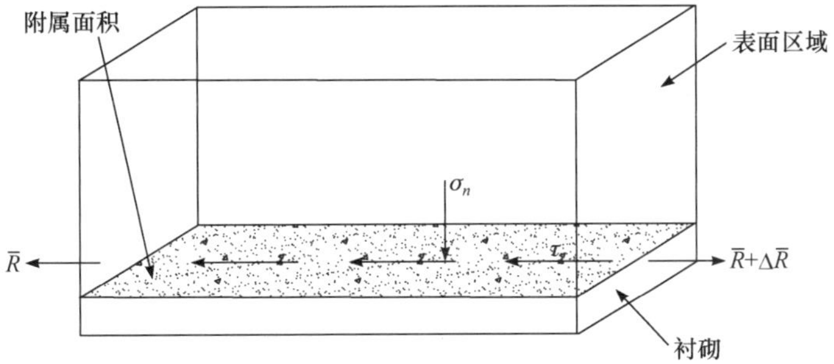

图 8.76　衬砌-围岩作用模型

4) FLAC^{3D}断层模拟方法

对断层结构面的模拟，FLAC^{3D} 程序提供了两种常用的解决途径：断层弱化和 Interface 命令。断层弱化的基本思想是通过对模拟区域的数学统计分析，统计出断层结构面分布的网格单元，并对这些单元进行单独赋值处理，从而显著区别于其周围的岩体，以达到对断层模拟的目的。Interface 命令法是 FLAC^{3D} 提供的又一类特殊的断层分界面本构模型。通过对断层分界面两侧岩体的容重、内摩擦角、黏聚力、体积模量、剪切模量以及断层分界面的法向刚度和切向刚度等系列参数的设置，对岩体内的断层结构面进行模拟。

本次模拟采用 Mohr-Coulomb 模型，因此需确定模拟区岩体的容重、内摩擦角、黏聚力、体积模量和剪切模量等参数。两种模拟方法对围岩的取值基本相同，但对断层结构面参数的求取方式差异较大,因此断层结构面的参数设置略有不同。对于断层弱化法，需根据霍克-布朗岩石破坏准则确定断层周围岩体的力学参数，并需确定断层弱化单元的力学参数。根据经验，一般取泥岩力学参数的 1/20 作为弱化单元的力学参数，最后给断层结构面分布的网格单元赋予相应的力学参数即可完成对断层的模拟。而 Interface 命令法需根据断层周围岩体的力学参数来求取断层结构面的法向刚度和切向刚度。为便于对比分析，围岩均设置为中粗粒砂岩。其中，围岩的容重 (γ) 、杨氏模量 (E) 、泊松比 (μ) 、内摩擦角 (ϕ) 、黏聚力 (c) 等可通过一系列的岩石力学试验和经验获取。而剪切模量 (G) 、体积模量 (K) 、法向刚度 (K_n) 、切向刚度 (K_s) 可通过以下公式求取：

$$\begin{aligned} G &= \frac{E}{2(1-\mu)}, \quad K = \frac{E}{3(1-2\mu)} \\ K_n &= \frac{EE_r}{S(E_r - E)}, \quad K_s = \frac{GG_r}{S(G_r - G)} \end{aligned} \tag{8-88}$$

式中：

S——节理间距；

E_r——岩石的杨氏模量；

G_r——岩石的剪切模量。

8.3.2 嘎隆拉隧道抗断结构效果分析

1. 嘎隆拉隧道高地应力断层段施工力学分析

1) 模型及计算参数

(1) 隧道工程地质情况。

该公路隧道位于青藏高原东南部的喜马拉雅山脉与横断山脉的交接处，构造上属喜马拉雅东西向构造带、岗底斯褶皱带和雅鲁藏布江缝合带的弧形转折部位，新构造运动强烈，发育有众多大断裂。隧道埋深近千米，隧道轴线穿越受两大主断裂控制的次生断层，断层影响带宽度 30～100m，按硬度从强到弱主要为风化石英片岩、云母片岩，岩质较软弱。

(2) 模型的建立。

结合该隧道断层影响带软弱围岩段设计的隧道结构断面(图 8.77)，建立三维有限元数值模型。考虑到 FLAC^{3D} 建模难度较大，这里采用一种快速建模方法，即利用 ANSYS10.0 有限元软件建模、划分网格后导入 FLAC^{3D}，实现直观、快速建模。

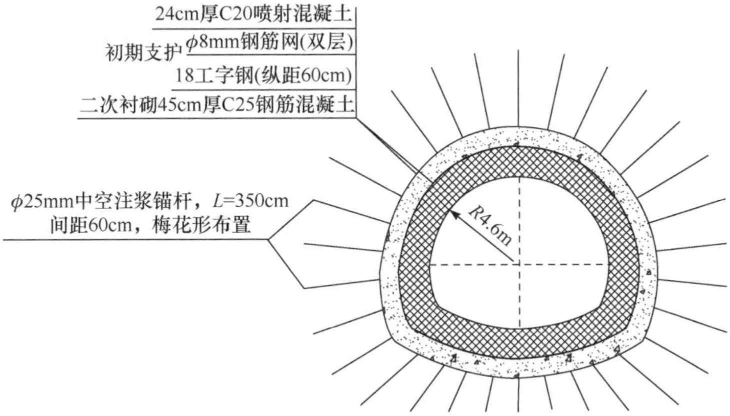

图 8.77　断层带衬砌断面示意图

FLAC^{3D} 在模型建立以及单元网格划分等前处理问题上存在以下不足，造成了其建模的不便性：

① 模型的建立只能靠数据文件来实现，不是很直观，不能像 ANSYS 等有限元软件可以直接进行图形处理。

② 对于比较复杂的工程模型，在建模时需要各控制点的详细数据，容易出错，检查起来也不是很容易。

③ 建模工作量大，花费时间长，直接造成三维模拟计算的周期长、难度大。

FLAC^{3D} 和 ANSYS 所采用的单元体形状大多相同，但其每一单元节点编制的规则和节点坐标，即单元数据，有一定的差别。因此，根据这两种软件单元形状及其单元数据的关系编写 FLAC^{3D}-ANSYS 接口程序是快速建模方法的关键。FLAC^{3D} 模型的自动生成主要由以下步骤组成：ANSYS 模型的建立、ANSYS 和 FLAC^{3D} 的数据转换以及 FLAC^{3D} 模型的自动生成。

① ANSYS 模型的建立。

ANSYS 作为广泛应用的有限元软件，充分综合了 CAD、CAE、CAM 等图像处理工具，是建立复杂计算模型有效且方便快捷的平台。ANSYS 可以自上而下直接建立实体模型，还可通过自下而上依次生成点、线、面和体，从而建立实体模型。强大的布尔运算工具可以实现实体之间加、减、分类、搭接、黏结和分割等复杂运算，大大提高了建立复杂地质体三维模型的效率。对于实体模型的网格划分，ANSYS 提供了功能强大的控制工具，如单元大小和形状的控制、网格的划分类型(自由和映射)以及网格的清除和细化。此外，还可对实体模型直接进行网格划分。最后，输出各单元节点坐标及单元信息“NODE.DAT”和“ELE.DAT”文件。

② ANSYS 和 FLAC^{3D} 的数据转换。

要将 ANSYS 所生成的单元数据文件为 FLAC^{3D} 所利用，有必要掌握 FLAC^{3D} 与 ANSYS 单元数据之间的关系。

在模拟对象的单元处理上，FLAC^{3D} 与 ANSYS 都提供了丰富的单元形状。根据地质体的特征、计算精度要求以及单元形状的空间展布特点，仅考虑以下五种单元体：六面体、五面楔形体、五面锥形体、四面体和圆柱体。这五种单元体基本能满足各种地质体数值模型的建立。这两种软件所采用单元节点编制对应关系如表 8.9 所示。

表 8.9　FLAC^{3D} 与 ANSYS 单元数据关系对照

<table>
<tr><th rowspan="2">单元类型</th><th colspan="2">单元数据</th><th rowspan="2">备注</th></tr>
<tr><th>ANSYS</th><th>FLAC^{3D}</th></tr>
<tr><td>六面体</td><td>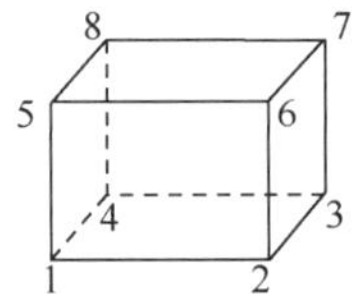
</td><td>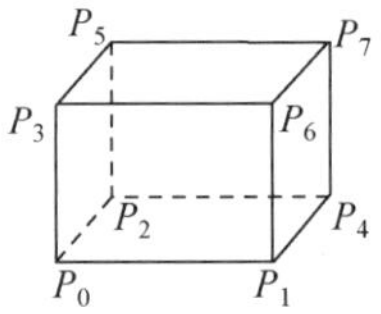
</td><td>Brick 单元</td></tr>
<tr><td>五面楔形体</td><td>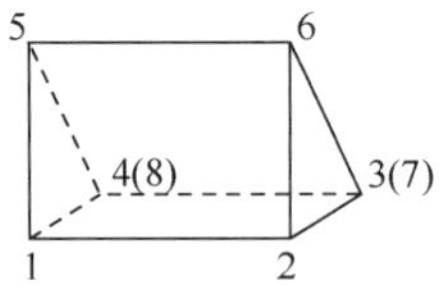
</td><td>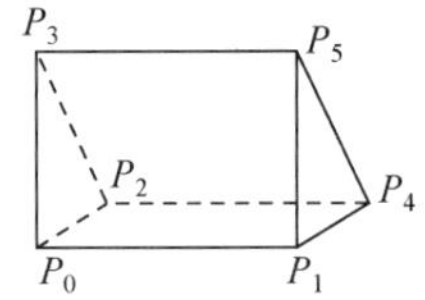
</td><td>其 ANSYS 单元为 Brick 退化单元</td></tr>
<tr><td>五面锥形体</td><td>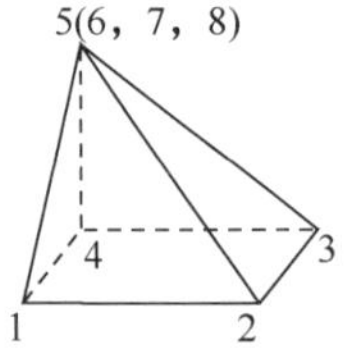
</td><td>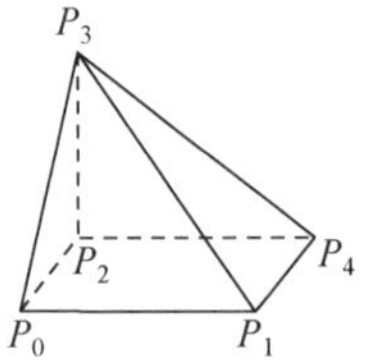
</td><td>其 ANSYS 单元为 Brick 退化单元</td></tr>
<tr><td></td><td>ANSYS</td><td>FLAC^{3D}</td><td></td></tr>
</table>

续表

单元类型	单元数据		备注
	ANSYS	FLAC^{3D}	
四面体(I)	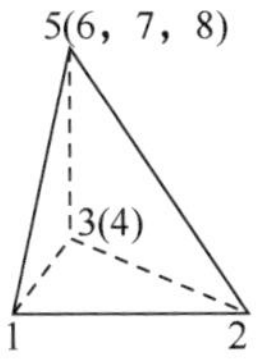	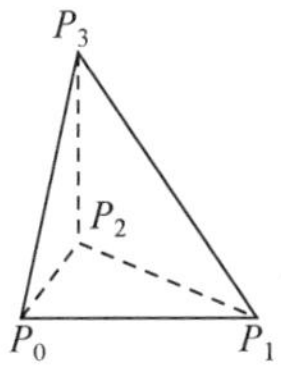	其 ANSYS 单元为 Brick 退化单元
四面体(II)	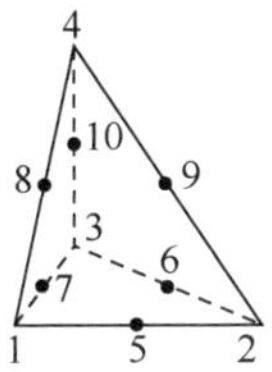	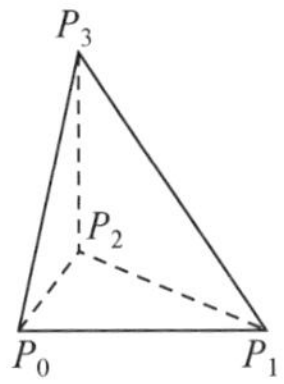	

根据以上对 FLAC^{3D} 与 ANSYS 单元数据关系的分析，有学者利用 Visual- Basic 语言编写了 FLAC^{3D}-ANSYS 接口程序包。首先，该程序将单元节点坐标转化成 FLAC^{3D} 单元节点坐标。其次，根据 ANSYS 提供的单元信息“ELE.DAT”文件的格式特点，该程序自动判断其每一单元的形状(也考虑了退化单元的转换)，并生成相应的 FLAC^{3D} 单元；该程序除实现两种软件单元数据的转换，还将 ANSYS 定义的不同实体遗传到 FLAC^{3D} 中，并形成相应的 Group，方便了计算参数的赋值。最后，该程序直接产生 FLAC^{3D} 计算所需的数据文件，其主要内容如下：

产生节点的命令，主要格式为

```
GEN  POINT ID  1  X  Y  Z
```

产生单元的命令，主要格式为

```
GEN  ZONE  BRICK(WEDGE)  SIZE  size1  size2  size3  P0  and
POINT  n0  P1  POINT  n1  P2  POINT  n2  P3  and
POINT  n3  P4  POINT  n4  P5  POINT  n5  P6  and
POINT  n6  P7  POINT  n7
```

产生实体的命令，主要格式为

```
GROUP  5  RANGE  ID  3591
```

③ 模型的自动生成。

通过 FLAC^{3D} 命令“call”调入由接口程序输出的数据文件，并加入边界条件、初始条件以及岩土体的力学参数，即可生成数值模型。

(3) 模型的计算范围。

根据实际经验，局部开挖对距离隧道 3～5 倍跨度范围内有影响[11]。因此，模型上下边界分别取距隧道中心 50m；左右边界取距隧道中心 50m；模型长度取 80m。由于隧道左右对称，取一半模型进行分析。衬砌断面如图 8.77 所示，隧道三维有限元模型如图 8.78 所示。

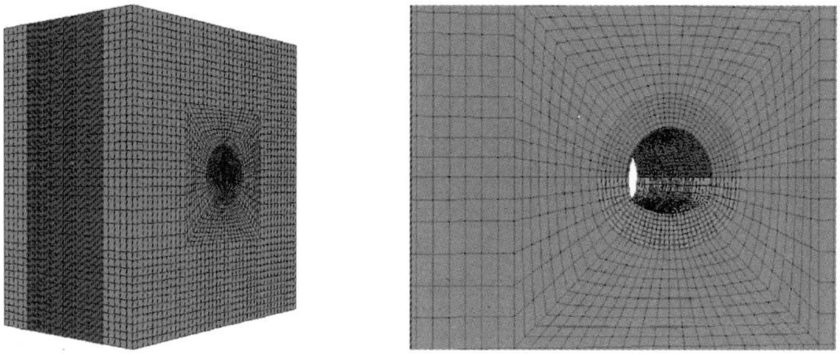

(a) 隧道开挖前　(b) 隧道开挖后

图 8.78　隧道三维有限元模型

(4) 计算参数的确定。

围岩物理力学参数根据现场试验和室内试验确定，研究中锚杆支护效应的模拟采用了中国科学院武汉岩土力学研究所，朱维申和何满潮通过实验室大量模型试验提出了锚杆支护对洞室岩体强度提高的经验公式[12]，该经验公式已在多项大型岩土地下工程，如二滩、小湾、小浪底、水布垭、龙滩、三峡等大型水电站的地下厂房洞群稳定性分析上得到了很好的应用，公式如下：

$$c_1 = c_0 + \eta \frac{\tau s}{ab} \tag{8-89}$$

$$\phi_1 = \phi_0 \tag{8-90}$$

式中：

c_0、ϕ_0——岩体的黏聚力和内摩擦角；

c_1、ϕ_1——锚固岩体的黏聚力和内摩擦角；

τ——锚杆材料的抗剪强度；

s——锚杆的横截面面积；

a、b——锚杆的纵、横向间距；

η——综合经验系数，一般取 2～5。

钢拱架的作用采用等效方法予以考虑，即将钢拱架弹性模量折算到喷射混凝土上，其计算方法为[13]

$$E = E_0 + \frac{S_g E_g}{S_c} \tag{8-91}$$

式中：

E——折算后混凝土弹性模量；

E_0——原混凝土弹性模量；

S_g——钢拱架截面积；

E_g——钢材弹性模量；

S_c——混凝土截面积。

混凝土材料参数均参照《公路隧道设计规范》(JTG 3370.1—2018)进行取值。折算后喷射混凝土弹性模量 26.0GPa，泊松比 0.25；二次衬砌钢筋混凝土弹性模量 30.0GPa，泊松比 0.2。初始地应力场根据实测和回归反演研究成果，取为 $\sigma_h = 15.0\text{MPa}$，侧压力系数 $k = 1.2$。

围岩物理力学参数如表 8.10 所示。

表 8.10　围岩物理力学参数

类别	弹性模量/GPa	泊松比	黏聚力/MPa	内摩擦角/(°)	密度/(kg/m³)
围岩	3.00	0.33	0.20	27	2200
围岩加固区	3.90	0.33	0.26	27	2300

2) 开挖模拟

本书隧道开挖模拟首先模拟初始应力状态，然后上下台阶分步进行隧道开挖，每次进尺 2m，开挖 6m 后加锚喷网支护，上下台阶间距 6m。程序总共执行 8 次连续开挖和支护运算。此时，上台阶开挖掌子面距离模型边界(Y 方向)达 52m，超过 3 倍开挖洞径，满足一般阶段的要求，其分析数据具有代表性。

(1) 初始地应力场常规拟合方法及其在 FLAC^{3D} 中的适用性。

地下工程数值计算中，初始地应力场的模拟是必须首先关注的问题。数值模拟的初始地应力场是否与实际地应力场吻合较好，是决定地下工程数值模拟是否成功的基本条件。通常认为，初始应力场主要由岩体自重和地质构造力产生。其他一些影响因素如温度产生的应力等，在埋藏较浅、不会受到地热影响的地下洞室工程中往往忽略不计。数值模拟一般均采用有限的地应力观测值和地形、地貌资料，并参考地应力场分布的一般规律，进行回归拟合，以获得较为合理的初始地应力场，作为进一步分析地下工程施工过程围岩稳定性的基础。给计算区域模型赋地应力值的方法通常有以下几种：①已知模型内部某些点的地应力(通常为测点值)，给定位移边界条件，按一定的规律将该点的应力插值分布到整个模型内，对分布的应力场进行计算反演，获得最终的初始地应力场。②计算范围内按照某种回归方程直接计算每个单元的初始应力，然后转化为单元的节点力，结合位移边界条件(如假定固定模型底面竖向位移为零($\mu_z = 0$)和力边界条件(如自由边界， $F = 0$)平衡模型系统内的应力场。③首先给定模型的位移边界条件和力(面力或节点力)边界条件，生成初始应力场：然后利用测量点的应力值对力边界条件进行计算调整；最后拟合得到新的初始应力场，使之与观测点的地应力吻合。

上述几种方法在 FLAC^{3D} 中的应用有一定的局限性。在埋藏较浅、自重应力为主的岩体中，这类方法可以使用，其获得的初始地应力场为自重应力场，基本可满足计算的精度要求；在埋藏较深、构造应力为主的岩体中，这类方法就不再适用。这是因为，FLAC^{3D} 中，边界条件的定义并不是通常的位移边界条件，而是速度边界条件，即通过设定模型边界节点的速度(通常设定边界节点某个方向速度为零)来实现位移边界条件的控制。有限元的边界条件通常都包括力边界条件和位移边界条件，模型内的应力与力边界条件平衡；FLAC^{3D} 中不存在力边界条件，模型内的应力只能通过自身的应力重分布达到平衡，这就要求用户对模型的应力分布有明确的认识，在初始应力场生成之前就要使模型达到力平衡状态，而这正是拟合初始地应力场的目标之一。通常情况下，岩体的自重作为一种体力作用在模型上，这就使得模型应力重分布的结果成为应力与自重应力相平衡，得到的初始应力场为自重应力场。

综上所述，经过对 FLAC^{3D} 的不断研究和尝试，并参照其他数值模拟初始地应力场的方法，李仲奎等[14]提出了基于应力边界的快速地应力场拟合方法(S-B 法)。这一方法的思路是：在初始地应力场形成过程中，数值模型不设速度边界条件，仅在模型表面根据地应力场的分布情况施加应力边界条件并保持恒定。在模型表面施加的应力边界可以认为是模型最外层单元受到应力，这一应力转化成节点力作用在模型最外层单元的节点上。图 8.79 为一最外层单元体，σ 为作用在单元上的应力，F 为节点力。对于单元的任何一个面，有

$$\sigma \cdot A = \sum_{i=1}^{n} F_i \tag{8-92}$$

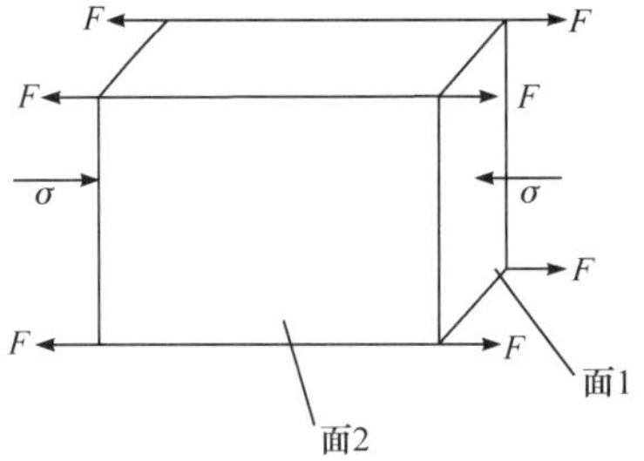

图 8.79　计算域边界上的单元体

式中：

A——单元表面积；

i——节点个数。

假定单元右侧表面(面 1)是模型外边界，左侧表面(面 2)与模型内部单元相连。在初始应力场平衡计算过程中，应力边界保持恒定，即最外层单元边界(面 1)处的节点力保持不变，这就相

当于给模型添加了构造应力的边界条件；表层单元与模型内部单元接触面(面 2)的节点力向模型内部传播，使得表面的应力场分布模式向模型内部扩散，直至达到平衡，这时得到的(初始)应力场可以认为是构造应力场和自重应力场相叠加的结果。

由于模型没有位移边界，在模型平衡过程中会产生极大的位移；但这可以在初始应力场生成后，将模型所有节点位移清零来消除。得到满意的地应力场后，在进行后续计算前，可再添加速度为零的边界条件，这时的地应力场和边界条件与有限元法的结果一致。

(2) 屈服准则。

本书塑性准则采用 Mohr-Coulomb 剪切破坏和张拉破坏相结合的复合准则[15]，屈服准则为 $f=0$，在主轴上的公式如下。

剪切屈服：

$$f=\sigma_1-\sigma_3 N_\phi+2c\sqrt{N_\phi} \tag{8-93}$$

张拉屈服：

$$f=\sigma^t-\sigma_3 \tag{8-94}$$

式中：

c、ϕ——材料的黏聚力和内摩擦角；

σ^t——张拉强度；

σ_1、σ_3——最小和最大主应力(压缩为负)。

其中：

$$N_\phi=(1+\sin\phi)(1-\sin\phi) \tag{8-95}$$

(3) FLAC^{3D} 中应力释放法的理论基础及其实现。

应力释放法，也称为反转应力法或反转应力释放法，最早是由 Duncan 等于 1968 年提出的[16]，当时只限于初始应力场为均匀场的特殊情况，后来通过有限元法使这一思想在非均匀应力场中得到了应用。Mana 等[17]曾提出由挖去单元所产生的释放荷载节点力向量提取等效释放荷载向量的方法；赵德安等[18]、郝哲等[19]、胡庆安等[20]、徐林生等[21]等分别采用了类似的方法，对隧道工程的开挖问题进行了分析。

根据 Mana 等建议的方法，第 k 步开挖，挖去 m 个单元后，在 m 个单元的全部节点上所产生的释放荷载节点力向量为

$$\{F\}^k=\sum_{i=1}^{m}\int_{\Omega_i}[B]_i\{\sigma\}_i^k\,\mathrm{d}\Omega \tag{8-96}$$

式中：

$i=(1,2,\cdots,m)$——挖去的单元数；

$\{\sigma\}^k$——第 k 步开挖之初围岩的应力水平，从 $\{F\}^k$ 列向量中提取出对应于开挖面节点处的全部分量 $\{F\}_B^k$ (下标 B 表示开挖自由面边界)，即第 k 步开挖引起的等效释放荷载列向量。

在 FLAC^{3D} 即快速拉格朗日方法和有限差分原理中，应力分量全部以单元的形式存在于单元形心点处，节点处仅有不平衡力向量，且在平衡状态下节点处的不平衡力向量近似为零向量，故此时不能照搬有限元方法。应力释放法的核心思想就是求得开挖前开挖边界处开挖体对围岩的支撑力(开挖掉开挖体单元后，相应的支撑力随即消失)，重建这一支撑力，然后控制其释放的规律，达到分析的目的，因此问题的关键就在于能否在 FLAC^{3D} 中求得这一支撑力。苏国韶[22]提出了该问题的解决方法，即开挖掉相应单元后，计算第 1 步，取得此时边界节点处不平衡力的反力，即支撑力。本章下面给出这一方法的理论依据。

FLAC^{3D} 每步计算的一般步骤[23]为：已知速度场→应变率→应变增量→应力增量→不平衡力→新的节点速度→位移场→几何更新。开挖前的应力场已经平衡，故此时的节点速度和不平衡力均为零。开挖后，在第 1 步计算中应变率、应变增量及应力增量均为零，而此时的不平衡力按式(8-97)计算：

$$F_i^{\langle l\rangle}=\left[\left[p_i\right]\right]^{\langle l\rangle}+p_i^{\langle l\rangle} \tag{8-97}$$

式中：

下标 i——向量分量标号；

上标 $\langle l\rangle$——全局节点号；

$p_i^{\langle l\rangle}$——施加的荷载和集中力在节点 $\langle l\rangle$ 处的贡献；

符号 $[[\cdot]]^{\langle l\rangle}$——拥有节点 $\langle l\rangle$ 的所有四面体上，某变量对节点 $\langle l\rangle$ 的贡献值之和：

$$p_i^l=\frac{1}{3}\sigma_{ij}n_j^{(l)}S^{(l)}+\frac{1}{4}\rho b_i V \tag{8-98}$$

式中：

σ_{ij}——应力分量；

$n_j^{(l)}$——四面体中面 (l) 的法向量；

$S^{(l)}$——四面体中面 (l) 的面积；

ρ——密度；

b_i——单位体积的体积力；

V——四面体的体积。

开挖体被开挖后，开挖体边界的节点将失去开挖体与之相连单元贡献的力，故在这些节点处，不平衡力将不再为零，其为开挖掉的与之相连单元贡献的力的矢量和，指向开挖面。而其他位置的节点，由于未发生应力增量，故其不平衡力仍然为零。由此看来，第一步计算完毕后，仅有开挖体边界的节点处产生了不平衡力，且不平衡力的反力即开挖体对围岩的支撑力。在快速拉格朗日方法中，通过控制节点不平衡力可以很容易地实现应力释放法的操作[24]。

应用新奥法施工的隧道，往往采用复合式衬砌，当按线弹性或弹塑性问题进行施工过程模拟分析时，为体现围岩的时空效应以及施工工序的先后顺序，理应考虑开挖瞬间地应力释放。在 $FLAC^{3D}$ 中可以利用内置 FISH 函数编制程序来实现开挖瞬间地应力的释放，假设开挖瞬间释放荷载 30%，初期支护释放荷载 70%[25]。

隧道的开挖采用有限差分程序 $FLAC^{3D}$ 提供的空单元模型来处理，通过分次改变单元的材料属性来模拟隧道的分步开挖以及支护，整个施工顺序如图 8.80 所示，其具体开挖步骤如下。

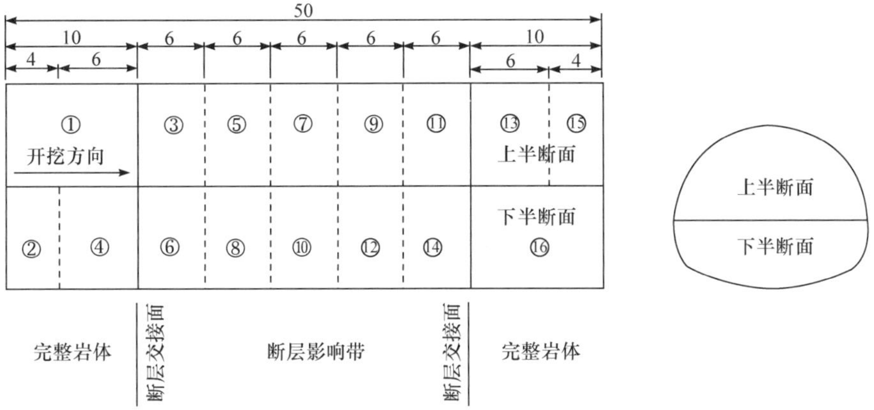

图 8.80　台阶法开挖步骤的模拟(单位：m)

首先，形成初始地应力场。

第 1 次开挖：完整岩体段上台阶开挖 10m，释放荷载 30%；进行初期支护及施作临时仰拱，释放荷载 70%。

第 2 次开挖：完整岩体段下台阶开挖 4m，释放荷载 30%；进行初期支护，释放荷载 70%。

第 3 次开挖：断层带上台阶开挖 6m，释放荷载 30%；进行初期支护及施作临时仰拱，释放荷载 70%。

第 4 次开挖：完整岩体下台阶开挖 4m，释放荷载 30%；进行初期支护，释放荷载 70%；进行完整岩体段 4m 的二次衬砌。

第 5 次开挖：断层带上台阶开挖 6m，释放荷载 30%；进行初期支护及施作临时仰拱，释放荷载 70%。

第 6 次开挖：断层带下台阶开挖 6m，释放荷载 30%；进行初期支护，释放荷载 70%；进行完整岩体段 6m 的二次衬砌。

第 7 次开挖：断层带上台阶开挖 6m，释放荷载 30%；进行初期支护及施作临时仰拱，释放荷载 70%。

第 8 次开挖：断层带下台阶开挖 6m，释放荷载 30%；进行初期支护，释放荷载 70%；进行断层带 6m 的二次衬砌。

第 9 次开挖：断层带上台阶开挖 6m，释放荷载 30%；进行初期支护及施作临时仰拱，释放荷载 70%。

第 10 次开挖：断层带下台阶开挖 6m，释放荷载 30%；进行初期支护，释放荷载 70%；进行断层带 6m 的二次衬砌。

第 11 次开挖：断层带上台阶开挖 6m，释放荷载 30%；进行初期支护及施作临时仰拱，释放荷载 70%。

第 12 次开挖：断层带下台阶开挖 6m，释放荷载 30%；进行初期支护，释放荷载 70%；进行断层带 6m 的二次衬砌。

第 13 次开挖：完整岩体段上台阶开挖 6m，释放荷载 30%；进行初期支护及施作临时仰拱，释放荷载 70%。

第 14 次开挖：断层带下台阶开挖 6m，释放荷载 30%；进行初期支护，释放荷载 70%；进行断层带 6m 的二次衬砌。

第 15 次开挖：完整岩体段上台阶开挖 4m，释放荷载 30%；进行初期支护及施作临时仰拱，释放荷载 70%。

第 16 次开挖：完整岩体段下台阶开挖 10m，释放荷载 30%；进行初期支护，释放荷载 70%；进行完整岩体段 10m 的二次衬砌。

施工步骤与求解步数对应关系如表 8.11 所示。

表 8.11　施工步骤与求解步数对应关系

序号	施工步骤		开挖进尺			计算步	
	上台阶开挖长度/m	下台阶开挖长度/m	每次进尺长度/m	进尺数	每次进尺计算步	每次开挖计算步	总的计算步
1	10	—	2	5	3000	15000	15000
2	—	4	2	2	3000	6000	21000
3	6	—	2	3	3000	9000	30000
4	—	6	2	3	3000	9000	39000
5	6	—	2	3	3000	9000	48000
6	—	6	2	3	3000	9000	57000
7	6	—	2	3	3000	9000	66000
8	—	6	2	3	3000	9000	75000
9	6	—	2	3	3000	9000	84000

续表

序号	施工步骤		开挖进尺			计算步	
	上台阶开挖长度/m	下台阶开挖长度/m	每次进尺长度/m	进尺数	每次进尺计算步	每次开挖计算步	总的计算步
10	—	6	2	3	3000	9000	93000
11	6	—	2	3	3000	9000	102000
12	—	6	2	3	3000	9000	111000
13	6	—	2	3	3000	9000	120000
14	—	6	2	3	3000	9000	129000
15	4	—	2	2	3000	6000	135000
16	—	10	2	5	3000	15000	150000

3) 计算结果分析

(1) 作业面空间效应。

经计算，得拱顶竖向位移和沿隧道纵向位移受隧道掘进面空间约束分别如图 8.81 和图 8.82 所示。

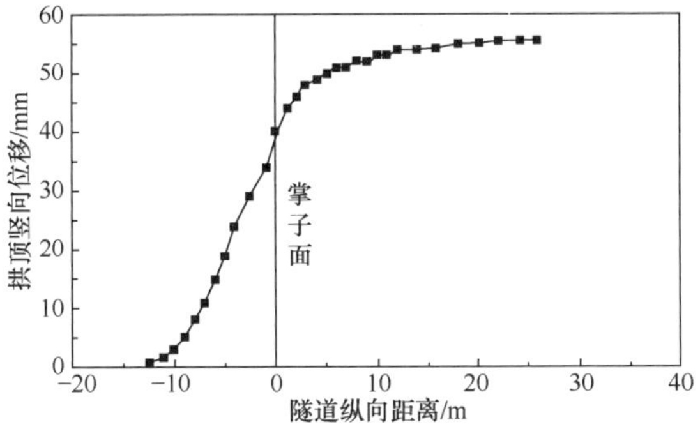

图 8.81　拱顶竖向位移沿隧道纵向的时空曲线

由图 8.81 可知，在开挖面附近，由于开挖面的空间约束效应，围岩应力和位移逐步释放。掘进面开挖导致隧道前方一定范围内围岩受到扰动，使拱顶产生微小竖向位移，其扰动影响范围约为 12m。同时，由于开挖面空间约束作用，隧道开挖完成后，围岩应力逐渐释放，故而开挖面后方拱顶下沉也受到掌子面约束；当离开掌子面一定距离时，洞室围岩变形不再受开挖面约束。

由图 8.82 可知，隧道整体纵向位移相对较大，最大纵向位移发生在开挖面处，隧道开挖作业使得掘进面临空，引起开挖面较大纵向位移。在掘进前方围岩受到扰动，产生纵向位移，但在距离开挖面约 18m 处衰减为接近零。开挖面后方隧道纵向位移受到空间约束影响，由开挖引起的纵向位移逐渐衰减，在距离掘进面约

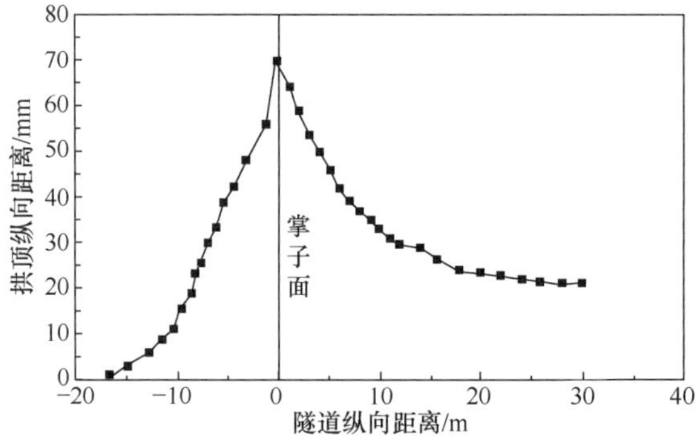

图 8.82　拱顶纵向位移沿隧道纵向的时空曲线

30m 处，开挖面空间效应基本消失，隧道纵向位移趋于稳定。

计算还分析了沿隧道纵向墙腰水平位移和纵向位移，其发展规律和拱顶变形规律基本一致，即墙腰水平位移沿隧道纵向受掘进面影响范围约为开挖面前 1.5*D* 和开挖面后方 2*D*，下台阶开挖对拱顶位移影响较小，对拱腰位移影响相对较大。

(2) 位移稳定性分析。

图 8.83 反映了 8 次分步开挖最大不平衡力与时间(步长)的关系，从曲线中可以看出，隧道围岩不平衡力在变形的初期有较大幅度的调整，随后逐渐趋于稳定。

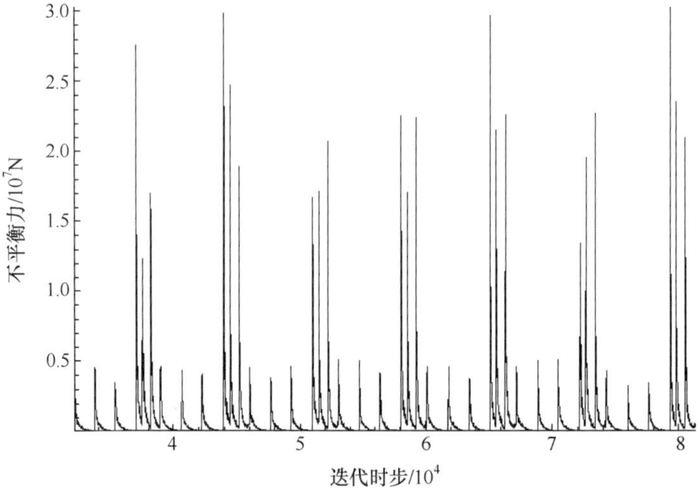

图 8.83　最大不平衡力随迭代时步的变化曲线

由图 8.84 可以看出，随着迭代时步的增加，拱顶点竖向位移逐渐稳定在某一特定值上。这表明，围岩在经历了变形后，最终稳定下来，此时隧道围岩拱顶处最大位移为 55mm。

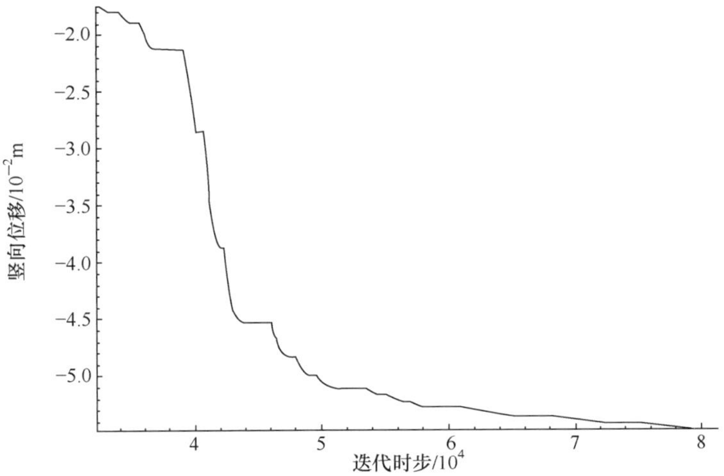

图 8.84　拱顶竖向位移随迭代时步的变化曲线

图 8.85 为隧道截面水平方向位移分布图，隧道周边围岩的水平及位移，距隧道的拱腰及顶底越近，围岩的水平位移越大。拱脚处水平位移最大，最大值约为 41mm，再次说明隧道拱脚处是最危险点，施工时应给予重视。

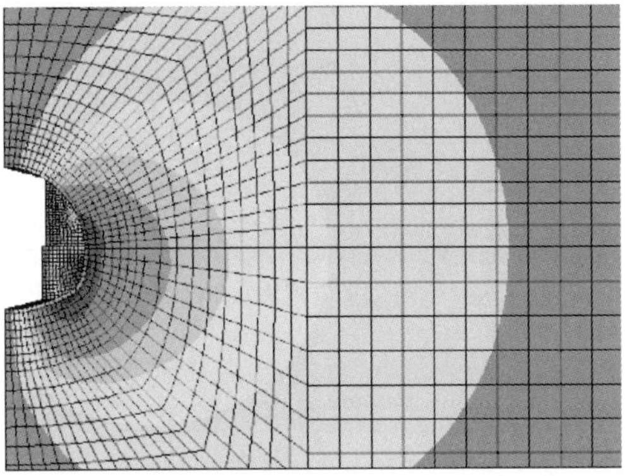

图 8.85　隧道截面水平方向位移分布图

图 8.86 为拱腰处最大水平位移随迭代时步的变化曲线，拱腰处收敛值为 76mm。可知锚喷网支护有效地控制了隧道拱顶和拱腰位移量，满足工程稳定性要求。

(3) 应力稳定性分析。

图 8.87 为隧道横向最大主应力分布图，可见当隧道开挖加锚喷网支护后，应力集中区域为隧道拱脚处，在距离隧道 3 倍洞跨外围岩体内应力并无显著变化。

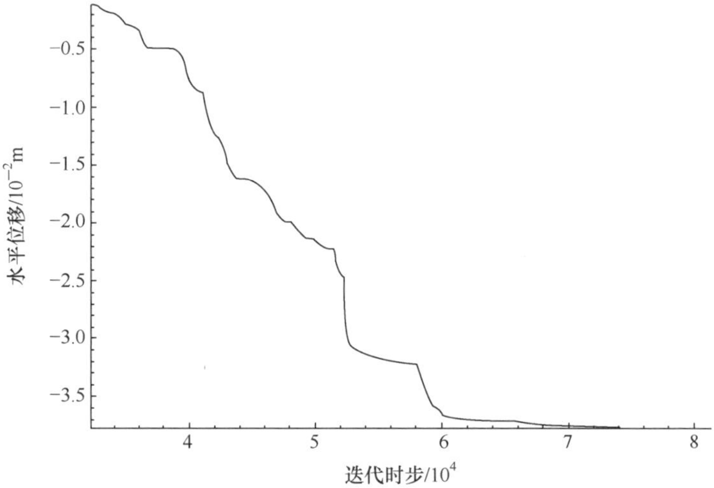

图 8.86　拱腰最大水平位移随迭代时步的变化曲线

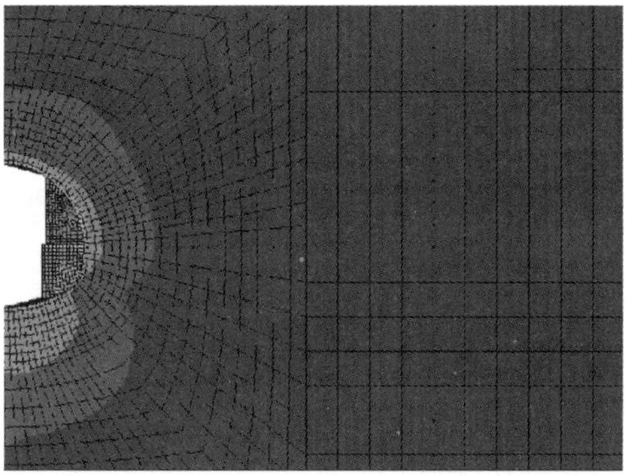

图 8.87　隧道横向最大主应力分布图

图 8.88 为隧道纵向切面最大主应力分布，从图中可知，围岩应力重新分布，隧道开挖掌子面周边出现拉应力，拉应力最大值为 2MPa。说明隧道周边点是最危险处，特别是开挖前端，施工时应采取预支护措施。

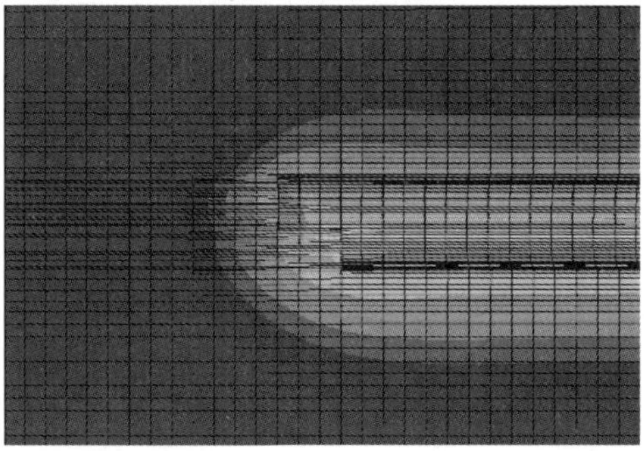

图 8.88　隧道纵向切面最大主应力分布图

(4) 塑性破坏区分布特征。

洞室开挖过程中，洞室周边围岩中出现了厚度不等的塑性破坏区；比较而言，以拱顶部位、仰拱和拱脚处塑性破坏较为严重，其中仰拱部位塑性区范围最大，如图 8.89 所示。这些部位常常也是最大主应力集中区。破坏形式以拱腰的拉断和拱顶、仰拱部位的剪切破坏为主。

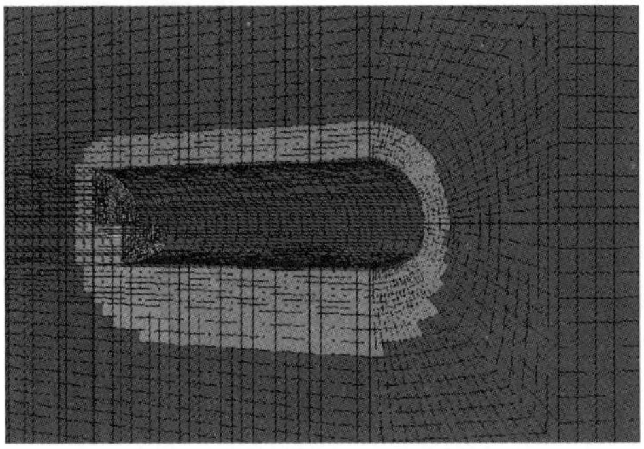

图 8.89　隧道开挖时塑性区范围

2. 断层错动条件下嘎隆拉隧道衬砌受力特性分析

1) 计算模型及方案

本次计算在前述开挖施工分析完成的基础上进行，模型范围与上述开挖施工力学分析的模型相同，即以隧道穿越的次级活断层主断面为分析主体(长度为 50m)，在隧道轴线方向取活断层主体及主体两侧各 10m，在垂直于隧道轴线方向上下左右各取 25m 范围。边界条件是模型上下侧及左右侧施加法向约束，断层影响带区域前后侧施加法向约束，断层影响带两侧完整岩体区域根据错动量施加相应的位移荷载。断层交界面采用 Interface 命令法进行模拟。根据钢筋混凝土衬砌和围岩的接触方式、是否采用抗断措施分两个计算方案，具体列于表 8.12。

表 8.12　抗断效果分析计算方案

计算方案	衬砌和围岩的接触方式	断层带模拟	活动断层运动方式	二次衬砌是否分节段	计算本构关系
F1	固结	Interface 接触面	横向平移	否	接触非线性
F2	可分离	Interface 接触面	横向平移	是	接触非线性

2) 计算结果分析

(1) F1 方案计算结果。

F1 方案计算结果如图 8.90 所示。

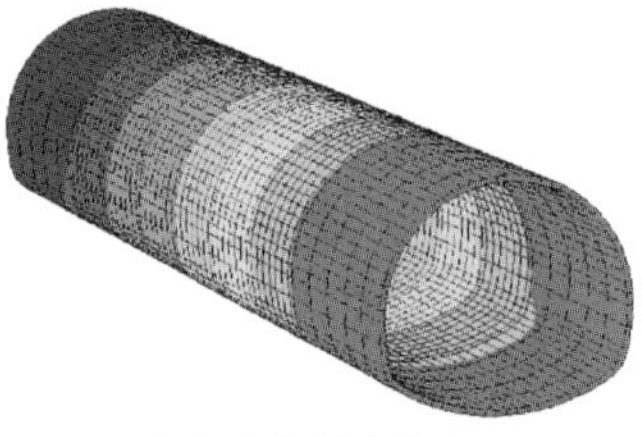
(a) 初期支护错动位移云图

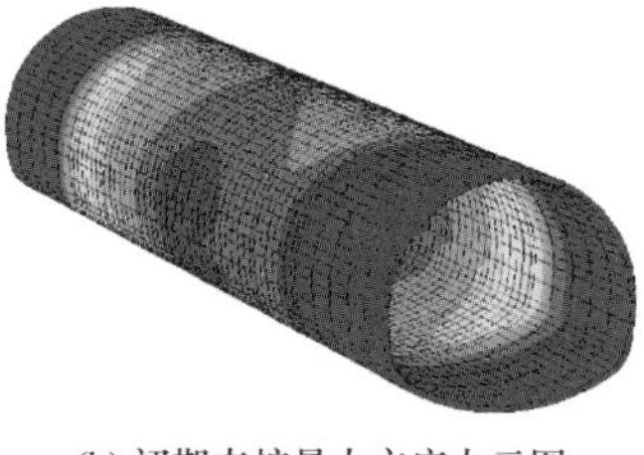
(b) 初期支护最大主应力云图

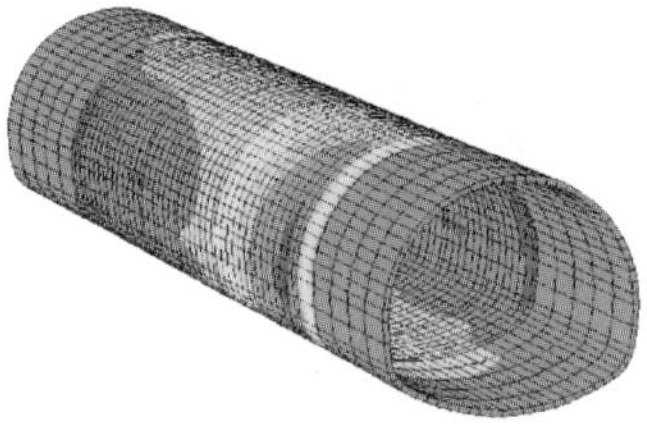
(c) 初期支护最小主应力云图

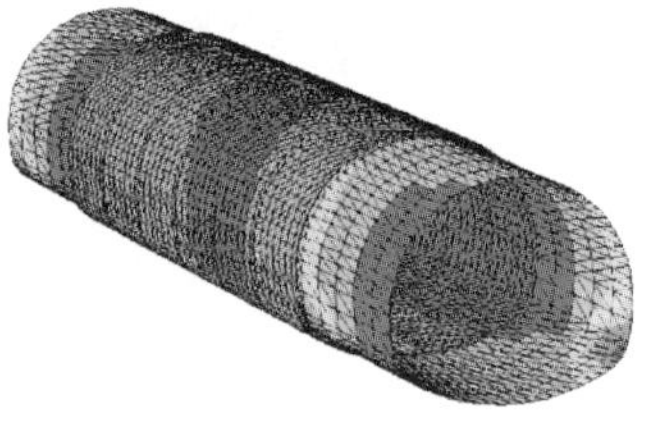
(d) 二次衬砌接触压力云图

图 8.90　F1 方案计算结果

(2) F2 方案计算结果。

F2 方案计算结果如图 8.91 所示。

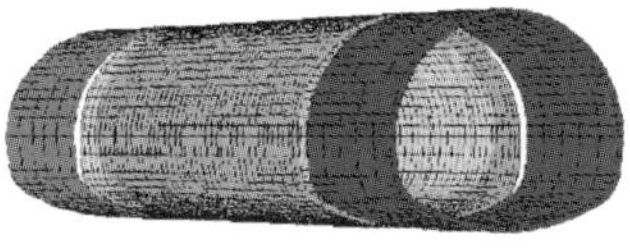
(a) 衬砌错动位移云图

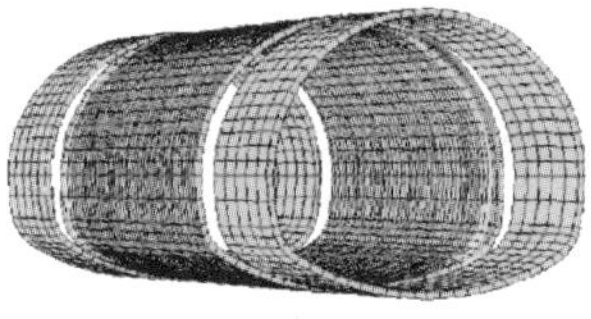
(b) 初期支护最大主应力云图

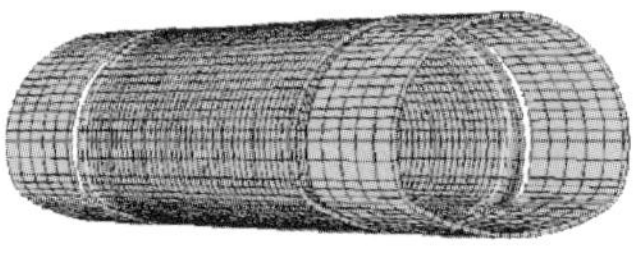
(c) 初期支护最小主应力云图

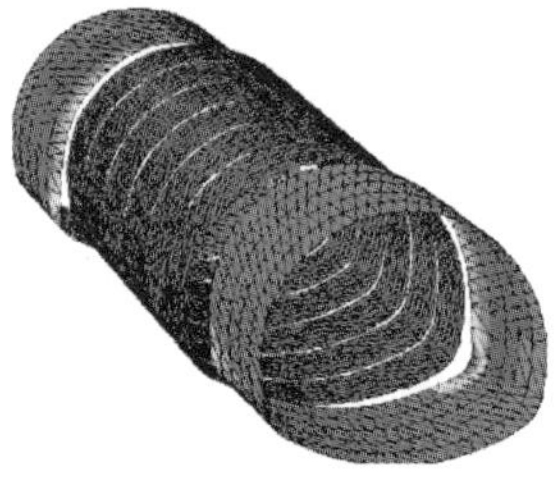
(d) 二次衬砌接触压力云图

图 8.91　F2 方案计算结果

参 考 文 献

[1] 蒋树屏. 地震中桥隧受损分析及修复对策[R]. 重庆: 重庆交通科研设计院, 2008.

[2] Caulfield R J, Kieffer D S, Tsztoo D F, et al. Seismic design measures for the retrofit of the Claremont[C]. Rapid Excavation and Tunneling Conference, 2005: 1128-1138.

[3] Russo M, Germani G, Amberg W. Design and construction of large tunnel through active faults: A recent application[C]. International Conference of Tunnelling & Underground Space Use, 2002: 16-18.

[4] Shahidi A R, Vafaeianb M. Analysis of longitudinal profile of the tunnels in the active faulted zone and designing the flexible lining (for Koohrang-III tunnel)[J]. Tunnelling and Underground Space Technology, 2005, 20(3): 213-221.
[5] 梁文灏, 李国良. 乌鞘岭特长隧道方案设计[J]. 现代隧道技术, 2004, 41(2): 1-7.
[6] 冯启民, 邵广彪. 近断层地震动速度、位移峰值衰减规律的研究[J]. 地震工程与工程振动, 2004, 24(4): 13-19.
[7] Bonilla M G. Historic surface faulting in continental United States and adjacent parts of Mexico[R]. Washington: U S Geological Survey, 1967.
[8] 范雪宁, 陈兴亮, 刘杰, 等. 浅谈南水北调西线工程隧洞穿越活断层的处理对策[J]. 人民黄河, 2001, 23(10): 41.
[9] 松田时彦. 活动断裂と地震——その地质学的研究[J]. 地质学论集, 1976, 12: 15-32.
[10] 王文礼, 苏灼谨, 林峻弘. 台湾集集大地震山岳隧道受损情形之探讨[J]. 现代隧道技术, 2001, 38(2): 52-60.
[11] 雷谦荣. 地震带的隧道开挖[J]. 地下空间, 1994, (2): 138-144.
[12] 朱维申, 何满潮. 复杂条件下围岩稳定性与岩体动态施工力学[M]. 北京: 科学出版社, 1995.
[13] 吴波, 刘维宁, 高波, 等. 地铁分岔隧道施工性态的三维数值模拟与分析[J]. 岩石力学与工程学报, 2004, 23(18): 3081-3086.
[14] 李仲奎, 戴荣, 姜逸明. FLAC^{3D}分析中的初始应力场生成及在大型地下洞室群计算中的应用[J]. 岩石力学与工程学报, 2002, 21(S2): 2387-2392.
[15] 刘波, 韩彦辉. FLAC 原理、实例与应用指南[M]. 北京: 人民交通出版社, 2005.
[16] Duncan J M , Dunlop P. Slopes in stiff fissured clays[J]. ASCE Soil Mechanics and Foundation Division Journal, 1968, 95(2): 467-492.
[17] Mana A I, Clough G W J. Prediction of movement for braced cuts in clay Geotech Engng Div ASCE, V107, NGT6, June 1981, P759-777[J]. International Journal of Rock Mechanics & Mining Sciences & Geomechanics Abstracts, 1981, 18(6): 127-128.
[18] 赵德安, 蔡小林, 陈志敏, 等. 侧压力系数对隧道衬砌力学行为的影响分析[J]. 岩石力学与工程学报, 2003, 22(S2): 2857-2860.
[19] 郝哲, 李伟, 刘斌. 韩家岭大跨度隧道开挖过程数值模拟研究[J]. 西部探矿工程, 2005, 17(2): 96-99.
[20] 胡庆安, 崔刚, 蒋丽君. 空间反向荷载法模拟隧道开挖[J]. 隧道建设, 2006, 26(4): 3-5.
[21] 徐林生, 孙钧, 蒋树屏. 洋碰隧道 CRD 工法施工过程的动态仿真数值模拟研究[J]. 地质灾害与环境保护, 2001, 12(1): 58-62, 67.
[22] 苏国韶. 高地应力下大型地下洞室群稳定性分析与智能优化研究[D]. 武汉: 中国科学院研究生院武汉岩土力学研究所, 2006.
[23] 黄志全, 漆家福, 伍法权, 等. 南水北调西线一期工程的主要工程地质问题[J]. 中国地质灾害与防治学报, 2002, 13(3): 1-9.
[24] 张传庆, 冯夏庭, 周辉, 等. 应力释放法在隧洞开挖模拟中若干问题的研究[J]. 岩土力学, 2008, 29(5): 1174-1180.
[25] 佘健, 何川. 软弱围岩段隧道施工过程中围岩位移的三维弹塑性数值模拟[J]. 岩石力学与工程学报, 2006, 25(3): 623-629.